GRE巅峰词汇

寄托天下　编著

清华大学出版社

北京

内 容 简 介

本书是基于老版《GRE 巅峰词汇》和《寄托蓝宝书:新 GRE 词汇突破》进行更新升级的 GRE 词汇书,延续了前者的精悍实用,也融汇了后者内容的规范与扎实。

本书词汇取材于历年 GRE 真题和最新机考经验,剔除生僻、低频词,对同根词进行词义合并。作者参考国内外词汇书反复提炼,将其内容浓缩成经得起考验的 1600 多个词。除了标注高频词和提供丰富有趣的助记法外,本书还有英文释义、同义词、反义词等帮助读者加深对单词的理解,提高记忆效果。

愿本书能成为 GRE 的备考利器,陪伴大家冲出重围,相逢在高分处!

图书在版编目(CIP)数据

GRE 巅峰词汇/寄托天下编著. —北京:清华大学出版社,2022.8
ISBN 978-7-302-60938-4

Ⅰ. ①G… Ⅱ. ①寄… Ⅲ. ①英语-词汇-研究生-入学考试-美国-自学参考资料 Ⅳ. ①H313.1

中国版本图书馆 CIP 数据核字(2022)第 088967 号

责任编辑:陈　健
封面设计:何凤霞
责任校对:赵琳爽
责任印制:朱雨萌

出版发行:清华大学出版社
　　　网　　　址:http://www.tup.com.cn,http://www.wqbook.com
　　　地　　　址:北京清华大学学研大厦 A 座　　　邮　　　编:100084
　　　社 总 机:010-83470000　　　邮　　　购:010-62786544
　　　投稿与读者服务:010-62776969,c-service@tup.tsinghua.edu.cn
　　　质量反馈:010-62772015,zhiliang@tup.tsinghua.edu.cn
印 装 者:三河市君旺印务有限公司
经　　销:全国新华书店
开　　本:178mm×230mm　　　印　　张:21.25　　　字　　数:380 千字
版　　次:2022 年 9 月第 1 版　　　印　　次:2022 年 9 月第 1 次印刷
定　　价:68.00 元

产品编号:091153-01

出版寄语

2022 年是寄托天下网站成立的第 22 年,也是新冠肺炎疫情发生的特殊年份。此种境况,相信读者诸君都有自己的体悟与思考,这也是换一个视角看待人生规划、重新审视未来的好时机。但不管怎样,相信年轻的你都会坚守初心,不弃斗志,正如一路走来且行且珍惜的寄托梦想。

2003 年我们策划的 GRE 词汇书在诸多版主和网友的合作下首次出版,经过数次修订、再版,和寄托出版的其他书籍一起成为中国 GRE 考生备考的经典图书。很高兴时隔多年之后寄托团队携众多版主和顾问重新编写了这版《GRE 巅峰词汇》,全新的思路,紧跟近年考试的变化,其中之妙相信你一睹便知。期待它继续成为你 GRE 备考路上的好伙伴。

2000 年的春天,在水木清华的一间宿舍里,我们为所有考 GRE、TOEFL 的人取了一个名字 GTer,并注册了 gter. net 的域名,开设了一个 BBS,开始为 GTers 提供服务,从那时起一个叫寄托天下的网站作为中国第一批留学论坛坚持至今。光阴荏苒,转眼间我们已经累计服务了 180 万名用户,论坛帖子数量更是超过了一千万,伴随一拨又一拨的飞跃梦想者走过了奋斗之旅。这 20 多年来寄托天下和每一位 GTer 一样坚持着自己的理想与初心,希望为中国的有志青年提供一个中立、开放的出国留学交流平台。我们提倡把备考和申请过程当成一次自我挑战和升华,更是鼓励每一位孤独前行的 GTer 相互携手,温暖互助,创造"我为人人、人人为我"的寄托社区文化。当你打开这本书,我们就结缘了,我和寄托家园里的小伙伴们随时欢迎你归队、回家!

在充满物欲和浮躁的时代,寄托坚持公益化的运营思路显得有点格格不入。它像山谷中的幽兰,安静地用自己的点点努力温暖每一位寄托路上的行者。除了传统的论坛提供经验分享和交流,寄托的"你好,招生官"品牌活动也越来越有影响力,每年上百场的招生官 Talk 让寄托用户有机会在微信群就能和招生官直接交流。这几年,我们在移动端也做了一些新的尝试。我们有了受欢迎的"寄托 offer 榜"、人气旺的"寄托留学租房",还有刚刚上线的新版

"院校库"和"寄托一方"。我们还有几百个不同人群聚集的微信群/QQ 群，这样，不同阶段不同地区的小伙伴们都能快速找到彼此……各种改变，我们只想为大家服务多一点。而在本书中，我们在一些 List 之间做了一个夹页，它们是 GTers 的感言，或励志，或温暖，希望能在结束一组单词的时候，让你放松一会儿。援引一位寄托版主的话，"寄托之伟大，不仅在于其服务百万考生和留学申请者的公益与无私，更在于一代代走过寄托的人留下的各种心得、体会、经验、感悟。"

自和 Adoes 先生共同创立寄托天下以来，我们结识了很多朋友。你们的优秀让我打开了无数扇通往新世界的门窗。感谢曾经和我们共同走过的每一位 GTer，相信那些岁月和记忆历久弥新。期待寄托一直都在，继续见证每个你的飞跃传奇，而我们也将在教育公益的道路上永不停步。

最后，要特别感谢寄托天下《GRE 巅峰词汇》的所有编撰者，还有所有荣誉版主和在任版主以及阿颜带领的广州九微服务团队，你们是寄托精神的榜样，是寄托家园的骄傲。

也谢谢清华大学出版社的编辑老师们，你们把《GRE 巅峰词汇》和寄托精神再次带到了无数新朋友面前。相逢的人会再相逢，希望寄托能和更多的新老朋友一起逐梦前行！

就不说"能力有限"这种话了，我们确定是诚意出品，但书中不免存在错误，希望大家告诉我们，同时欢迎一切能够让寄托变得更好的建设性意见。先行致谢，并在此刻为读者诸君送上深深祝福！

寄托天下创始人　张翊钦（阿默）

2022 年 5 月于北京

Ben 的 话

By Crazy Robin[①]

跟寄托的缘分源自十年前的 GRE 备考,当时我在每天繁重的复习之余,会在寄托论坛发些学习记录,随手分享些经验。它们既是对我学习的回顾,也是平淡如水的生活里的某种调剂。很幸运的是,在这段挥洒热血的过程中我认识了不少可爱的 GTers,并与他们成为朋友。毕业后我回国创业,选择了熟悉的出国留学行业。正值寄托 22 周年,推出《GRE 巅峰词汇》这本书,邀请我为预选的词汇进行审核把关。

寄托《GRE 巅峰词汇》共 25 个 List,收录了主词表 1600 多个单词,一个 List 大约 60 个单词,量比较适合。作为一本单词书,难免要与市面上主流单词书作比较,对比之下,本书有以下特点。

(1)选词精准

比《GRE 词汇精选》(红宝书)杂而多的单词选词更加精准。红宝书分类拓展导致很多人以为拓展词汇不考。恰恰相反,GRE 考试中出现很多拓展单词。

(2)单词释义简洁,区分重点

释义简短明晰,为突出重点,本书还对词频进行了标注。两颗星对应出现频率 3 次及以上的高频词汇,一颗星则对应雅思托福阶段就需掌握的核心词汇,能适配不同的复习阶段。

(3)同义词反义词精准

红宝书没有呈现同义词反义词。本书与《GRE 核心词汇考法精析》(要你命 3000)比起来同义词反义词更精准,后者一个单词就有 7~8 个同义词反义词,导致大多数读者看一个 List 需要时间过久。而且,过多的同义词反义词感觉非常没必要。这一点本书做得很好,基本只有 2~3 个同义词、反义词,

① Crazy Robin:新 GRE 中国大陆首个满分得主,LSAT 满分,托福成绩 119,在寄托论坛上分享了大量 TOEFL、GRE 备考经验和资料。

且全部是 GRE 高频词汇。

（4）List 结尾有寄托版友的感言和鼓励

这些都是论坛上很精华的帖子，都是已经成功出国的前辈们的经验。对于枯燥无味的背单词来说，读到这些点点滴滴的感言和鼓励是莫大的安慰。

本书选材新鲜，释义详尽扎实，完全可以替代《GRE 词汇精选》（红宝书），可以和《GRE 核心词汇考法精析》（要你命 3000）作为补充，是备考 GRE 的不二选择。希望这本单词书能陪伴大家度过一段充实和满载希望的时光，预祝大家 GRE 考试成功！

编写说明

正值寄托天下 22 周年，我们接到清华大学出版社的再版邀约，计划推出新版的 GRE 词汇书，我们感到很荣幸。

本书基于寄托天下 2007 年在清华大学出版社出版的《GRE 巅峰词汇》以及《寄托蓝宝书：新 GRE 词汇突破》进行了更新升级，延续了前者的精悍实用，也融汇了后者的规范与扎实。

为了让读者更好地使用本书，我们稍微占用一点篇幅，带大家了解一下本书的编写特色。

本书的特点

一、 词量合理：精选词汇，减少记忆负担

词汇取材于历年真题和最新机考经验，剔除生僻、低频词，对同根词进行词义合并，保留最核心的动词、名词以及一些形容词，参考国内外词汇书反复提炼、浓缩。

二、 词频标记：突出记忆重点

为了帮助考生更有针对性地记忆单词，本书对单词进行了标记。一颗星为雅思托福高频词；两颗星为 GRE 高频词（出现 3 次及以上）。

三、 释义精确：体现考试方向

所有单词释义均出自权威词典，主要参考韦氏和柯林斯词典，并结合真题的考查角度对词条的释义进行了筛选。

四、 花式助记：形式多样，提高记忆效率

除了丰富有趣的助记法外，还有英文释义、反义词、同义词等帮助读者加

深对单词的理解,提高记忆效果。

五、 开放式结构：与时俱进，不断完善

　　GRE 考试词汇难以全收录,层出不穷的新题也会带来新的词汇,所以本书依然有完善的空间。欢迎微信搜索"寄托天下服务号",找到寄托家人们一起交流,扩展、增补词汇。

六、 附录抽检：巩固记忆

　　乱序抽检的方法被证明是一种行之有效的背词法。本书第 2 章将给出单词抽检表,可帮助检测记忆效果,巩固背词成果。

　　愿本书成为各位"寄托人"的备考利器,陪伴大家冲出重围,相逢在高分处!

寄托天下服务团队

2022 年 5 月

目 录

第 1 章　GRE 巅峰词汇列表　*1*

List 1 ……………………………………………………… 1
List 2 ……………………………………………………… 13
List 3 ……………………………………………………… 25
List 4 ……………………………………………………… 37
List 5 ……………………………………………………… 49
List 6 ……………………………………………………… 61
List 7 ……………………………………………………… 71
List 8 ……………………………………………………… 83
List 9 ……………………………………………………… 95
List 10 …………………………………………………… 107
List 11 …………………………………………………… 117
List 12 …………………………………………………… 127
List 13 …………………………………………………… 139
List 14 …………………………………………………… 151
List 15 …………………………………………………… 161
List 16 …………………………………………………… 171
List 17 …………………………………………………… 181
List 18 …………………………………………………… 191
List 19 …………………………………………………… 203
List 20 …………………………………………………… 215
List 21 …………………………………………………… 227
List 22 …………………………………………………… 237
List 23 …………………………………………………… 247

List 24 ··· 259

List 25 ··· 269

第 2 章　抽检 GRE 巅峰词汇　*277*

第 1 章

GRE 巅峰词汇列表

List 1

- abate
- abase
- aberrant
- abet
- abeyance
- abhorrent
- abjure
- abnegation
- abominate
- abound
- abreast
- abrogate
- abscond
- absolute
- absolve
- abstain
- abstemious
- abstruse
- accede
- accentuate
- acclimate
- acerbic
- acolyte
- acquaint
- acquiesce
- acquisitive
- acrimony
- acute
- adage
- adamant
- adduce
- adjacent
- adjourn
- adjunct
- administrative
- admonish
- adolescent
- adorn
- adroit
- adulate
- adulterate
- adumbrate
- advection
- adventitious
- adversarial
- adversary
- aesthetic
- affable
- affinity
- agglomerate
- aggrandize
- aggregate
- agitate
- agog
- agrarian
- airborne
- alacrity
- align
- allusion
- alternate
- altruism
- amalgam
- amalgamate
- amateur
- ambiguous
- ambivalent

List 1

abate

[ə'beɪt] *v.* 减轻,降低

【英】to reduce in degree or intensity, moderate

【反】augment, increase in intensity, intensify, promote

【同】lull, moderate, slacken, subside, wane

【记】联想:ab-(否定) + ate(吃)→不吃→减肥→减轻(体重)

abase

[ə'beɪs] *v.* 贬低,降低(地位、威望或尊严)

【英】to lower in rank, prestige, or esteem

【反】elevate, ennoble, uplift

【同】degrade, demean, humiliate, demoralize

【记】形近同义词:debase(*v.*贬低)

aberrant

[ə'berənt] *adj.* 异常的,非常规的

【英】deviating from the usual or natural type

【反】anomalous, atypical, deviant, phenomenal

【同】abnormal, customary, typical, unexceptional, unextraordinary

【记】联想:ab- +err(≈error 错误)+-ant(形容词后缀)→错误的→异常的

abet

[ə'bet] *v.* 教唆,支持

【英】to assist or support in the achievement of a purpose

【反】stymie, obstruct, thwart, impede, forestall

【同】incite, instigate, provoke, stir (up), whip (up)

【记】联想:a + bet→因为一个(a)赌(bet),所以要帮助

abeyance

[ə'beɪəns] *n.* 暂时中止,暂缓,搁置

【英】temporary inactivity

【反】continuance, continuation, fulfillment

【同】doldrums, dormancy, latency, quiescence, suspension

【记】联想:abey(≈obey 遵守)+ -ance(名词后缀)→遵守协议→中止,暂停

abhorrent

[əb'hɔːrənt] *adj.* 可恶的,令人厌恶的,格格不入的

【英】If something is abhorrent to you, you hate it very much or consider it completely unacceptable.

【同】sick, hateworthy

abjure 　[əb'dʒʊr] *v.* 声明放弃

【英】renounce upon oath

【反】affirm，espouse，embrace，adhere（to）

【同】abnegate，foreswear，repeal，repudiate，withdraw

【记】形近易混词：adjure（*v.* 恳请）

abnegation 　[ˌæbnɪ'geɪʃn] *n.* 否认，自我否定

【英】denial，especially self-denial

【反】indulgence，reaffirm，self-indulgence

【同】renouncement，repudiation，self-denial

【记】联想：ab- + nega（否认，参考 negative 消极的）+ -tion（名词后缀）→否认

abominate＊＊ 　[ə'bɑːmɪneɪt] *v.* 憎恶，厌恶

【英】to dislike intensely

【同】loathe，detest

abound 　[ə'baʊnd] *v.* 大量存在

【英】to be present in large numbers or in great quantity，be prevalent

【同】bulge，overflow，swarm，teem

【记】abound，overflow，swarm，teem 都可以表示"丰富"的意思，且都与介词 with 连用，其区别如下：abound 表示数量充足，侧重"丰富"。teem 和 swarm 表示"到处都是""熙熙攘攘"，teem 侧重"充满活力"。swarm 侧重"运动"，即大批出没。overflow 强调超过自身所能容纳的范围。

abreast 　[ə'brest] *adv.* 并排地，齐头并进地，比肩地

【英】beside one another with bodies in line

【记】abreast 在句中常用作状语（多位于词尾）或表语，用作表语时常用于 be abreast of，keep abreast with 的短语中。

abrogate 　['æbrəgeɪt] *v.* 废除（法令等），取消

【英】to abolish by authoritative action

【反】embrace，institute，uphold

【同】abate，abolish，annul，invalidate，negate

【记】联想：ab-（否定前缀）+rog（问，参考 interrogate 审问）+ -ate（动词后缀）→不再值得过问→干脆取消

abscond 　[əb'skɑːnd] *v.* 潜逃

【英】to depart secretly and hide oneself

【同】escape，break out（of），clear out

【记】形近易混词：absent（v. 缺席）→两个动作的结果都是人没有出现在应该出现的位置

absolute　　['æbsəluːt] *adj.* 绝对的，全部的，无限制的

【英】having no restriction, exception, or qualification

【反】limited, qualified, variable

【同】certain, complete, totally unlimited

【记】赞美某物的时候可以用：It's an absolute dream.

absolve　　[əb'zɑːlv] *v.* 赦免，宣告……无罪

【英】to set free from an obligation or the consequences of guilt

【反】criminate, incriminate, inculpate, indict

【同】discharge, dispense, excuse, exempt, relieve

【记】联想：ab- + solve（解决）→问题解决→使……无罪

abstain　　[əb'steɪn] *v.* 弃权；戒除

【英】to refrain deliberately and often with an effort of self-denial from an action or practice

【记】联想：ab-（前缀，消失的意思）+ stain（污点）→没有污点→不争权是最好的办法→弃权

abstemious　　[əb'stiːmɪəs] *adj.* 有节制的

【英】marked by restraint especially in the consumption of food or alcohol, also, reflecting such restraint

【反】self-indulgent

【同】abstinent, continent, self-abnegating, sober, temperate

【记】联想：ab- + stem（阻止）+ -ious（形容词缀）→阻止（欲望）的→有节制的

abstruse　　[əb'struːs] *adj.* 深奥的

【英】difficult to comprehend, recondite

【反】accessible, patent, shallow, superficial

【同】arcane, esoteric, hermetic, profound, recondite

【记】形近易混词：abstract（*adj.* 抽象化的）→因为抽象，所以深奥

accede　　[ək'siːd] *v.* 同意；加入（条约）

【英】to express approval or give consent; to become a party（as to an agreement）

【反】demur, dissent

【同】acquiesce, assent, consent, subscribe

【记】词根：cede（走），参考 concede（v.让步），recede（v. 后退）

accentuate ** ['ək'sentʃueɪt] *v.* 强调,着重
【英】to stress or emphasize,intensify
【反】de-emphasize,play down
【同】accent,feature,highlight,illuminate,punctuate
【记】联想:ac-(加强) + cent(= cant 唱,说) + -uate(动词后缀)→
强调

acclimate ['ækləmeɪt] *v.* 适应
【英】to adapt to a new temperature,altitude,climate,environment,or
situation
【反】make unfamiliar with
【同】adapt,accommodate,adjust,conform,shape
【记】联想:ac + climate(气候)→来到一个新的地方,要适应当地气
候环境→适应

acerbic ** [ə'sɜːrbɪk] *adj.* 尖酸的
【英】acid in temper,mood,or tone
【反】sweet
【同】acidulous,mordant,pungent,sarcastic,sardonic
【记】联想:acerb(≈ acid 酸) + -ic(形容词后缀)→酸的→尖酸的

acolyte ['ækəlaɪt] *n.* 侍僧;助手
【英】one who assists a member of the clergy in a liturgical service by
performing minor duties;one who attends or assists,follower
【反】adherent,convert,disciple,epigone,partisan
【同】coryphaeus,leader

acquaint [ə'kweɪnt] *v.* 使……熟知,通知
【英】to make familiar,cause to know firsthand
【同】accustom,familiarize,initiate,introduce,orientate
【记】acquaint,advise,inform,notify,tell 都可以表示"通知"的意思。
在"通知"的手段上,acquaint 主要指向某人提供资料。advise
则常用于商业活动,既可指书面通知,即通告、电告,也可指口
头告知或电话通知,但不一定是正式的。inform 既可指提供有
关资料或信息,也可指直接告知某事。notify 指正式用书面通
知。tell 指将某事直接告诉某人或把某些内容向他人讲述,即
口头通知。

acquiesce [,ækwi'es] *v.* 默许,勉强同意
【英】to agree to do what someone wants or to accept what they do

acquisitive   ［əˈkwɪzətɪv］*adj.* 贪得无厌的

【英】eager to acquire and possess（especially material）things

【同】avaricious, covetous, greedy

acrimony[※※]   ［ˈækrɪmoʊni］*n.* 尖刻，讥讽

【英】bitter and angry words or quarrels

【同】piquancy, pungency

acute   ［əˈkjuːt］*adj.* 敏锐的；急性的；激烈的

【英】marked by keen discernment or intellectual perception especially of subtle distinctions; having a sudden onset, sharp rise, and short course; seriously demanding urgent attention

【反】mild, noncritical, nonurgent

【同】delicate, keen, perceptive, sensitive, sharp

【记】形近易混词：acuity（*n.* 敏锐）

adage   ［ˈædɪdʒ］*n.* 谚语

【英】a saying often in metaphorical form that embodies a common observation

【同】aphorism, apothegm, byword, epigram, proverb

【记】联想：ad（AD 广告）+ age（年纪，年头）→一些有年头的（经久不衰的）广告慢慢形成了谚语→谚语

adamant[※※]   ［ˈædəmənt］*adj.* 坚定的，不动摇的

【英】unshakable or insistent especially in maintaining a position or opinion

【反】acquiescent, amenable, flexible, vacillatory, yielding

【同】implacable, intransigent, obdurate, obstinate, stubborn

【记】联想：adam（人名，亚当）+ ant（蚂蚁）→Adam 这个名字一般代表形象很坚强的人，蚂蚁同样也很坚强

adduce   ［əˈduːs］*v.* 举出（理由、例子等）

【英】to cite（reasons, examples, etc.）as evidence or proof

adjacent   ［əˈdʒeɪsnt］*adj.* 邻近的，接近的，毗邻的

【英】not distant, nearby

【同】abutting, conterminous, contiguous, juxtaposed, verging

【记】adjacent 的意思是"与某物邻近的，毗连的，接近的，相接触的"，可指实际的接触，也可指两者间有一定空间但并未隔着其他同类的东西。

adjourn   ［əˈdʒɜːn］*v.* 延期，休会

【英】to suspend a session indefinitely or to another time or place

【同】prorogate, prorogue, recess, suspend

【记】联想:ad(≈add 增加)+ journ(≈journey 旅行)→先休会,大家
　　　一起去旅游一趟→延期

adjunct ['ædʒʌŋkt] *n.* 附属物,附件,辅助内容

【英】something added to another thing but not essentially a part of it

【反】essential element

【同】aid, assistant

【记】联想:ad(≈add 增加)+ junct(连接)→增加连接→附属物

administrative [əd'mɪnɪstreɪtɪv] *adj.* 行政的,管理的

【英】involving organizing and supervising an organization or institution

【同】regulatory, managing, executive

admonish [əd'mɑːnɪʃ] *v.* 提醒,劝告,责备

【英】to reprove or express warning in a gentle, earnest manner; to give
　　　friendly earnest advice or encouragement to

【记】advise, caution, counsel, admonish, warn 都可以表示"劝告,忠告,
　　　警告"的意思。advise 泛指劝告,不涉及对方是否听从。caution
　　　主要指针对有潜在危险而提出的警告,含小心从事的意味。
　　　counsel 语气比 advise 强一些,侧重指对重要问题提出的劝告、建
　　　议或咨询。admonish 一般指年长者或领导对已犯错误的或有过
　　　失的人提出的忠告或警告以避免类似错误。warn 含义与
　　　caution 相同,但语气较重,尤指严重后果。

adolescent [ˌædə'lesnt] *adj.* 青春期的　*n.* 青少年

【英】*adj.* of, relating to, or being in the period of life from puberty to
　　　maturity terminating legally at the age of majority; *n.* one that is in
　　　the state of adolescence

【同】immature, juvenile, youngish, youthful

【记】adolescent 强调由于生长迅速而引起的未成熟性或由于生理变
　　　化而引起的精神、情感的不稳定性,含有很强的未成熟的意
　　　味;在教育学上指小学毕业至高中毕业;在法律上则特指"出
　　　现第二性征到法定年龄间的"。

adorn [ə'dɔːrn] *v.* 装饰,装扮

【英】to enhance the appearance of especially with beautiful objects

【反】blemish, deface, disfigure, scar, spoil

【同】array, bedeck, caparison, embellish, garnish

【记】联想：ad(≈add 增加)+orn(词根=order 秩序)→把乱七八糟的屋子收拾好→把房间收拾好看→装饰

adroit [ə'drɔɪt] *adj.* 老练的，精明的

【英】having or showing skill, cleverness, or resourcefulness in handling situations

【反】amateur, amateurish, artless, unprofessional, unskillful

【同】deft, expert, masterful, virtuoso

adulate** ['ædʒəleɪt] *v.* 谄媚，奉承

【英】to flatter or admire excessively or slavishly

【反】disdain, disparage, scorn, vituperate

【记】联想：adul(≈adult 成熟的)+-ate(动词后缀)→人们成熟后会变得圆滑→谄媚；奉承

adulterate [ə'dʌltəreɪt] *v.* 掺杂，掺假

【英】*v.* to corrupt, debase, or make impure by the addition of a foreign or inferior substance or element

【反】enrich, fortify, purification, strengthen, taint

【同】dilute, extend, lace, thin

【记】形近易混词：adulate(*v.* 谄媚)

adumbrate** ['ædəmbreɪt] *v.* 约略显示，勾画轮廓

【英】to suggest, disclose, or outline partially

【同】foreshadow, forerun, harbinger, herald, prefigure

【记】联想：ad(≈add 增加)+umbr(≈umbrella 伞)+-ate(动词后缀)→带伞出门是因为天气阴沉→约略显示(可能会下雨)

advection [æd'vekʃən] *n.* (热的)对流

【英】the transference of heat energy in a horizontal stream of gas, esp of air

adventitious [,ædven'tɪʃəs] *adj.* 偶然的

【英】associated by chance and not an integral part

【同】outside, exotic, occasional

adversarial [,ædvə'seəriəl] *adj.* 对立的，敌对的

【英】involving people opposing or disagreeing with each other

【同】competitive

adversary ['ædvərseri] *n.* 对手

【英】one that contends with, opposes, or resists

【反】ally, amigo

【同】antagonist, enemy, foe, hostile, opponent

【记】词根：vers（对），参考 adverse（*adj.* 敌对的，相反的）与 versus（*prep.* 与……相对）

aesthetic *
[es'θetɪk] *adj.* 美学的，审美的

【英】of, relating to, or dealing with aesthetics or the beautiful

【反】grotesque, hideous, unattractive, unpleasing, unsightly

【同】comely, gorgeous, knockout, ravishing, stunning

【记】形近易混词：athletic（*adj.* 运动的）→运动是力学和美学的结合

affable ＊＊
['æfəbl] *adj.* 友善的

【英】characterized by ease and friendliness

【反】testy, uptight

【同】breezy, easygoing, mellow

【记】形近易混词：affordable（*adj.* 支付得起的）→有些势利女人是因为你能支付得起账单才对你友善的

affinity
[ə'fɪnəti] *n.* 情投意合，类似

【英】a close connection marked by community of interests or similarity in nature or character

【反】cognation, consanguinity

【同】attraction, kinship, force, relationship

agglomerate
[ə'glɑːmərət] *v.* 使……成团，使……成块　*adj.* 成块的，凝聚的　*n.* 大团，大块

【英】*v.* to form or collect into a rounded mass; *adj.* gathered into a rounded mass; *n.* a confused or jumbled mass, a heap

aggrandize
[ə'grændaɪz] *v.* 吹捧，夸大

【英】to make great or greater, increase, enlarge

【反】abase, disparage, efface, humble, relegate

【同】dignify, elevate, magnify

【记】联想：ag + grand（重大的）+ -ize（动词后缀）→夸大

aggregate
['æɡrɪɡət] *v.* 使……聚集，总计　*n.* 总量，总数

【英】*v.* to collect or gather into a mass or whole; *n.* a gross amount

【反】disperse, isolate

【同】coalesce, join together

【记】形近易混词：aggravate（*v.* 恶化，加重）→aggravate 和 aggregate 的区别在于中间是 av 还是 eg

agitate
['ædʒɪteɪt] *v.* 煽动；使……不安，使……焦虑

【英】to arouse interest in（a cause, for example）by use of the written or spoken word; to excite and often trouble the mind or feelings of, disturb

【反】calm, compose, quiet, soothe, tranquilize

【记】agitate, disturb, perturb, upset 都可以表示"使……焦虑"的意思。agitate 侧重指内心的焦虑难于控制,表露于外。disturb 指因某人的行动、扰乱、妨碍安静等而使人不得安宁。perturb 指使人焦急烦恼,扰得心情不安。upset 侧重失去精神上的平静,心理上完全失去平衡。

agog　　［ə'gɑːg］*adj.* 热切渴望的,极度兴奋的

【英】full of intense interest or excitement, eager

【反】apathetic, indifferent, uneager, unenthusiastic

【同】ardent, athirst, bursting, keen, solicitous

agrarian　　［ə'greriən］*adj.* 土地的,农业的

【英】of or relating to fields or lands or their tenure

【记】根词:agr(农业),参考 agriculture(*n.* 农业)与 agronomy(*n.* 农学)

airborne　　［'erbɔːrn］*adj.* 空气传播的;空运的

【英】transported or carried by the air; trained for deployment by air and especially by parachute; carried through the air（as by an aircraft）

【记】联想:air(空气)+ borne(≈born 出生的)→在空气里出生的→可以被空气传播或者运送的

alacrity　　［ə'lækrəti］*n.* 欣然,乐意

【英】promptness in response, cheerful readiness

【反】dilatoriness, hesitance, reluctance

【同】agreeability

align　　［ə'laɪn］*v.* 排成一行;结盟;对准

【英】to bring into line or alignment; to array on the side of or against a party or cause; to be in or come into precise adjustment or correct relative position

【反】askew, awry, warped

【同】adjust, aline, array, coordinate

【记】联想:a + lign(≈line 直线,排队)→一条线→排成一行→站在一起→结盟,使用统一标准→对准

allusion　　［ə'luːʒn］*n.* 暗指,间接提及

【英】an implied or indirect reference especially in literature, also, the use of such references

【记】形近易混词：illusion（*n.* 幻觉）

alternate　['ɔ:ltərnət] *adj.* 交替的

【英】*adj.* constituting choice between two mutually exclusive possibilities

【反】consecutive

['ɔ:ltərneɪt] *v.* 交替，轮流

【英】to perform by turns or in succession

【同】spell，switch，take turns

altruism*　['æltruɪzəm] *n.* 利他主义

【英】unselfish regard for or devotion to the welfare of others

【反】egocentricity，egoism

amalgam　[ə'mælgəm] *n.* 混合物

【英】a mixture of two or more things

【同】mixture，hybrid，mix，compound

amalgamate　[ə'mælgəmeɪt] *v.* 合并，混合

【英】to unite in or as if in an amalgam, especially to merge into a single body

【反】separate，isolate

【同】commix，consolidate，fuse，mingle，unify

【记】四个"a"混进了一个单词，很少见的

amateur　['æmətər] *n.* 业余爱好者

【英】one who engages in a pursuit，study，science，or sport as a pastime rather than as a profession

【反】expert，pro，professional，specialist

【同】beginner，dabbler，dilettante，hobbyist

【记】词根：ama(= amor 爱)，参考 amorous（*adj.* 恋爱的）与 enamored（*adj.* 倾心的）

ambiguous*　[æm'bɪgjuəs] *adj.* 含糊的，不明确的

【英】capable of being understood in two or more possible senses or ways

【同】arcane，equivocal，obscure

【记】词根：ambi(两者皆有的)

ambivalent　[æm'bɪvələnt] *adj.* （对人、事物）有矛盾心理的，摇摆不定的

【英】exhibiting or feeling the coexistence of opposing attitudes or feelings，such as love and hate，toward a person，object，or idea

Gter 之心

（超详细复习方略+大量自创技巧+人生感悟）

by TOR

你要知道,对于自己,生命里最重要的到底是什么? 要避免盲目,因为盲目往往就会导致空虚。当你明白什么对你最重要时,就可以从容不迫地做出选择了——选择该选择的,放弃该放弃的。

不少同学,常为无法坚持而气馁,常为记不住单词而叹息。其实,人的智力大多是相差无几的。相比之下,能剔除脑中杂念、消除心中不断滋生的欲望,净心、静心而专注一事者,往往更能成功,所谓"置之死地而后生"说的也就是这个道理。联想自己,4 月中旬才辞职,留给 GRE 全力准备的时间只有两个月左右。当时,我实在心急如焚,一心只想考好 GRE,别无他求。于是,就把自己关在一个密室里,拉上窗帘,堆满方便面,整天没日没夜地苦读(由于窗帘拉着且 24 小时开着灯,自然也没什么时差感),什么吃饭、睡觉,全都靠边去,反正饿了就吃面,累了就伏桌而卧,醒了继续读。就这样,每天 20 小时(吃+睡+上厕所,一共 4 小时),连续 5 天,无意中竟然给我悟出了背单词的"无招"境界。往往,常人所认为最难的是把大量单词背出来;而其实,最难的一关是在背出来后,再把自己所有长期累积下来的、帮助记忆的法则全忘记,而只留下单词意思之本质,即:从"有招"到"少招"再到"无招"的过渡。可见,背单词难,背完后做到"忘记",更难!

我们考 GRE,自然是为了出国读 MA 或 PHD。然而,自打算考 GRE 那天起,我们就注定成为别人眼中的另类:为了准备,多数人不得不放弃恋爱;不得不图书馆、寝室、教学楼三点一线;不得不每天花 10 多个小时坐在同一个位置做同一件事,而且这件事可能还是常人所"不齿"的——背英语单词!

Gter 们往往会经历常人所无法忍受甚至难以想象的艰辛,但是,这一切却可以换来一个更好的明天——吃得苦中苦,方为人上人。之所以幸福,正是因为之前为此经历了太多的痛苦;之所以喜悦,正是因为之前为之渡过了太多的悲伤。因此,请大家不用太过在乎别人对我们的看法,我们要做的只是执着坚持,一步一步走完自己考 G 全部的道路。就让我们为了 GRE 而哭着、笑着;难过、悲伤;战斗着、憎恶着并爱着吧! 让我们一起,痛苦并快乐着,流泪并幸福着!

No pain, no gain. Love what you get and you will get what you love. Dry your tears with persistence!

List 2

- ameliorate
- amenable
- amicable
- amnesia
- amorphous
- analogy
- anarchist
- anathema
- anatomy
- anchorite
- anecdote
- annex
- annihilate
- annotate
- annoy
- anodyne
- anomalous
- antagonize
- antidote
- antipathy
- antiquarian
- antitheses
- antithetical
- apathy
- aphorism
- apocryphal
- apoplectic
- apothegm
- apparition
- apposite
- appraise
- apprehensive
- apprise
- approbation
- apropos
- arbitrate
- arcane
- archaic
- arduous
- argot
- aristocratic
- arresting
- arrogance
- arrogate
- arsenic
- articulate
- artless
- ascetic
- ascribe
- aseptic
- asperity
- assail
- assault
- assiduous
- assimilate
- assuage
- astounding
- astringent
- asymmetry
- atone
- atrocity
- attenuate
- attest
- auspice
- austere
- autocracy

List 2

ameliorate**　[əˈmiːliəreɪt] *v.* 改善,改良,使……变好

【英】to make better or more tolerable

【反】aggravate,damper,worsen

【同】amend,enhance,enrich,meliorate,refine

amenable　[əˈmiːnəbl] *adj.* 愿服从的;经得起检验的

【英】readily brought to yield,submit,or cooperate;capable of submission
(as to judgment or test),suited

【反】disinclined,unwilling

【同】conformable,disposed,inclined,responsive,tractable

【记】联想:amen(≈amend 改进)+ -able(形容词后缀)→愿意改
进、进步的→愿意服从的

amicable　[ˈæmɪkəbl] *adj.* 友善的,心平气和的

【英】characterized by friendly goodwill,peaceable

【反】asperity,discordant,disharmonious,incompatible

amnesia　[æmˈniːʒə] *n.* 健忘症

【英】loss of memory due usually to brain injury,shock,fatigue,repression,
or illness

【同】blackout,memory loss

【记】联想:a-(否定前缀)+ mnes(词根,记忆)+ -ia(病)→记不住
的病→健忘症

amorphous**　[əˈmɔːrfəs] *adj.* 无固定形状的;杂乱的

【英】having no definite form,shapeless;lacking organization or unity

【同】formless,shapeless,uncrystallized,unstructured

【记】联想:a-(否定前缀)+ morph(词根,形状)+ -ous(形容词后
缀)→无固定形状的

analogy**　[əˈnælədʒi] *n.* 类似,相似;类比

【英】resemblance in some particulars between things otherwise unlike,
similarity;inference that if two or more things agree with one another
in some respects they will probably agree in others

【记】analogy,likeness,resemblance,similarity 都表达“类似,相似”的
意思。analogy 指外表或实质均不相同的事物对比之下的类

似之处。likeness 指人或物从外观看去,有很明显的相似之处,或完全相似。resemblance 指外观或性质有相似之处。similarity 指不同的人或事物在外表、特征、程度或性质等方面有某些相似之处。

anarchist　['ænərkɪst] *n.* 无政府主义者

【英】a person who believes in, advocates, or promotes anarchism or anarchy, especially, one who uses violent means to overthrow the established order

【记】联想:an-(否定前缀)+ arch(archy 统治)+ -ist(某种人)→不喜欢被统治的人→无政府主义者

anathema　[ə'næθəmə] *n.* 令人厌恶的人或物

【英】someone or something intensely disliked or loathed

anatomy　[ə'nætəmi] *n.* 解剖学

【英】study of the structure of the bodies of people or animals

【同】cadre, dissection

anchorite　['æŋkəraɪt] *n.* 隐士

【英】a person who has retired into seclusion for religious reasons

【同】eremite, hermit, recluse, solitary

anecdote*　['ænɪkdoʊt] *n.* 轶事,趣闻

【英】a usually short narrative of an interesting, amusing, or biographical incident

【记】account, story, anecdote, fable, legend, myth, tale 都可以表示叙事性的文字。account 指对于某事的详细说明,原原本本,有头有尾,多用于报道事实。story 指取悦于人的完整故事,有人物,有情节,有头有尾,可口头也可书面,可真实也可虚构,体裁上既可为诗体,也可为散文体。anecdote 指轶事趣闻,一般较短,有趣味。fable 指寓言,主人公多为拟人化的动物或非生物,多为虚构,旨在说明一个道理或教训,而寓意则多在结尾处点明。legend 指民间传说或传奇故事,多含虚幻成分。myth 指神话,特指与宗教或原始文明有关的故事,多以超人的力量去解释自然现象或人生。tale 指故事或传说,即或有事实根据也多添枝加叶或夸张,含荒唐不可信的意味。

annex　[ə'neks] *v.* 吞并

【英】to take (territory) as if by conquest

annihilate*　[ə'naɪəleɪt] *v.* 消灭,毁灭

【英】to cause（a particle and its antiparticle）to vanish by annihilating

【反】build，construct，erect，raise，set up

【同】abolish，demolish，destroy，end，wreck

【记】词根：nihil（无），参考 nihil（*n.* 无，虚无）与 nihilism（*n.* 虚无主义）

annotate 　［ˈænəteɪt］*v.* 注释，评注

【英】to make or furnish critical or explanatory notes or comment

【同】comment，footnote，gloss

【记】联想：an + not（≈note）+ -ate（动词后缀）→记下一处笔记→注释；评注

annoy 　［əˈnɔɪ］*v.* 使……苦恼；骚扰

【英】to disturb or irritate especially by repeated acts

【反】comfort，gratify，please，relieve

【同】disturb，exasperate，irritate，rile，tease，vex

anodyne 　［ˈænədaɪn］*n.* 止痛剂

【英】a drug that allays pain

【同】analgesic，pain pill，painkiller

anomalous * 　［əˈnɑːmələs］*adj.* 不规则的；反常的

【英】inconsistent with or deviating from what is usual，normal，or expected

【反】conformity to norms，customary，typical

【同】aberrant，abnormal，extraordinary，irregular，phenomenal

【记】联想：a（否定前缀）+ nomal（正常的）+ -ous（形容词后缀）→不正常的→反常的

antagonize 　［ænˈtæɡənaɪz］*v.* 使……产生敌意，敌对；反对

【英】to incur or provoke the hostility of；to act in opposition to，counteract

【反】mollify，placate，propitiate，synergic

【同】counter，cross，embitter，oppose，provoke

【记】联想：an（一个）+ tag（标签）+ on（上）+ -ize（动词后缀）→给人贴上一个标签→往往会招致反感→反对

antidote 　［ˈæntidoʊt］*n.* 解毒剂，解毒药

【英】a remedy to counteract the effects of poison

【同】counterpoison，cure，curative，remedy

【记】联想：anti（反对）+ dote（溺爱）→溺爱是对小孩子的毒药→反对溺爱就是解药

antipathy　[æn'tɪpəθi] *n.* 厌恶,反感

【英】settled aversion or dislike

【反】sympathy

【同】animus,antagonism,grudge,hatred,hostility

【记】词根:pathy(感觉),参考 sympathy(*n.* 同感)

antiquarian　[ˌæntɪ'kweriən] *n.* 古董商;古玩家　*adj.* 古董的

【英】concerned with old and rare objects

【同】antiquary archaist

antitheses　[æn'tɪθəsiz] *n.* 对立面

【英】opposition,contrast

antithetical＊＊　[ˌæntɪ'θetɪkl] *adj.* 对立的(书面),相反的;不相容的

【英】opposite

【同】contrary,opposite,against

apathy＊　['æpəθi] *n.* 漠然,冷淡

【英】lack of feeling or emotion,impassiveness

【反】emotion,feeling,sensibility,vehement

【同】affectlessness,indifference,impassiveness,lethargy,unconcern

【记】形近易混词:antipathy(*n.* 厌恶,反感)

aphorism＊＊　['æfərɪzəm] *n.* 格言

【英】a terse formulation of a truth or sentiment

【同】adage,apothegm,axiom,gnome,maxim

apocryphal　[ə'pɑːkrɪfl] *adj.* 虚构的

【英】of doubtful authenticity,spurious

【反】authentic

apoplectic　[ˌæpə'plektɪk] *adj.* 狂怒的

【英】greatly excited or angered

【反】angerless,delighted,pleased

【同】choleric,furious,inflamed,riled,wrathful

apothegm　[æpə,θem] *n.* 箴言

【英】a short cryptic remark containing some general or generally accepted truth;maxim

【同】motto,maxim

apparition　[ˌæpə'rɪʃn] *n.* 幻影,幽灵;(特异景象的)显现

【英】a ghostly figure;the act of becoming visible,appearance

【同】specter,wraith

apposite ['æpəzɪt] *adj.* 适当的,贴切的

【英】highly pertinent or appropriate, apt

【反】extraneous, inapplicable, inapposite

【记】形近易混词:opposite(*adj.* 对立的,相对的)

联想:ap(加强)+posit(放置)+e→放到(合适的位置)→适当的

appraise [ə'preɪz] *v.* 评价;估价

【英】to evaluate the worth, significance, or status of, especially, to give an expert judgment of the value or merit of; to set a value on, estimate the amount of

【同】assess, evaluate, measure, valuate, value

【记】联想:a + ppraise(≈ praise 称赞)→一个称赞,给予好评→评价

apprehensive [ˌæprɪ'hensɪv] *adj.* 担心的

【英】afraid that something bad may happen

【同】troubled, uncomfortable

apprise [ə'praɪz] *v.* 通知,告知

【英】to give notice to, tell

【反】withhold information

【同】advise, appreciate, apprize, give notice, instruct, notify, revalue, send word

【记】形近易混词:appraise(*v.* 评价;估价)→两个单词里,中间有 A 的(得到高分的)是被"评价",中间没有 A 的(没得高分的)只会被"告知"

approbation** [ˌæprə'beɪʃn] *n.* 认可;嘉许

【英】an act of approving formally or officially; commendation, praise

【反】execration, disapproval, disfavor

【记】联想:a + pprobation(≈ probation 试用)→获得在一个公司的试用机会是因为被认可

apropos [ˌæprə'pou] *adj.* 恰当的,合适的

【英】suitable in a particular situation

【同】applicable, apposite, pertinent, relevant

【记】联想:a + propos(≈ proper 适当的)→适当的

arbitrate ['ɑːrbɪtreɪt] *v.* 仲裁,做出公断

【英】to submit or refer for decision to an arbiter

【同】adjudge, adjudicate, determine, referee, umpire

arcane　　[ɑːrˈkeɪn] *adj.* 神秘的, 晦涩难解的

【英】known or understood by only a few

【反】shallow, superficial

【同】abstruse, esoteric, hermetic, profound, recondite

archaic　　[ɑːrˈkeɪɪk] *adj.* 过时的, 古老的

【英】of, relating to, or characteristic of an earlier or more primitive time, antiquated

【反】current, modern diction

【同】antiquated, demoded, moribund, moth-eaten, obsolete

【记】词根:arch(开始, 远古), 参考 archaeology(*n.* 考古学)

arduous　　[ˈɑːrdʒuəs] *adj.* 费劲的

【英】hard to accomplish or achieve, difficult

【反】easy, effortless, facile, mindless, undemanding

【同】difficult, labored, laborious, strenuous, toilsome

【记】联想:在前面加上个 h 变成 harduous→hard + -uous(形容词后缀)→困难的→费劲的

argot　　[ˈɑːrɡət] *n.* 暗语;黑话, 行话

【英】an often more or less secret vocabulary and idiom peculiar to a particular group

【反】common verbalism, standard language

【同】cant, jargon, patter, shoptalk, terminology

【记】形近易混词:argue(*v.* 说服, 辩论)→argot 与 argue 的区别在于:黑话是用围观群众们听不懂的话, 辩论要用大家听得懂的话。

aristocratic　　[əˌrɪstəˈkrætɪk] *adj.* 贵族的

【英】belonging to or typical of the aristocracy

【同】noble, nobiliary

arresting　　[əˈrestɪŋ] *adj.* 引人注目的, 吸引人的

【英】catching the attention, striking, impressive

【反】banal, boring, drab, dull, tedious

【同】absorbing, consuming, engrossing, enthralling, riveting

【记】联想:arrest(*v.* 逮捕) + -ing(形容词后缀)→抓住眼球的→引人注目的

arrogance *   ['ærəgəns] *n.* 傲慢,自大

【英】an attitude of superiority manifested in an overbearing manner or in presumptuous claims or assumptions

【反】humility, modesty, unassumingness

【同】bumptiousness, hauteur, imperiousness, presumptuousness, pretentiousness

arrogate   ['ærəgeɪt] *v.* 冒称;擅取

【英】to claim or seize without justification

【同】appropriate, convert, expropriate, preempt, usurp

【记】词根:rog(问),参考 abrogate(*v.* 废除)与 interrogate(*v.* 质问)

arsenic   ['ɑːrsnɪk] *n.* 砒霜

【英】a very strong poison that can kill people

articulate   [ɑːr'tɪkjuleɪt] *v.* 清晰表达

【英】*v.* to give clear and effective utterance to, put into words

【同】enunciate

【记】联想:arti(艺术,技巧) + cul(≈ culture 培养) + -ate(动词后缀)→培养说话技巧→清晰表达

[ɑːr'tɪkjulət] *adj.* 发音清晰的

【英】expressing oneself readily, clearly, or effectively

artless   ['ɑːrtləs] *adj.* 朴质的,率直的

【英】lacking art, knowledge, or skill, uncultured; free from guile or craft, sincerely simple

【反】affected, cunning, duplicity, guileful, sly

【同】genuine, guileless, ingenuous, naive, unpretentious

【记】联想:art(艺术,技巧) + less(形容词后缀,表示很少)→没有什么技巧的→质朴直率的

ascetic   [ə'setɪk] *n.* 苦行者   *adj.* 禁欲的

【英】*n.* a person who renounces material comforts and leads a life of austere self-discipline, especially as an act of religious devotion; *adj.* austere in appearance, manner, attitude

【反】hedonist, sybarite, voluptuary

ascribe *   [ə'skraɪb] *v.* 将……归因于,归属于

【英】to attribute or credit to

aseptic   [ˌeɪ'septɪk] *adj.* 无菌的,洁净的

【英】preventing infection

【反】contaminated, germy

【同】sanitary, germfree, hygienic, sterile

【记】联想:a-(否定前缀)+ sept(词根,菌)+ -ic(形容词后缀)→无
　　　菌的

asperity　[æ'sperəti] *n.* 粗暴

【英】roughness of sound, manner or of temper

【反】mildness, softness

【同】acerbity, acridity, acrimony, harshness, pungency

【记】词根:asper(粗糙),参考 asperate(*v.* 使……粗糙)、aspersion
　　　(*v.* 诽谤,中伤)与 exasperate(*v.* 激怒)

assail＊＊　[ə'seɪl] *v.* 猛烈攻击,言语抨击

【英】to attack violently with blows or words

【记】attack, assail, assault, beset, charge 都表示"攻击"的意思。
　　　attack 常用词,指"攻击敌人"或"用言论攻击他人"。assail
　　　指"猛烈连续地攻击"。assault 语气比 assail 强,指"突然猛
　　　烈地进攻",暗示"武力的直接接触(如肉搏等)",也有"暴
　　　力"的意思。beset 指"围攻",即从各个方向攻击。charge 指
　　　"冲击"或"骑兵的突然攻击"。

assault　[ə'sɔːlt] *n.* 攻击,袭击　*v.* 袭击

【英】*n.* a violent physical or verbal attack; *v.* to make an assault on

【同】rape, ravishment, violation

【记】联想:as + sault(≈salt)→过去卖盐很赚钱,人们会为了做盐
　　　商而相互攻击→攻击

assiduous　[ə'sɪdʒuəs] *adj.* 勤勉的,专心的

【英】marked by careful unremitting attention or persistent application

【反】desultory, idle, remiss, slipshod, unoccupied

【同】diligent, engaged, industrious, laborious, sedulous

【记】联想:as(就像)+ sid(坐)+ -uous(形容词后缀)→就像一直坐
　　　在桌子前→勤勉的

assimilate＊　[ə'sɪməleɪt] *v.* 吸收;同化

【英】to take in and utilize as nourishment; to make similar

【反】contrast

【同】analogize, compare, bracket, equate, liken

【记】联想:as(就像)+ simil(similar 相同的)+ -ate(动词后缀)→变
　　　得就像相同的一样→同化

assuage**　　[əˈsweɪdʒ] *v.* 缓和,减轻

【英】to lessen the intensity of something that pains or distresses,ease

【反】exacerbate,gall,incite,inflame,intensify

【同】alleviate,mitigate,mollify,palliate,soothe

【记】联想:ass(≈as) + u(≈you) + age→像你这么大年纪的,就不要逞强,少干点吧→减轻

astounding　　[əˈstaʊndɪŋ] *adj.* 令人惊骇的

【英】causing astonishment or amazement

【反】unsurprising

【同】amazing,jarring,astonishing,startling,stunning

astringent　　[əˈstrɪndʒənt] *n.* 收敛剂　　*adj.* 严厉的

【英】*n.* an astringent agent or substance;*adj.* pungent or severe

【记】联想:a(≈add) + string(strain 拉紧) + -ent(形容词后缀)→把困住某人的绳索拉得更紧些→严厉的

asymmetry　　[ˌeɪˈsɪmətri] *n.* 不对称

【英】a lack of symmetry

atone　　[əˈtoʊn] *v.* 赎罪,补偿,弥补

【英】to supply satisfaction for,to make amends

【记】联想:a + tone(语气,语调)→想要赔礼道歉的时候,要注意自己说话的语气

atrocity**　　[əˈtrɑːsəti] *n.* 暴行

【英】a very cruel,shocking action

【同】enormity,thuggism

attenuate　　[əˈtenjueɪt] *v.* 使变小,削弱

【英】to reduce or weaken

【反】appreciate,enhance,upgrade

【同】depreciate,devaluate,downgrade

【记】词根:tenu(细,薄),参考 tenuous(*adj.* 纤细的)

attest**　　[əˈtest] *v.* 证明

【英】prove evidence for;stand as proof as

【同】demonstrate,prove,argue,argue

auspice　　[ˈɔspɪs] *n.* 预兆,吉兆;赞助,支持

【英】observation by an augur especially of the flight and feeding of birds to discover omens;kindly patronage and guidance

【同】aegis,backing,patronage,sponsorship

【记】联想:au(谐音,哎哟) + spice(香料)→哎哟,都把香料带来了
　　　啊(香料在古时候是很值钱的东西)→赞助

austere **

[ɔ:'stɪr] *adj.* 朴素的

【英】stern and cold in appearance or manner

【反】baroque,clement,forbearing,lavish,lax

【同】authoritarian,rigorous,severe,stern,strict

autocracy

[ɔ:'tɑ:krəsi] *n.* 独裁政体

【英】government in which a person possesses unlimited power

【同】absolutism,authoritarianism,despotism,totalitarianism,tyranny

【记】联想:auto(词根,自己) + cracy(词根,统治)→自己统治→独
　　　裁。古希腊人认为政治是 autocracy(独裁政体),monarchy
　　　(僭主政体),democracy(民主政体)三种政体的循环。

Never Give up

by zhangsi613

申请到现在,很多人都觉得很累,问题很多。更大的困惑是,花了这么大的人力、物力、财力,真的能得到理想的工作机会吗? 我想起了一个故事。

一个小男孩,五六岁的时候回老家过年。有一天,亲戚问他,你以后想去哪里。小男孩说:"洛杉矶"。那么小的孩子,只知道"洛杉矶"这个名字很好听,像一只鸡落在山上。当天晚上小男孩坐那个漂流的玩具掉进水里,被表哥背回家。小男孩一边换衣服,一边哆嗦。亲戚笑他:"白天去洛杉矶,晚上就落汤鸡啦?"

很多年后,那个男孩在洛杉矶机场转机,给他在中国的母亲打了个电话,说:"妈,你还记得洛杉矶变落汤鸡的笑话吗? 我现在就在洛杉矶。"

那个小男孩,就是我。

List 3

- auxiliary
- avail
- avarice
- aver
- avert
- avow
- avuncular
- awry
- axiom
- babble
- backhanded
- bale
- balk
- ballad
- banal
- bane
- banish
- barbaric
- baroque
- barren
- bashful
- beatitude
- beckon
- beguile
- belch
- beleaguer
- belie
- belligerent
- bemuse
- benevolent
- berate
- bereave
- beset
- bespeak
- bewail
- bewilder
- bifurcate
- bigot
- bilious
- blast
- blatant
- blazon
- blemish
- blight
- blithe
- bloviate
- boast
- bogus
- boisterous
- bolster
- bolt
- bombast
- boor
- bourgeois
- bracing
- braggart
- brazen
- breach
- brim
- brisk
- broach
- bromide
- bruise
- bumble
- buoyant
- burgeon

List 3

auxiliary　　　[ɔːˈɡzɪliəri] *adj.* 后备的；辅助的

【英】functioning in a subsidiary or supporting capacity；furnishing added support

【同】additional，assistant，helping，attached，deputy

avail　　　[əˈveɪl] *v.* 有助于　*n.* 效用；利益

【英】*v.* to be useful to；*n.* advantage toward attainment of a goal or purpose

【同】advantange，benefit，sake，profit

avarice　　　[ˈævərɪs] *n.* 贪财，贪婪

【英】excessive or insatiable desire for wealth or gain

【反】contented，generosity

【同】avidness，greediness，mercenariness，rapacity

aver　　　[əˈvɜːr] *v.* 断言；证明

【英】to declare positively；to verify to be true in pleading a cause

【反】deny，gainsay

【同】affirm，allege，assert，protest，warrant

【记】形近易混词：ever(*adv.* 永远)→aver 感情 ever forever

avert　　　[əˈvɜːrt] *v.* 防止，避免；转移(目光等)

【英】to see coming and ward off，avoid；to turn away or aside (as the eyes) in avoidance

【同】forestall，obviate，preclude，prevent，stave off

【记】avert 的基本意思是"防止、避免"，一般指立即采取有效的措施使灾难、危机等令人不快的事免于发生；引申可表示"转移(目光、注意力等)"，常接介词 from。

avow　　　[əˈvaʊ] *v.* 声明，宣布

【英】admit or declare

【同】accept，recognize，agree，acknowledge，grant

avuncular**　　　[əˈvʌŋkjələr] *adj.* 慈爱的

【英】friendly and helpful toward someone younger

【同】grandmotherly

awry　[əˈraɪ] *adj.* 扭曲的,走样的

【英】in a turned or twisted position or direction,askew

【反】aligned,orderly

【记】形近易混词:wry(*adj.* 歪斜的;扭曲的)

axiom**　[ˈæksiəm] *n.* 公理

【英】a statement or idea that people accept as being true

【同】motto,maxim

babble　[ˈbæbl] *v.* 胡言乱语

【英】to utter meaningless or unintelligible sounds

【反】express succinctly

【同】bumble,chatter,drivel,gibber,jabber

【记】来自 baby 婴儿牙牙学语,引申为"胡言乱语"

backhanded　[ˌbækˈhændɪd] *adj.* 间接的,含沙射影的

【英】indirect,devious,especially sarcastic

【反】forthright

【同】counterfeit,feigned,hypocritical,pretended,unctuous

【记】backhand 原义反手击球,引申为"间接的"

bale　[beɪl] *n.* 邪恶,灾难;痛苦,悲哀

【英】great evil;woe,sorrow

【反】mirth

【记】谐音:背哦→北方方言"点儿背"是糟糕倒霉的意思→痛苦,
灾祸

balk　[bɔːk] *v.* 阻止;不肯前行,退缩

【英】to check or stop by or as if by an obstacle,block

【反】advance,foster,move ahead willingly,nurture,promote

【同】baffle,checkmate,foil,frustrate,thwart

【记】音近易混词:block [blɔk](*n.* 障碍物)→障碍物的目的是阻
止人们的通行

ballad　[ˈbæləd] *n.* 民歌,抒情民谣

【英】a simple song,a popular slow sentimental song

【同】ditty,jingle,lyric,vocal

【记】形近易混词:ballet(*n.* 芭蕾舞),ballot(*v.* 投票)

banal　[bəˈnɑːl] *adj.* 平凡的;陈腐的

【英】lacking originality,freshness,or novelty,trite

【反】arresting,novel,original,unclichéd,unhackneyed

【同】flat, insipid, watery

【记】形近易混词:banana(*n*. 香蕉)→香蕉容易腐烂→陈腐的

bane　　[beɪn] *n*. 祸根

【英】cause of ruin

【反】blessing, benefit, salubrious

【同】affliction, curse, nemesis, scourge

【记】形近易混词:bale(*n*. 灾难,痛苦)。"蝙蝠侠:黑暗骑士崛起"
的大反派面罩男的名字是:贝恩(Bane)

banish＊　　['bænɪʃ] *v*. 驱逐

【英】to require by authority to leave a country

【同】deport, displace, exile, expatriate, relegate

【记】联想:ban(禁止) + -ish(形容词后缀)→禁止在这个国家停
留→驱逐

barbaric　　[bɑːr'bærɪk] *adj*. 残酷的;野蛮的

【英】extremely cruel or uncivilized

baroque　　[bə'rouk] *adj*. 装饰夸张奢华的

【英】highly ornate

【反】austere, middling, moderate, modest, reasonable

【同】excessive, exorbitant, extravagant, lavish, overextravagant

【记】源于 Baroque 巴洛克艺术。巴洛克风格以浪漫主义的精神
作为形式设计的出发点,以反古典主义的严肃、拘谨、偏重
于理性的形式,赋予了更为亲切和揉性的效果,多表现于奢
华夸张和不规则的排列形式。

barren＊　　['bærən] *adj*. 不育的;贫瘠的

【英】incapable of producing offspring, used especially of females or
matings, producing little or no vegetation, desolate

【反】fertile, fruitful, lush, luxuriant, prolific

【同】desolate, hardscrabble, impoverished, infertile, unproductive

【记】形近易混词:baron(*n*. 男爵)

bashful　　['bæʃfl] *adj*. 羞怯的

【英】shy and easily embarrassed

【同】shy, blate

beatitude　　[bɪ'ætɪtjuːd] *n*. 祝福

【英】a state of utmost bliss

【反】calamity, misery, sadness, wretchedness

【同】happiness, blessedness, bliss, felicity, gladness

【记】词根: beat(幸福), 参考 beatific(*adj.* 快乐的, 幸福的)

beckon 　['bekən] *v.* 示意, 召唤

【英】to signal with the hands or nod

【同】attract, summon

beguile 　[bɪ'gaɪl] *v.* 欺骗; 使着迷

【英】to influence by slyness; to cause to be enamored

【同】sell, fox, kid

belch 　[beltʃ] *v.* 打嗝; 喷出

【英】to expel gas suddenly from the stomach through the mouth; to eject or emit violently

【同】erupt, eject, expel, disgorge, jet

【记】形近易混词: batch(*n.* 一次做出来的数量)→吃了整整一 batch 的饼干→撑到打嗝

beleaguer 　[bɪ'li:gə] *v.* 使……困扰, 使……烦恼; 围攻

【英】to trouble, harass; to besiege

【反】delight

【记】联想: be + leaguer(盟员, 会员)→一直努力去成为会员(但是没成功)→困扰, 烦恼

belie** 　[bɪ'laɪ] *v.* 掩饰; 证明(某事)错误

【英】to show something to be false or wrong

【反】affirm, betray, confirm, represent, show to be correct

【同】misrepresent

【记】联想: be + lie→说的话是一个谎言→为了掩饰

belligerent** 　[bə'lɪdʒərənt] *adj.* 好斗的

【英】hostile and aggressive

【反】appeasing, conciliatory, peaceable

【近】agonistic, assaultive, bellicose, contentious

bemuse 　[bɪ'mju:z] *v.* 使困惑, 使茫然

【英】puzzle or confuse

【记】联想: be+muse(*v.* 沉思, 冥想)→陷入苦思冥想→困

benevolent 　[bə'nevələnt] *adj.* 仁慈的

【英】showing or motivated by sympathy and understanding and generosity

【同】charitable kindly sympathetic good-hearted

berate 　[bɪ'reɪt] *v.* 严责, 训斥

【英】to scold or condemn vehemently

【反】commend, praise

【近】castigate, lambaste, reprimand, incipient

bereave** 　[bɪ'riːv] v. 夺去,使……丧失

【英】to deprive of sth. or sb.

【同】divest, strip

【记】形近易混词:beverage(n. 饮料)

beset* 　[bɪ'set] v. 困扰;围绕

【英】to trouble, harass; to set upon, assail

【同】besiege, persecute, plague, torment, torture

【记】联想:be + set(放置)→周围放一圈东西→围绕

bespeak 　[bɪ'spiːk] v. 显示;证明

【英】to hire, engage, or claim beforehand; indicate, signify

【同】reserve, book, betoken

【记】联想:be + speak→(真相)被说出来→显示,证明

bewail 　[bɪ'weɪl] v. 为……悲伤

【英】to wail over, to express deep sorrow for usually by wailing and lamentation

【反】delight, exult, glory, rejoice

【同】bemoan, deplore, grieve, lament, mourn

bewilder 　[bɪ'wɪldər] v. 使迷惑,使不知所措

【英】to confuse

【同】bemuse, enchant, perplex, vex, flummox, stupefy, nonplus, gravel, amaze

bifurcate 　['baɪfɜːkeɪt] v. 使……分成两部分,分叉

【英】to cause to divide into two branches or parts

【反】coalesce, validate

【记】联想:bi(词根,二)+ furc(≈fork 叉)+ -ate(动词后缀)→分成两叉的→使……分成两部分

bigot 　['bɪgət] n. 固执己见者

【英】a person who is obstinately or intolerantly devoted to his or her own opinions and prejudices, especially one who regards or treats the members of a group (as a racial or ethnic group) with hatred and intolerance

【同】dogmatist, dogmatizer, fanatic, partisan, sectarian

【记】音近形近易混词:beget(*v.* 招致,产生,引起)→固执己见的人容易招致不满

bilious　['bɪliəs] *adj.* 胆汁质的;坏脾气的

【英】of or relating to bile;of or indicative of a peevish ill-natured disposition

【反】amiable,good-humored,good-natured,good-tempered

【同】cantankerous,disagreeable,dyspeptic,ornery,splenetic

【记】有一种学说把人的气质分为四种类型——胆汁质、多血质、黏液质和抑郁质。"胆汁质"属于神经活动强而不均衡型。这种气质的人兴奋性很高,脾气暴躁,性情直率,精力旺盛,能以很高的热情投入事业;兴奋时,决心克服一切困难;精力耗尽时,情绪又一落千丈。

blast　[blæst] *n.* 一阵猛烈的风

【英】a violent gust of wind

【反】implosion

【同】clap,boom,hunderclap,thwack,whack

【记】联想:b(不)+ last(剩下的)→把东西吹得一点都不剩下→一阵猛烈的风

blatant　['bleɪtnt] *adj.* 喧哗的;非常明显的

【英】noisy especially in a vulgar or offensive manner,clamorous;completely obvious,conspicuous,or obtrusive especially in a crass or offensive manner,brazen

【反】inconspicuous,unimpressive,subtle

【同】vociferous,caterwauling,clamant,clamorous,obstreperous

blazon　['bleɪzn] *n.* 卖弄　*v.* 刻纹章

【英】*n.* an ostentatious display;*v.* to represent (armorial bearings) in drawing or engraving

【反】efface,blemish,deface,disfigure,spoil

【同】blaze,enunciate,proclaim,promulgate,trumpet

【记】形近易混词:bronze(*n.* 青铜)→很多纹章都是用铜做的

blemish　['blemɪʃ] *v.* 损害　*n.* 缺点

【英】*v.* to spoil by a flaw;*n.* a noticeable imperfection

【反】mend,patch,rebuild,recondition,reconstruct

【同】damage,harm,spoil,taint,vitiate

【记】联想:blem(≈blame 责备)+ -ish(动词后缀)→责备某人的缺

点→缺点

blight　　　　　[blaɪt] *v.* 破坏;使……枯萎

【英】to impair the quality or effect of;to affect (as a plant) with blight

【反】flourish,hale,robust,sound

【同】blemish,blotch,defect,flaw,mar

【记】联想:b(不)+light(光)→植物不晒阳光→枯萎

blithe　　　　　[blaɪð] *adj.* 愉快的

【英】of a happy lighthearted character or disposition

【反】dour,gloomy,grave,morose,saturnine

【同】cheerful,bright,buoyant,eupeptic

【记】音近易混词:bless [bles](*v.* 祝福)→被祝福是让人愉快的

bloviate　　　　['bloʊvɪeɪt] *v.* 冗长演说,高谈阔论

【英】to speak or write verbosely and windily

boast*　　　　[boʊst] *n.* 自夸　*v.* 自夸

【英】*n.* to speak of or assert with excessive pride;*v.* the act or an instance of boasting

【记】boast,brag,crow,pride 都可以表示"自夸"的意思。boast 指对自己所做的事,自己的长处、财富以及家庭等的夸耀,常含言过其实的意味。brag 其夸耀和吹嘘意味强于 boast,到了过分夸大,有时令人讨厌的地步。crow 多指大声吵嚷地吹嘘,夸耀自己做某事比他人做得好。pride 与 boast 的意义较接近,指炫耀、夸口,自鸣得意。

bogus　　　　　['boʊɡəs] *adj.* 假冒的,伪造的

【英】not genuine,counterfeit,sham

【反】natural,real

【同】artificial,imitation,fake,mimic,simulated

【记】形近易混词:bonus(*n.* 好处,奖金)

boisterous　　　['bɔɪstərəs] *adj.* 吵闹的

【英】noisily turbulent

【反】orderly

【同】vociferous,blatant,clamorous,rambunctious,raucous

bolster**　　　['boʊlstər] *n.* 长枕　*v.* 支持

【英】*n.* a firm pillow shaped like a long tube;*v.* to support with or as if with a bolster,reinforce

【反】undermine

【同】support, brace, buttress, prop, uphold

【记】形近易混词:lobster(*n.* 龙虾)

bolt　　　［**boult**］*n.* 螺栓;(门窗的)闩

【英】a long metal object that screws into a nut and is used to fasten things together;a metal bar that you can slide across in order to fasten the door or window

bombast　　*[*'bɑːmbæst］*n.* 夸大的言辞

【英】pretentious inflated speech or writing

【反】down to earth language, understated, unpretentiou

【同】fustian, rodomontade, rant, rhapsody, rhetoric

【记】联想:bom(≈bomb 炸弹)+ bast(≈blast 爆炸)→他发脾气的时候就像炸弹爆炸一样→夸大的言辞

boor　　　［**bur**］*n.* 迟钝的人,粗野的人

【英】a rude or insensitive person

【反】civil person

【同】bastard, churl, creep, reptile

【记】形近易混词:poor(*n.* 穷人)→因为穷,所以受教育程度低,所以粗鲁

bourgeois　　［,bur'ʒwɑː］*adj.* (思想保守、追求物质的)中产阶级的;资本主义的

【英】belonging to the middle class;(disapproving) interested mainly in possessions and social-status and supporting traditional values

bracing　　［'breɪsɪŋ］*adj.* 令人振奋的

【英】giving strength, vigor, or freshness

【同】animating, exhilarating, stimulating, vitalizing

【记】联想:brace(支撑)+ ing→支持→获得别人的支持,会让人很振奋

braggart　　［'bræɡərt］*adj.* 吹牛者

【英】a person who boasts loudly or exaggeratedly;bragger

【同】fanfare, vaporer

brazen　　［'breɪzn］*adj.* 厚颜无耻的

【英】marked by contemptuous boldness

【反】meek, modest, self-effacing, timid

【同】barefaced, brazenfaced, impudent, shameless, unabashed

【记】形近易混词:bronze(*n.* 青铜)→脸皮像铜做的一样→厚颜无
　　耻的

breach^{**}　　[briːtʃ] *v.* 使……破裂　*n.* 破坏

【英】*v.* to make a breach in;*n.* a broken, ruptured, or torn condition
　　or area

【反】conform, solder

【记】联想:breach(≈ break) + peach→桃子很软,很容易被弄破→
　　破裂

brim　　[brɪm] *v.* 充盈,充满　*n.* 边缘

【英】*v.* to be completely full;*n.* the top edge of a vessel or other container

【同】*v.* spill over, flow over;*n.* margin, rim

brisk　　[brɪsk] *adj.* 活泼的,敏捷的

【英】keenly alert

【反】dead, inanimate, lackadaisical, ponderous, vapid

【记】brisk, active, energetic, lively, vigorous 都可以表示"积极的,活
　　跃的"的意思。brisk 指动作敏捷、充满活力、轻快活泼地从事
　　某项工作或活动。active 指有活动能力,强调与消极或休止
　　相反的积极活动状态。energetic 指精力充沛、奋力从事某事
　　业。lively 侧重指轻快,机智,有生气。vigorous 指不仅表现积
　　极、有生气,而且固有精力和活力十分旺盛。

broach　　[broʊtʃ] *v.* 开启

【英】to bring up (a subject) for discussion or debate, to announce

【反】close off

【记】形近易混词:breach(*n.* 破坏;突破)→打开突破口

bromide　　['broʊmaɪd] *n.* 陈腐的意见

【英】a commonplace or hackneyed statement or notion

【同】banality, cliché, commonplace, platitude

【记】原意是"溴化物,溴"(Br, bromine, 35 号元素,棕红色易挥发
　　有强烈刺激性腐臭味的液体)

bruise[*]　　[bruːz] *n.* 瘀青,挫伤

【英】an injury that doesn't break the skin but results in some discoloration

bumble　　['bʌmbl] *v.* 弄糟,犯错;咕咕哝哝;笨手笨脚

【英】make a mess of, destroy or ruin; to speak or do in a clumsy,
　　muddled, or inefficient way

【同】botch, bodge, fumble, muff, flub, screw up, spoil, bungle, bollix

buoyant *

［ˈbɔɪənt］*adj.* 快乐的

【英】cheerful，gay

【反】dour，hangdog，aggrieved，leaden，morose

【同】blithe，bouncy，effervescent，resilient，volatile

burgeon

［ˈbɜːrdʒən］*v.* 迅速成长

【英】to send forth new growth，to grow rapidly

【反】subside，subdue，wane，waste away，wither

【同】augment，expand，heighten，increase，multiply

【记】联想：bur（谐音，播）+ geon（= germ 种子）→把种子播种下去→迅速成长

如何做阅读积累

by 草木也知愁

　　每天保持阅读外文网站的习惯对大家的写作阅读以及日后的生活都是很有好处的。

　　阅读时要分析的内容主要包括：

　　（1）作者的写作思路主线；

　　（2）文章中运用的写作技巧；

　　（3）作者的逻辑思维漏洞；

　　（4）标出文中的 GRE 级别词汇；

　　（5）标出文章中自己认为的好词、好句；

　　（6）文章对你写作灵感的激发；

　　（7）适应于 AW① 中的例子或者思路（要做到触类旁通，举一反三）；

　　（8）不必做中文翻译，力争培养出英文语感和适应英语思维。

---

　　① AW 即 Analytical Writing，GRE 考试中的"分析性写作"部分。

List 4

- burnish
- buttress
- cacophony
- cagey
- cajole
- callow
- calumniate
- camaraderie
- canard
- candid
- canon
- cantankerous
- canvas
- captivate
- cardinal
- caricature
- carnal
- castigate
- caucus
- caustic
- cavalier
- cede
- celestial
- cellar
- chagrin
- chantey
- charismatic
- charter
- chauvinistic
- chicanery
- chide
- chimerical
- chivalry
- chorale
- churlish
- circumscribe
- circumspect
- circumvent
- clam
- clamor
- clandestine
- clannish
- clement
- cliché
- cloister
- clumsy
- cluster
- coagulate
- coalesce
- coda
- coddle
- coerce
- coeval
- cogent
- cognizant
- collate
- collateral
- collision
- colloquial
- collude
- combustible
- comely
- comity
- commensurate
- commingle
- compassionate

List **4**

burnish　　　　［ˈbɜːrnɪʃ］ *v.* 磨光,使……光亮

【英】to make shiny or lustrous especially by rubbing

【同】furbish,gloss,polish,rub,shine

【记】联想:burn(烧)+-ish(动词后缀)→燃烧的东西会发亮→
使……光亮

buttress **　　　［ˈbʌtrəs］ *n.* 支柱　 *v.* 支持

【英】*n.* a projecting structure of masonry or wood for supporting or
giving stability to a wall or building;*v.* to support,strengthen

【反】contravene,challenge

【同】bolster,brace,prop,uphold

cacophony **　　［kəˈkɑːfəni］ *n.* 刺耳的声音

【英】harsh or discordant sound

【反】dulcet and euphonious sound,quiet,silence,stillness

【同】bluster,chatter,clamor,rattle,roar

【记】联想:caco(词根,坏)+ phony(声词根,音)→不好的声音→刺
耳的声音

cagey　　　　　［ˈkeɪdʒi］ *adj.* 小心谨慎的,精明的,有戒心的

【英】showing self-interest and shrewdness in dealing with others

【同】canny,prudent,chary

cajole　　　　　［kəˈdʒoʊl］ *v.* 哄骗

【英】to persuade with flattery or gentle urging especially in the face
of reluctance

【同】blandish,blarney,coax,wheedle,palaver

callow　　　　　［ˈkæloʊ］ *adj.* 未成熟的

【英】lacking adult sophistication,immature

【反】adult,experienced,grown-up,mature,ripe

【同】fresh,inexperienced,raw,unversed,young

calumniate　　　［kəˈlʌmnieɪt］ *v.* 诽谤,中伤

【英】to utter maliciously false statements,charges,or imputations about

【反】approbation,flattering,vindicate

【同】defame，denigrate，malign，slander，vilify

【记】形近易混词：calcium（ *n.* 钙）→骂人的时候可以说"你的脑子已经完全钙化了吗？"

camaraderie 　［ˌkɑːməˈrɑːdəri］ *n.* 友情

【英】a spirit of friendly good-fellowship

【反】enmity

【同】brotherhood，companionship，community，comradeship，fellowship

canard 　［kəˈnɑːrd］ *n.* 谣传，误传

【英】a false or unfounded report or story，especially a fabricated report，a groundless rumor or belief

【同】story，tale，whisper

【记】形近易混词：Canada（加拿大）

candid ** 　［ˈkændɪd］ *adj.* 公正的；坦白的，率直的

【英】direct in manner or speech；without subtlety or evasion

【同】blunt，forthright，frank

canon ** 　［ˈkænən］ *n.* 准则；圣典

【英】an accepted principle or rule，a criterion or standard of judgment；a regulation or dogma decreed by a church council

【反】heterodoxy

【同】decree，ordinance，precept，regulation，statute

【记】首字母 c 大写是佳能公司的商标名 Canon。形近易混词：cannon（ *n.* 大炮）

cantankerous ** 　［kænˈtæŋkərəs］ *adj.* 脾气坏的，爱找碴的，难相处的

【英】stubbornly obstructive and unwilling to cooperate

【同】crotchety，ornery，mean-tempered

canvas 　［ˈkænvəs］ *n.* 画布

【英】a piece of cloth framed as a surface for a painting

captivate 　［ˈkæptɪveɪt］ *v.* 着迷

【英】to influence and dominate by some special charm，art，or trait and with an irresistible appeal

【反】repulse

【同】allure，charm，enchant，fascinate，magnetize

【记】联想：captive（俘虏）+-ate（动词后缀）→被俘虏了→着迷

cardinal * 　［ˈkɑːrdɪnl］ *adj.* 主要的

【英】of basic importance，main，chief，primary

【反】minor

【记】形近易混词:carnival(*n.* 嘉年华,狂欢节)→狂欢节是南美的主要节日之一

caricature ['kærɪkətʃər] *n.* 讽刺漫画;滑稽模仿

【英】exaggeration by means of ludicrous distortion

【同】burlesque,farce,mock,mockery,parody

carnal** ['kɑːrnl] *adj.* 肉体的;物质的

【英】relating to or given to crude bodily pleasures and appetites,marked by sexuality,bodily,corporeal;worldly

【同】earthly,material,temporal

【记】词根:carn(肉),参考 carnivore(*n.* 食肉动物)

castigate** ['kæstɪgeɪt] *v.* 谴责,严厉惩罚

【英】to subject to severe punishment,reproof

【反】approbation,accolade,extol,pardon,spare

【同】excoriate,lambaste,scathe,scourge,slash

【记】联想:cast + i + gate→强烈谴责那些把垃圾扔到我家门口的人→谴责

caucus ['kɔːkəs] *n.* (机构中的)核心组织

【英】a group of people within an organization who share similar aims and interests or who have a lot of influence

caustic ['kɔːstɪk] *adj.* 刻薄的;腐蚀性的

【英】marked by incisive sarcasm;capable of destroying or eating away by chemical action

【反】genial,innocuous,kind,palliating,smooth

【同】acerbic,acidulous,mordant,pungent,sarcastic

cavalier** [ˌkævə'lɪr] *n.* 骑士,武士　*adj.* 目空一切的,漫不经心的

【英】 *n.* a gallant or courtly gentleman; *adj.* marked by or given to offhand and often disdainful,dismissal of important matters

cede [siːd] *v.* 放弃,割让

【英】to yield or grant typically by treaty,assign,transfer

【反】possess

【同】abandon,relinquish,resign,surrender,waive

celestial [sə'lestʃl] *adj.* 天上的,天堂的

【英】relating to heaven or to the sky

【同】heavenly,ethereal

cellar　　　['selər] *n.* 地下室,地窖

【英】a room underneath a building, which is often used for storing things in

【同】basement, earth pit

chagrin　　　[ʃə'grɪn] *n.* 懊恼

【英】distress of mind caused by humiliation, disappointment, or failure

【反】cheerful, delight, elated, proud, satisfaction

【记】联想:cha(谐音,差) + grin (*v.* 笑)→没有笑→懊恼

chantey　　　['ʃæntɪ] *n.* 棚屋,简陋小屋;水手号子,船夫曲

【英】见 shanty

charismatic　　　[ˌkærɪz'mætɪk] *adj.* 有超凡魅力的

【英】possessing an extraordinary ability to attract

【反】repugnant, repulsive, revolting

【同】alluring, appealing, captivating, charming, elfin, enchanting, entrancing, fetching, glamorous, luring, magnetic, seductive

charter　　　['tʃɑːrtər] *v.* 包租;发特许执照　　*n.* 宪章

【英】*v.* to hire, rent, or lease for usually exclusive and temporary use; *n.* a formal document describing the rights, aims, or principles of an organization or group of people; to establish, enable, or convey by charter

chauvinistic　　　[ˌʃoʊvɪ'nɪstɪk] *adj.* 沙文主义的;爱国主义的

【英】excessive or blind love for or devotion to one's country

【同】jingoism, nationalism

【记】传说拿破仑手下的一名士兵 Nicolas Chauvin,为获得军功章所以对拿破仑感恩戴德。他对拿破仑以军事力量征服其他民族的政策盲目狂热崇拜,遂自以为优越而鄙视其他国族。

chicanery**　　　[ʃɪ'keɪnəri] *n.* 诡计多端,欺骗

【英】deception by artful subterfuge or sophistry

【同】artifice, chicane, trickery, wile

【记】形近易混词:chimney(*n.* 烟囱)

chide　　　[tʃaɪd] *v.* (温和地)责备

【英】to reproach in a usually mild and constructive manner

【反】praise

【同】admonish, monish, rebuke, reprimand, reproach

【记】形近易混词:child(*n.* 孩子)→不要随便责备孩子

chimerical   [kaɪˈmerɪkəl] *adj.* 荒诞的；虚幻的

【英】wildly fanciful；imaginary

【反】actual，existent，real

【同】fabulous，fanciful，fantastic，fictitious，imaginary，make-believe，phantasmic，phantom，unreal，visionary

chivalry **   [ˈʃɪvəlri] *n.* 骑士精神，骑士制度

【英】the system，spirit，or customs of medieval knighthood

【记】"骑士精神"源自中世纪，构成了西欧民族中的"绅士风度"，主要表现在对于个人身份和荣誉的注重，对于风度、礼节和外表举止的讲究、崇尚精神理想和尊重妇女等。

chorale   [kəˈræl] *n.* 赞美诗；唱诗班

【英】a piece of music sung as part of a church service；a group of people who sing together

churlish **   [ˈtʃɜːlɪʃ] *adj.* 粗鲁的

【英】lack of civility or graciousness，boorish，rude

【反】genteel

【同】clownish，coarse，loutish，uncultured，unpolished

【记】形近易混词：cherish(*v.* 珍爱)

circumscribe **   [ˈsɜːrkəmskraɪb] *v.* 限制

【英】to constrict the range or activity of definitely and clearly

【反】exceed，unlimited

【同】confine，restrict

【记】联想：circum(圆圈) + scribe(画线)→画了一个圆圈→圈禁→限制

circumspect   [ˈsɜːrkəmspekt] *adj.* 慎重的，小心的

【英】careful to consider all circumstances and possible consequences，prudent

【反】audacious，circumspective，reckless

【同】chary，considerate，discreet，gingerly，prudent

【记】联想：circum(圆圈) + spect(看)→做出某个东西之后，绕着看了一圈→慎重的；小心的

circumvent **   [ˌsɜːrkəmˈvent] *v.* 绕过；智取

【英】to make a circuit around；to manage to get around especially by stratagem

【反】confront, direct encounter

【同】bypass, circumnavigate, detour, skirt

【记】联想：circum(圆圈) + vent(走)→走了一圈→绕行

clam ［klæm］ *n.* 蛤；沉默寡言的人

【英】any of numerous edible marine bivalve mollusks living in sand or mud；a stolid or closemouthed person

clamor ［'klæmər］ *n.* 喧嚷　*v.* 吵闹

【英】*n.* noisy shouting；*v.* to become loudly insistent

【反】quiet, silence, stillness

【同】howl, hubbub, roar, tumult, uproar

clandestine** ［klæn'destɪn; 'klændəstaɪn］ *adj.* 秘密的

【英】marked by, held in, or conducted with secrecy, surreptitious

【反】open, overt, public

【同】covert, furtive, secret, stealthy, surreptitious

clannish ［'klænɪʃ］ *adj.* 宗族的，排外的

【英】tending to associate only with a select group of similar background or status

clement ［'klemənt］ *adj.* 仁慈的，温和的

【英】inclined to be merciful, lenient

【反】harsh, inclement, pitiless, ruthlessness, severe

【同】forbearing, charitable, gentle, temperate, tolerant

cliché** ［kliː'ʃeɪ］ *n.* 陈词滥调

【英】a trite or overused expression or idea

【同】banality, commonplace, platitude

cloister ［'klɔɪstər］ *n.* (修道院或大教堂广场周围)有顶的地区

【英】a covered area around a square in a monastery or a cathedral

clumsy* ［'klʌmzi］ *adj.* 笨拙的

【英】lacking dexterity, nimbleness, or grace

【反】deft, dexterous

【同】awkward, gawky, lumbering, maladroit, ungainly

cluster ［'klʌstər］ *v.* 聚集，成群结队　*n.* 集群，簇，丛

【英】*v.* come together as in a cluster or flock；*n.* a grouping of a number of similar things

【同】converge, gather；bunch

coagulate **   [koʊˈægjuleɪt] *n.* 凝结剂

【英】an agent that causes a liquid or sol to coagulate

【反】liquefy, dissolve, thin

coalesce **   [ˌkoʊəˈles] *v.* 合并, 融合

【英】to unite into a whole, fuse

【反】break apart, disaggregate, polarize, sever, sunder

【同】join, bracket, combine, relate, unite, wed

coda   [ˈkoʊdə] *n.* 乐章结尾

【英】a concluding musical section that is formally distinct from the main structure

【反】overture, prelude

【记】形近易混词：coma(*n.* 昏睡)→听交响乐时, 许多人到乐章结尾时早已睡过去了

coddle   [ˈkɑːdl] *v.* 溺爱；用文火煮

【英】to treat with excessive indulgence; to cook (something, such as eggs) in liquid slowly and gently just below the boiling point

【同】pamper, featherbed, cosset, cocker, mollycoddle, spoil

coerce *   [koʊˈɜːrs] *v.* 强制, 强迫

【英】to restrain or dominate by force

【反】voluntary

【同】compel, concuss, constrain, force, oblige

coeval   [koʊˈiːvl] *adj.* 同时代的

【英】of the same or equal age, antiquity, or duration

【同】coetaneous, contemporary, coexistent, synchronic

【记】联想：co(共同)+eval(≈era 时代)→同时代的

cogent *   [ˈkoʊdʒənt] *adj.* 使人信服的

【英】having power to compel or constrain

【反】inconclusive, indecisive, ineffective, uncompelling, unconvincing

【同】valid, convincing, satisfying, sound, persuasive

【记】形近易混词：urgent(*adj.* 紧急的)

cognizant   [ˈkɑːgnɪzənt] *adj.* 已知的；记住的

【英】knowledgeable of something especially through personal experience, also, mindful

【反】insensible, oblivious, unwitting

【同】aware, apprehensive, conscious, sensible, sentient

【记】形近易混词：recognize(*v.* 认出)

collate ［kə'leɪt］ *v.* 校对,核对

【英】to assemble in proper sequence

collateral ［kə'lætərəl］ *n.* 担保金,抵押品

【英】money or property which is used as a guarantee that someone will
repay a loan

【同】security, guarantee

collision＊ ［kə'lɪʒn］ *n.* 碰撞,冲突

【英】an act or instance of colliding：clash

【同】interference, conflict, war, crash, impact

colloquial ［kə'loʊkwiəl］ *adj.* 白话的,通俗的,口语的

【英】characteristic of informal spoken language or conversation

【同】conversational, informal, unbookish, vernacular, vulgar

collude ［kə'luːd］ *v.* 串通,勾结

【英】to act together secretly to achieve a fraudulent, illegal, or
deceitful purpose

【同】cogitate, conspire, contrive, intrigue, plot

【记】形近易混词：conclude(*v.* 总结)

combustible ［kəm'bʌstəbl］ *adj.* 可燃的

【英】capable of burning

【反】fireproof

【同】ignitable

【记】联想：com+bust(烧)+ -ible(可以的)→可燃的

comely ［'kʌmli］ *adj.* 美丽的

【英】pleasurably conforming to notions of good appearance, suitability,
or proportion

【反】hideous, homely, plain

【同】attractive, beautiful, bonny, pretty, pulchritudinous

【记】形近易混词：homely(*adj.* 相貌平庸的)→人们都是喜新厌旧
的,放在家里的,看多了就觉得普通了,新买来的才是美丽漂
亮的。另一个形近易混词：comedy(*n.* 喜剧)

comity ［'kɑːmɪti］ *n.* 礼仪

【英】friendly social atmosphere, social harmony

【反】conflict, discord, dissension, enmity, variance

【同】amity, benevolence, friendliness, goodwill, kindliness

commensurate＊＊ ［kəˈmenʃərət］ *adj.* 等量的,相当的

【英】equal in measure or extent,coextensive

【反】disproportionate

【同】proportional

【记】联想:com(共同)+mensure(尺寸)→尺寸相同的

commingle ［kəˈmɪŋgl］ *v.* 混合

【英】to combine into a common fund or stock

【反】separate

【同】commix,compound,intermingle,mingle,mix

【记】联想:com + mingle(*v.* 使……结合)→混合

compassionate ［kəmˈpæʃənət］ *adj.* 有同情心的

【英】showing merciful compassion

【同】benevolent,benignant,humane,kind,sympathetic,tender

一切都看你自己

by watercafe

　　我们人生中曾经遭遇，未来也会碰到，太多的不可抗力。单就申请赴美读研这条路来说，经济条件、本科学校名气、院系导师支持情况、周边学习氛围等很多因素，我们都无法控制。

　　那这条路上，我们能做些什么呢？

　　你可以通过申请全额奖学金来弥补经济因素（很难，而且会越来越难，但谁说你不能做到呢？）；

　　你可以通过提升自己的科研硬实力来弥补本科学校排名不靠前的劣势（更难，但是你可以做到，只要你愿意）；

　　你可以用积极、勤奋的态度感染你的导师和你的同学；

　　你可以争取到很多实习、实验的机会，甚至可以参加国际会议，认识业界大牛；

　　你可以咬紧牙关考出无限接近于满分的 GPA①，羡煞旁人；

　　你可以发表很多论文，可以游刃有余地与美国教授交流，拿到心仪的 offer。

　　你可以做很多事情，当然，考 GRE 只是这其中的第一步而已。

　　你必须明白，这是一条荆棘丛生的道路。

　　也许有一千多个日夜，你眼看着天黑下去又亮起来，

　　却怎么都找不到一个同行的伙伴。

　　这种孤独会吞噬你的斗志，蚕食你的信心。

　　它最终能不能真正击垮你，还得看你自己。

　　OK，没关系。我们有寄托。

　　我们的祖国很大，地区很多，我们散落在各个不同的角落。

　　寄托帮我们织了一张网。寄托支持抱团取暖。

　　你在寄托这张网上寄托自己的梦想和坚持。

---

　　①　GPA 即 Grade Point Average，平均学分绩点，是一种评估学生成绩的制度。

很多很多人这么做了,然后就在你漆黑的路上点燃光亮。

累了来靠一靠。

困了来打打鸡血。

伤心了来求安慰。

疑惑了来交流取经。

胜利了来分享经验。

还是那句话,看你自己啦。

List 5

- compatriot
- compelling
- compendium
- complacent
- complaisant
- comply
- composure
- compound
- compunction
- comrade
- concede
- concerted
- conciliate
- concomitant
- condescending
- condign
- condole
- condone
- conducive
- configuration
- confine
- confiscate
- conflate
- conformation
- confound
- congenial
- conifer
- conjecture
- conjure
- connoisseur
- connotation
- conscientious
- conscript
- consensus
- conservative
- conspicuous
- consternation
- constituent
- constitutional
- construe
- consummate
- contagious
- contemplate
- contempt
- contend
- contentious
- contentment
- contingent
- contour
- contravene
- contrite
- contrive
- controversy
- contumacious
- contumely
- conundrum
- convection
- convergent
- converse
- convex
- convivial
- convoluted
- convulse
- copious
- cordial
- cordon

List 5

compatriot　［kəm'peɪtriət］*n.* 同胞

【英】people from your own country

【同】countryfolk, countryman, landsman

compelling　［kəm'pelɪŋ］*adj.* 强制性的；迫切的

【英】to drive or urge forcefully or irresistibly；to cause to do or occur by overwhelming pressure

【反】unconvincing

【同】convincing, persuasive, gripping, captivating, fascinating

【记】com(一起)+pel(l)(推)+ing→强制性的

compendium　［kəm'pendiəm］*n.* 概略

【英】a brief summary of a larger work

【同】digest, pandect, sketch, survey, syllabus

【记】com(与)+pend(悬挂,重)+ium→把重要的部分抽出来挂在一起→概略

complacent　［kəm'pleɪsnt］*adj.* 自满的,盲目乐观的

【英】marked by self-satisfaction especially when accompanied by unawareness of actual dangers or deficiencies

【反】anxious

【同】proud, fulfilled

【记】com+plac(平静,满足)+ent→全部满足→自满的

complaisant　［kəm'pleɪzənt］*adj.* 殷勤的；礼貌的

【英】showing a desire to comply or oblige；polite

comply　［kəm'plaɪ］*v.* 顺从,答应

【英】to conform, submit, or adapt (as to a regulation or to another's wishes) as required or requested

【记】agree, approve, comply, consent, subscribe 都可以表示"同意,答应"的意思。agree 侧重指对某事同其他人有相同的意见或想法。approve 侧重对认为正确或满意的事表示赞同或批准。comply 指答应某人已经提出或可能要求做的某事。consent 指同意别人的请求、建议或满足他人的愿望,着重意愿或感情。subscribe 指完全地赞成已阐明的立场,多用于比较愿意

支持一种立场或为一种立场所辩护的情况。

composure ** 　［kəmˈpoʊʒər］*n.* 镇静，沉着

【英】appearance or feeling of calm and the ability to control your feelings

【同】sedation，calmness

compound 　［kəmˈpaʊnd］*v.* 混合　*adj.* 复合的

【英】*v.* to put together（parts）so as to form a whole，combine；*adj.* composed of or resulting from union of separate elements，ingredients，or parts

【反】elemental，separate

【记】compound，blend，combination，composite，mixture 都可以表示"混合"的意思。compound 特指两种或多种元素构成的化合物。blend 侧重混合成分之间的类似和整个混合物的统一性。combination 指相混元素的紧密结合，但不一定融合。composite 通常可与 compound 换用，但倾向于指人为的或偶然的结合或凑合。mixture 指种类不同、性质不同的事物的混合。

compunction 　［kəmˈpʌŋkʃn］*n.* 后悔

【英】anxiety arising from awareness of guilt

【同】qualm，misgiving，scruple

comrade * 　［ˈkɑːmræd］*n.*（共患难的）同伴

【英】your friends，especially friends that you share a difficult or dangerous situation with

【同】partner，mates

concede * 　［kənˈsiːd］*v.* 承认；让步

【英】to grant as a right or privilege；to make a concession，yield

【反】aggress，deny，refuse to grant

【记】acknowledge，admit，concede，confess，recognize 都可以表示"承认"的意思。acknowledge 通常指公开承认某事的真实情况或自己的过错。admit 强调因外力或良心驱使或经判断而明确承认，多含不情愿或被迫的意味。concede 指在事实与证据面前勉强或不得不承认。confess 语气较强，着重承认自己意识到的错误或罪行，含坦白忏悔的意味。recognize 主要指合法的或外交上的承认，也指公认。

concerted 　［kənˈsɜːrtɪd］*adj.* 协定的；共同完成的

【英】planned or accomplished together，combined

【反】meant to obstruct, solitary, individually devised, unilateral

【同】collaborative, communal, cooperative, mutual

【记】由 concert(*n.* 音乐会; *v.* 合作)衍生而来的词汇。

conciliate   [kən'sɪlieɪt] *v.* 安抚;调和

【英】to gain (as goodwill) by pleasing acts; to make or attempt to make compatible, reconcile

【反】belligerent, contentious, disharmonize, vex

【同】appease, assuage, mollify, placate, propitiate

【记】联想:concil(≈ council 会议) + -iate(动词后缀)→开会来调和问题

concomitant＊＊   [kən'kɑ:mɪtənt] *adj.* 随之而来的,相伴的   *n.* 伴随物

【英】*adj.* used to describe something that happens at the same time as another thing and is connected with it; *n.* an event or situation that happens at the same time as or in connection with another

condescending   [ˌkɑ:ndɪ'sendɪŋ] *adj.* 屈尊的

【英】showing or characterized by condescension, patronizing

【记】联想:con(≈ come) + descend(下降,屈尊) + ing(形容词后缀)→去屈尊的→屈尊谦逊的

condign   [kən'daɪn] *adj.* 应得的,恰当的

【英】deserved, appropriate

【反】unmerited, unwarranted

【同】just, merited, requisite

condole   [kən'doʊl] *v.* 表达同情或悲伤

【英】to express sympathetic sorrow

condone＊＊   [kən'doʊn] *v.* 宽恕

【英】to regard or treat (something bad or blameworthy) as acceptable, forgivable, or harmless

【反】denounce, exact

【同】excuse, forgive, pardon

【记】形近易混词:condom(*n.* 安全套)→安全套只能给你99%的安全,剩下的1%,就只能靠运气了

conducive   [kən'du:sɪv] *adj.* 有益的,有促进的

【英】tending to promote or assist

【反】unhelpful, useless

【同】facilitative

【记】由 conduct($v.$ 指挥,引导)衍生而来的词汇→好的备考指导对
考生是有促进作用的

configuration [kənˌfɪɡjə'reɪʃn] $n.$ 布局,排列;配置

【英】an arrangement of a group of things;functional arrangement

【同】allocation,mechanics,framework

confine * [kən'faɪn] $v.$ 限制,限定

【英】to keep within limits

【记】confine,limit,restrict 都可以表示"限制,限定"的意思。
confine 侧重施加不可逾越的限制,有时暗示束缚、囚禁。
limit 一般指事先确定空间、时间或数量的极限,一旦超越限
度,就会造成不良结果。当然也可指不事先规定,而且自然
的或固有的界限。restrict 指把某人或物限制在一定范围
之内。

confiscate ['kɑːnfɪskeɪt] $v.$ 没收,充公

【英】to seize (private property) for the public treasury

【同】attach,expropriate,sequester

conflate [kən'fleɪt] $v.$ 合并

【英】mix together different elements

conformation [ˌkɑːnfɔː'meɪʃn] $n.$ 构象;构造

【英】the general shape or outline of an object;configuration

【同】accordance,formation,unity,agreement,fabric

confound ** [kən'faʊnd] $v.$ 使……混淆,使……困惑

【英】to fail to discern differences between

【反】differentiate,discriminate between,distinguish,separate

【记】baffle,bewilder,confound,confuse,distract,embarrass,perplex,
puzzle 都可以表示"混淆"的意思。baffle 语气最强,多指遇见
奇怪情景或复杂困难情况时所产生的惶恐、困惑的心理。
bewilder 语气强烈,指因迷惑不解或惊愕而慌乱,不知所措,
无法清醒地思考。confound 常指人惊慌失措和狼狈不堪。
confuse 语气较弱,指由于混淆、混乱而糊涂。distract 主要用
于注意力分散、思想矛盾或过分激动时产生的混乱。
embarrass 常指因处境困难而感到窘迫、局促不安或焦急而不
知所措。perplex 除困惑外,还含焦虑或缺乏把握之意,因而
难于做出决定,无从下手处理。puzzle 侧重使人难以理解、困
惑、伤脑筋。

congenial [kən'dʒi:niəl] *adj.* 兴趣相投的

【英】having the same nature, disposition, or tastes, kindred

【反】dour, disagreeable, pleasureless, unpalatable, unpleasant

【同】agreeable, delightsome, felicitous, luscious, welcome

conifer ['kɑ:nɪfər] *n.* 针叶树

【英】a type of trees and shrubs such as pine trees and fir trees

conjecture** [kən'dʒektʃər] *v.* 推测,猜测   *n.* 推测,猜测

【英】*v.* to infer from inconclusive evidence, guess; *n.* inference from defective or presumptive evidence

【反】restrain from the speculation

【同】guess, presume, pretend, suppose, surmise

conjure ['kʌndʒər] *v.* 祈求;召唤;变幻出

【英】to call on or entreat solemnly, especially by an oath; to summon (a devil or spirit) by magical or supernatural power; to affect or effect by or as if by magic, to bring to mind

【记】conjure from 和 conjure out of 都表示"从……变出";conjure up 表示"(用魔术般)变出",引申则表示"(魔术般地)使……呈现"。

connoisseur [ˌkɑ:nə'sɜ:r] *n.* 鉴赏家

【英】expert who is competent to act as a critical judge

【反】amateur, dilettante, inexpert, nonexpert

【同】aesthete, cognoscente

connotation [ˌkɑ:nə'teɪʃn] *n.* 内涵意义

【英】the suggesting of a meaning by a word apart from the thing it explicitly names or describes

【同】implication, reminder

conscientious** [ˌkɑ:nʃi'enʃəs] *adj.* 厚道的;勤奋认真的

【英】guided by or in accordance with the dictates of the awareness of a moral or ethical aspect to one's conduct together with the urge to prefer right over wrong; thorough and assiduous

【反】careless, remiss, dishonest, immoral

【同】ethical, honorable, just, principled

conscript [kən'skrɪpt] *n.* 被强迫征招入伍的士兵   *v.* 征募

【英】*n.* one compulsorily enrolled for service, especially in the armed forces, a draftee; *v.* to enroll compulsorily into service, draft

【同】draftee, inductee, selectee

consensus ［kən'sensəs］ *n.* 一致,团结

【英】general agreement,unanimity

【反】conflict,disagreement,dissensus

【同】accord,concurrence,unison

【记】联想:con+sens(感觉)→感觉一致→团结

conservative ［kən'sɜːrvətɪv］ *adj.* 保守的　*n.* 保守的人

【英】*adj.* favoring traditional views and values,tending to oppose change;*n.* one favoring traditional views and values

【反】liberal,nonconservative,nonconventional

【同】orthodox,reactionary,traditionalistic

【记】联想:con + serva(≈ serve 保存)+ -tive(形容词后缀)→保存旧思想的→保守的

conspicuous ［kən'spɪkjuəs］ *adj.* 显著的,显而易见的

【英】obvious to the eye or mind

【反】nondescript,unconspicuous,unremarkable

【同】arresting,prominent,noticeable,striking

【记】联想:con+spic(看)+ -uous(形容词后缀)→都能看到的→显著

consternation ［ˌkɑːnstər'neɪʃn］ *n.* 惊愕;呆若木鸡

【英】amazement or dismay that hinders or throws into confusion

【记】由 stern(*adj.* 严格的,僵硬的)衍生而来的词汇。呆若木鸡就是因为震惊而表情僵硬。

constituent ［kən'stɪtʃuənt］ *n.* 选民;成分,构成

【英】someone who lives in a particular constituency,especially someone who is able to vote in an election;constitutional in the structure of something (especially your physical makeup);an abstract part of something

constitutional ［ˌkɑːnstɪ'tuːʃənl］ *adj.* 宪法的

【英】consistent with, sanctioned by, or permissible according to a constitution

construe ［kən'struː］ *v.* 诠释,分析

【英】make sense of;assign a meaning to

【同】clarify, demonstrate, elucidate, explicate, expound, illustrate, interpret,unriddle

consummate** ［'kɑːnsəmət］ *adj.* 完美的

【英】complete in every detail, of the highest degree

【反】amateurish, inexperienced, inexpert, unprofessional, unskilled

【同】accomplished, finished, perfected, virtuosic

【记】联想:con(≈ come) + su(≈ soul) + mmate(≈ mate)→soulmate come 完美的伴侣出现了→完美的

contagious [kən'teɪdʒəs] *adj.* 传染性的,会传播的

【英】communicable by contact, catching

【同】catching, communicable, infectious, pestilent, transmittable

【记】联想:con+tag(接触)+ious(形容词后缀)→互相接触→传染

contemplate ['kɑːntəmpleɪt] *v.* 沉思

【英】to view or consider with continued attention, meditate on

【记】consider, contemplate, ponder, study, weigh 都表示"考虑,思考,估量"的意思。consider 既指一时的对某事的考虑,也指长时间的深入思考。contemplate 通常指长时间思考某事,有时含无确定的实际目的。ponder 侧重仔细、深入、连续地考虑问题,以做出认真的估计和正确的抉择。study 普通用词,指对各方面考虑,在制订出计划或采取具体动作之前作认真检查。weigh 指做出决策前把问题的各个方面进行比较,权衡利害得失,取有利的方面。

contempt ** [kən'tempt] *n.* 蔑视

【英】the act of despising; lack of respect or reverence for something

contend [kən'tend] *v.* 解决;辩称;争夺(权利等)

【英】to deal with or overcome; have an argument about something; compete for something

【同】cope with; postulate, fence, argue; compete, fight

contentious ** [kən'tenʃəs] *adj.* 好辩的,喜争吵的

【英】likely to cause disagreement or argument

【反】agreement, conciliatory, pacific, peaceable

【同】belligerent, bellicose, combative, gladiatorial, truculent

【记】联想:content(满足的) + -ious(形容词后缀)→UGLY TRUTH:你以为女人在心满意足的时候就不会找茬跟你争吵吗?呵呵。

contentment [kən'tentmənt] *n.* 满足

【英】a feeling of quiet happiness and satisfaction

【同】delectation, delight, gratification, relish, satisfaction

contingent *

［kən'tɪndʒənt］*adj.* 可能发生的；依条件而定的

【英】liable to occur but not with certainty, possible; dependent on conditions or occurrences not yet established, conditional

【记】adventitious, accidental, casual, contingent, fortuitous, incidental 都表示"偶然的"意思。adventitious 可与 incidental 换用，但较为正式，侧重两者缺乏至关重要的联系，强调意外的收获或巧遇。accidental 强调超出一般规律和常情。casual 强调无意或无预谋，指人、行动、衣着时，常侧重随随便便或漠不关心。contingent 强调事情发生的可能性和结果的不可预测性。fortuitous 强调原因不明。incidental 可指无计划的或不规则的，仅仅表示偶然发生的或非主要的、非真实的。

contour

［'kɑːntʊr］*n.* 轮廓线；等高线

【英】general shape or outline of an object; a line joining points of equal height and indicating hills, valleys, and the steepness of slopes

contravene

［ˌkɑːntrə'viːn］*v.* 违反，反驳

【英】to act or be counter to, violate; to oppose in argument, gainsay

【反】buttress, comply, conform, follow, support

【同】infringe, offend, transgress, violate

【记】联想：contra(反) + vene(走)→反着走→违反

contrite **

［kən'traɪt］*adj.* 后悔的

【英】feeling or showing sorrow and remorse for a sin or shortcoming

【反】impenitent, remorseless, unapologetic, unrepentant

【同】compunctious, penitent, regretful, remorseful

contrive

［kən'traɪv］*v.* 发明，设计；设法做到

【英】to plan with cleverness or ingenuity, devise; to bring about, as by scheming, manage

【同】excogitate, fabricate, manufacture

【记】contrive, manage 都可以表示"设法做到"的意思。contrive 用在将来时中，表示说话人实际所做的努力，至于是否成功，说话人则无把握，仅表示朝着成功的方向努力，用于过去时中表示"设法，图谋"，有时表示"竟然弄到……的地步"。manage 则强调虽然有一定困难，最后还是设法完成了。

controversy

［'kɑːntrəvɜːrsi］*n.* 论战

【英】a lot of discussion and argument about something, often involving strong feelings of anger or disapproval

【同】combat, debate, dispute

contumacious [ˌkɑːntuˈmeɪʃəs] *adj.* 不服从的

【英】stubbornly disobedient, rebellious

【反】amenable, biddable, compliant, obedient, tractable

【同】insubordinate, insurgent, mutinous, rebellious, recalcitrant

contumely [ˈkɒntjuːmli] *n.* 侮辱, 傲慢

【英】scornful or insulting language or behaviour

【同】hautiness, contempt

conundrum [kəˈnʌndrəm] *n.* 难题, 谜

【英】a riddle whose answer is or involves a pun

【同】mystery, enigma, puzzle, riddle

【记】联想: conun(≈count 计数) + drum(鼓)→数清一首歌中有多少鼓点是个难题→难题

convection [kənˈvekʃn] *n.* 对流

【英】the process by which heat travels through air, water, and other gases and liquids

convergent** [kənˈvɜːrdʒənt] *adj.* 收敛的, 聚合的

【英】tending to move toward one point or to approach each other, converging

【反】discrepancy, moving apart, spread out

converse [kənˈvɜːrs] *v.* 交谈   *n.* 相反的说法

【英】*v.* to carry on a conversation; *n.* the opposite or reverse of a statement

convex [ˈkɑːnveks] *adj.* 凸起的, 凸面的

【英】curved or rounded outward like the exterior of a sphere or circle

【反】dented, depressed, indented, recessed, sunken

【同】bulging, protruding, protrusive, protuberant

convivial [kənˈvɪviəl] *adj.* 快活的

【英】pleasant, friendly, and relaxed

convoluted [ˈkɑːnvəluːtɪd] *adj.* 复杂的, 费解的

【英】complicated, intricately

【反】plain, straightforward, simple

【同】baroque, complex, winding

【记】词根: volut(旋转), 参考 revolutionary(*adj.* 革命性的)

convulse　[kənˈvʌls] *v.* 抽搐

【英】(body) moves suddenly in an uncontrolled way

copious　[ˈkoʊpiəs] *adj.* 丰富的

【英】yielding something abundantly

【反】dearth, dribbling, sparse, trickling

【同】profuse, galore, gushing, lavish, riotous

【记】联想：copi(≈copy)+-ous(形容词后缀)→文本里的复制粘贴功能,可以很快做出很多东西→丰富的

cordial*　[ˈkɔːrdʒəl] *adj.* 友善的

【英】friendly

【同】genuine, heady

cordon　[ˈkɔːrdn] *n.* 警戒线

【英】extended line of police to prevent access or egress

【记】形近易混词：condom(*n.*安全套)→condom 和 cordon 的功能都是禁止通行

有的时候学弟学妹问我

by LC_HIT

最近经常有学弟学妹问我,为什么出国?

我告诉他们,当初只是有个想法,后来就努力去做。我喜欢说走就走的旅行、说干就干的豪爽。如果你真的想找理由的话,那就是你还年轻,趁着年轻折腾一把。如果,你还想要我说出其他理由,我只能告诉你,你活得有点累,烦请做点让你快乐的事情,你会发现生活还是很美好、很多元的。

有的时候学弟学妹问我,如果没有申请成功呢?

我说,我很坦然,经历了那么多事情,清华直博莫名其妙失败、保研、弃保、再保研、后来又弃保……很多事情,让我成长不少。这个过程,我从没放弃,很少停止努力,一直孜孜不倦地向着一个目标努力——所有我能决定的,我已经努力了;至于结果,那是上天注定的,不是我能决定的。还好,最后结果没那么糟。而且,我成功的标准可能和你不同,你的是什么呢?

有的时候,学弟学妹告诉我,申请好难啊,坚持不下去了。

我就告诉他们,那你就别申请了,去走让你舒服的道路吧,比如找工作、保研、直博或者考研,何必为难自己呢?不过,你要想清楚,你想舒服几年,想什么时候舒服。

有的时候,学弟学妹问我选择方向的技巧。

很简单,如果你是想申请硕士的话,找个好地方,早点去实习、容易找工作;如果你想申请博士的话,找个自己感兴趣的研究方向和导师。

有的时候,学弟学妹会问我算不算"跨"专业申请。

我感觉,我"完全就是"跨专业申请。我原来是化学背景、搞纳米材料,现在是核材料方向、研究陶瓷;我原来是做实验的,现在是搞计算、模拟的。这样的"跨"专业,说难也难,因为很难赢得教授的信任和青睐;说容易也容易,因为你看看找工作的同学就知道,有20%找到专业绝对对口的就已经很理想了。人生有那么多不确定性,如果你确实对目标专业感兴趣,那就准备付出不"跨"专业同学两倍的努力,就当是补课吧。

List 6

- cornucopia
- corollary
- corroborate
- corrosive
- countenance
- counterfeit
- counterpoint
- covenant
- covert
- coveted
- cowardice
- cower
- cozen
- crate
- craven
- credence
- credulous
- crepuscular
- crescendo
- croon
- crotchety
- cryptic
- culminate
- culpable
- cumbersome
- cumulative
- cunning
- curtail
- custody
- cylindrical
- cynical
- dabble
- daunt
- deadlock
- deadpan
- dearth
- debacle
- debilitate
- debonair
- debunk
- debut
- decimation
- declamatory
- decorum
- decry
- defendant
- deference
- defy
- degenerate
- deify
- deject
- delate
- delegate
- deleterious
- deliberate
- delicacy
- delimit
- delineate
- delinquent
- delude
- demur
- denigrate
- deplete
- deplore
- deploy
- deposit

List 6

cornucopia [ˌkɔːrnjuˈkoʊpiə] *n.* 象征丰收的羊角
- 【英】a goat's horn overflowing with fruit, flowers, and grain, signifying prosperity
- 【反】deficiency, inadequacy, insufficiency, lack, pittance
- 【记】组合词：cornu（来自拉丁文 cornus，羊角）+ copia（词根，丰富的）→羊角装饰器内装满瓜果、谷物代表丰收

corollary [ˈkɔːrəleri] *n.* 必然的结果；推论
- 【英】a practical consequence that follows naturally
- 【同】conclusion, consequence, inference

corroborate＊＊ [kəˈrɑːbəreɪt] *v.* 证实
- 【英】to support with evidence or authority, make more certain
- 【反】controvert, disprove, lessening of certainty, rebut, refute
- 【同】attest, substantiate, validate, verify, vindicate
- 【记】形近易混词：corporate（*adj.* 公司的）

corrosive [kəˈroʊsɪv] *adj.* 腐蚀的，侵蚀的
- 【英】tending or having the power to corrode
- 【记】形近易混词：erosive（*adj.* 腐蚀性的）

countenance＊＊ [ˈkaʊntənəns] *v.* 赞成，支持　*n.* 面容，表情
- 【英】*v.* to extend approval or toleration to, sanction; *n.* face, visage, especially the face as an indication of mood, emotion, or character
- 【反】disapprove, disfavor, frown, perturbation
- 【同】accept, approve, subscribe
- 【记】下面一系列单词都是由 counter（*v.* 反对；抵消；*n.* 相反的事物）衍生而来的。

counterfeit＊ [ˈkaʊntərfɪt] *n.* 赝品，伪造品
- 【英】forgery, something likely to be mistaken for something of higher value
- 【同】deceit, deception, fake, hoax, imposture

counterpoint [ˈkaʊntərpɔɪnt] *n.* 对应物；复调；对位法
- 【英】a complementing or contrasting item; the combination of two or

more independent melodies into a single harmonic texture in which each retains its linear character; one or more independent melodies added above or below a given melody

【同】opposite, polyphony

covenant **　['kʌvənənt] *n.* 契约, 公约

【英】a formal written agreement between two or more people or groups of people which is recognized in law

covert　['kʌvərt] *adj.* 隐蔽的

【英】not openly shown, engaged in, or avowed, veiled

【反】open, overt, public

【同】clandestine, furtive, surreptitious, secret, stealthy

【记】形近易混词: cover(*v.* 覆盖), overt(*adj.* 明显的)

coveted **　['kʌvətɪd] *adj.* 令人垂涎的

【英】greatly desired

【同】aspirational, wanted, desired

cowardice　['kaʊərdɪs] *n.* 懦弱

【英】lack of courage or resolution

【反】dauntlessness, gallantry, intrepidness, valiance, valor

【同】cowardliness, cravenness, dastardliness, pusillanimity, spinelessness

cower　['kaʊər] *v.* 萎缩, 蜷缩

【英】to shrink away or crouch especially for shelter from something that menaces, domineers, or dismays

【同】cringe, grovel, quail

cozen　['kʌzən] *v.* 欺骗

【英】to cheat or trick

【同】bamboozle, beguile, bluff, deceive, delude, dupe, hoax, sucker, trick

crate　[kreɪt] *n.* 板条箱, 大货箱

【英】an open box of wooden slats or a usually wooden protective case or framework for shipping; a large box used for transporting or storing things

craven **　['kreɪvn] *adj.* 胆小的, 懦弱的

【英】lacking courage and coward

【反】brave, courageous

【同】coward, timid, timorous, trepid

【记】形近易混词：coward(*n.* 懦弱胆小的人)→懦夫容易退缩

credence ** ['kriːdns] *n.* 真实性

【英】a quality that an idea or a story has that makes you believe it is true

【反】bamboozle, gull, hoax, hoodwink

【记】形近易混词：dozen(*n.* 十二个)

credulous ['kredʒələs] *adj.* 轻信的,易受骗的

【英】ready to believe especially on slight or uncertain evidence, proceeding from credulity

【反】skepticism

【同】unsuspecting, unsuspicious, unwary

crepuscular [krɪ'pʌskjələr] *adj.* 暮色的；黄昏的

【英】like twilight；dim

crescendo [krə'ʃendoʊ] *n.* (声音)渐强

【英】a gradual increase in volume of a musical passage

【记】与文艺相关,且以"o"结尾的单词集合：bravado, cameo, chiaroscuro, crescendo, fresco, libretto, portfolio, virtuoso。

croon [kruːn] *v.* 低声歌唱,低吟

【英】to sing or hum in a soft, soothing voice

【记】形近易混词：crown(*n.* 皇冠)

crotchety ['krɑːtʃəti] *adj.* 坏脾气的,易怒的

【英】bad-tempered and easily irritated

【同】capricious, moonish

cryptic ['krɪptɪk] *adj.* 含义隐晦的

【英】secret, occult, having or seeming to have a hidden or ambiguous meaning, mysterious

【反】accessible, nonambiguous, obvious, self-explanatory

【同】arcane, enigmatic, impenetrable, mysterious, occult

culminate ['kʌlmɪneɪt] *v.* 达到顶点；使……结束

【英】to bring to a head or to the highest point；to come to completion, end

【同】cap off, climax, crown

【记】culminate 指人在事业、友情等方面达到了顶峰,也可用于指冲突全面展开或是达到某物的最高点等。

culpable ['kʌlpəbl] *adj.* 该受谴责的,有罪的

【英】meriting condemnation or blame especially as wrong or harmful

【反】blameless, faultless, impeccable, irreproachable

【同】blamable, censurable, guilty, reprehensible, sinful

【记】词根: culp(罪), 参考 exculpate(*v.* 无罪释放)与 inculpate(*v.* 使……有罪, 控告)

cumbersome** ['kʌmbərsəm] *adj.* 笨拙的, 累赘的

【英】unwieldy because of heaviness and bulk, slow-moving, ponderous

【反】easy to handle, handy

【同】awkward, clumsy, ponderous

【记】由 cumber(*v.* 障碍)衍生而来的词汇。cumber 有个形近词 cucumber(*n.* 黄瓜)。

cumulative ['kjuːmjəleɪtɪv] *adj.* 累积的

【英】increasing by successive addition

cunning* ['kʌnɪŋ] *adj.* 狡猾的

【英】characterized by wiliness and trickery

【反】artless, ingenuous, innocent, undesigning

【同】artful, astute, crafty, guileful, insidious

【记】cunning, sly 都可以表示"狡猾的"的意思。cunning 指凭诡计达到狡诈的目的。sly 指竭力掩饰其意图, 靠蒙混或表里不一等隐蔽手法达到个人目的。

curtail* [kɜːrˈteɪl] *v.* 缩短, 削减

【英】to make less by or as if by cutting off or away some part

【反】elongate, extend, lengthen, prolong, protract

【同】abbreviate, abridge, shorten, truncate

【记】联想: cur(≈ cut) + tail→砍掉尾巴→截短, 缩短

custody ['kʌstədi] *n.* 监护, 保管

【英】immediate charge and control (as over a ward or a suspect) exercised by a person or an authority, also safekeeping

【同】guardianship, keeping, safekeeping

【记】形近易混词: customs(*n.* 海关)

cylindrical [səˈlɪndrɪkl] *adj.* 圆柱形的

【英】in the shape of a cylinder

cynical* ['sɪnɪkl] *adj.* 持人皆自私论的, 愤世嫉俗的

【英】believing the worst of human nature and motives; having a sneering disbelief in e.g. selflessness of others

dabble ['dæbl] *n.* 浅尝辄止者

【英】one not deeply engaged in something

【反】authority, expert, professional, specialist, specialize

【同】amateur, dilettante, hobbyist, layman, tinkerer

【记】形近易混词: double (*adj.* 双重的)→三心二意的人容易浅尝辄止

daunt ［dɔːnt］*v.* 使……胆怯, 使……畏缩

【英】to lessen the courage of, cow, subdue

【反】embolden, encourage, hearten, nerve, steel

【同】appall, demoralize, dishearten, dismay, dispirit

【记】形近易混词: flaunt (*v.* 炫耀), gaunt (*adj.* 憔悴的), haunt (*v.* 常去; 思想萦扰), jaunt (*n.* 远足, 短途旅游), taunt (*v.* 嘲弄), vaunt (*v.* 吹嘘)

deadlock ［'dedlɑːk］*n.* 僵局

【英】a situation in which no progress can be made or no advancement is possible

【同】gridlock, halt, impasse, logjam, stalemate, standoff

deadpan ［'dedpæn］*adj.* 面无表情的, 冷漠的

【英】marked by an impassive matter-of-fact manner, style, or expression

【反】demonstrative, expressive

【同】blank, empty, inexpressive, unexpressive, vacant

【记】联想: dead + pan (口语词, 脸)→面无表情的

dearth * ［dɜːrθ］*n.* 缺乏; 粮食不足

【英】 scarcity that makes dear, specifically famine, an inadequate supply lack

【反】amplitude, opulence, plenitude, plethora, spate

【同】deficit, insufficiency, paucity, scantiness, want

【记】联想: dearth = dear + earth→人们只有在饥荒的时候, 才会想起曾经对亲爱的地球做过哪些破坏→粮食不足

debacle ［dɪ'bɑːkl］*n.* 崩溃, 溃败

【英】breaking up, downfall

【反】blockbuster, complete success

【同】apocalypse, calamity, cataclysm, catastrophe, disaster

debilitate ［dɪ'bɪlɪteɪt］*v.* 使……衰弱

【英】to make weak, enfeeble

【反】beef, invigorate, fortify, strengthen

【同】attenuate,blunt,cripple,disable,weaken

【记】联想:de-(否定前缀) + bilit(≈ ability 能力) + -ate(动词后缀)→使……衰弱

debonair　[ˌdebə'ner] *adj.* 温文尔雅的

【英】confident,charming,and well dressed

【反】careworn

【同】blithe,carefree,insouciant,lighthearted

debunk　[diː'bʌŋk] *v.* 揭穿真面目,暴露

【英】to expose the sham or falseness of

debut　[deɪ'bjuː] *n.* 初次登场亮相

【英】a first appearance

【反】farewell performance

decimation　[ˌdesɪ'meɪʃn] *n.* 大批杀害,大量毁灭

【英】to select by lot and kill every tenth man of; to cause great destruction or harm toconstruct,erect,rear

【同】annihilate,demolish,desolate,devastate,nuke,pulverize,raze,shatter, smash,wrack,wreck

declamatory　[dɪ'klæmətɔːri] *adj.* 慷慨陈词的

【英】ostentatiously lofty in style; dramatic and confident (phrase, statement,or way of speaking)

decorum＊＊　[dɪ'kɔːrəm] *n.* 礼仪

【英】propriety and good taste in conduct or appearance

【反】impropriety,indecorum,mangy,proper,unseemly

【同】decency,form

decry　[dɪ'kraɪ] *v.* (强烈)批评,谴责

【英】to criticize strongly

【反】acclaim,applaud,exalt,extol

【同】belittle,denigrate,deprecate,derogate,diminish

defendant　[dɪ'fendənt] *n.* 被告人

【英】a person or group against whom a criminal or civil action is brought;someone who is being sued or accused of committing a crime

deference＊　['defərəns] *n.* 敬意,尊重

【英】respect and esteem due a superior or an elder, also affected or ingratiating regard for another's wishes

【反】defiance, disobedience, intractability, recalcitrance

【同】compliance, homage, submissiveness, reverence

【记】形近易混词: difference (*n.* 差异)→咱们有差异是可以的, 我尊重你的选择权

defy ［dɪˈfaɪ］ *v.* 公然反抗, 违抗

【英】to resist attempts at, withstand

【反】acquiesce, comply, conform, obey

【记】defy, oppose, resist, withstand 都可以表示"反抗, 抵抗"的意思。defy 指公开地、勇敢地反对或抵抗, 有时含公然挑衅之意。oppose 可表示不同程度的抵抗。resist 指积极地反抗一种攻击、暴力或诱惑。withstand 较正式用词, 指坚强地抵抗攻击或压力, 有时也指抗拒影响或吸引力。

degenerate ［dɪˈdʒenərət］ *adj.* 退化的 *v.* 退化

【英】having declined or become less specialized (as in nature, character, structure, or function) from an ancestral or former state; to pass from a higher to a lower type or condition, deteriorate

【同】decadent, decayed, effete, overripe, washed-up

【记】联想: de (消除) + gener (≈ generation 繁殖) + -ate (动词后缀)→越生优点越少, 一代不如一代→退化

deify ［ˈdeɪɪfaɪ; ˈdiːɪfaɪ］ *v.* 神化

【英】to glorify as of supreme worth

【反】demean, humble, humiliate, watch with contempt

【同】adore, adulate, canonize, idolize, worship

【记】形近易混词: defy(*v.* 公然反抗, 违抗)→不要神化某人

deject^{**} ［dɪˈdʒekt］ *v.* 使⋯⋯沮丧, 使⋯⋯灰心

【英】to make gloomy in spirits

【反】brighten, buoy, gladden, exultant, rejoice

【同】demoralize, depress, dishearten, disparage, dispirit

【记】形近易混词: reject(*v.* 拒绝)→因为被拒绝, 所以很沮丧

delate ［dɪˈleɪt］ *v.* 控告, 告发, 弹劾

【英】to bring a charge against

【同】accuse, denounce, impeach

delegate[*] ［ˈdelɪɡət; ˈdelɪɡeɪt］ *n.* 代表 *v.* 授权, 委托; 委派

【英】*n.* a person acting for another; *v.* to entrust to another; to appoint as one's representative

【同】agent, emissary, envoy, legate, representative; commission, depute

deleterious**　[ˌdeləˈtɪriəs] *adj.* 有害的, 有毒的

【英】harmful often in a subtle or unexpected way

【反】beneficial, salutary, salubrious, wholesome

【同】damaging, injurious, mischievous, noxious, prejudicious

【记】由 delete(*v.* 删除)衍生而来的词汇。

deliberate*　[dɪˈlɪbərət] *v.* 深思熟虑

【英】to think about or discuss issues and decisions carefully

【记】deliberate, meditate, muse, reason, reflect, speculate, think 都可以表示"思考, 判断, 思索"的意思。deliberate 指缓慢、按部就班地作仔细而认真的思考或判断。meditate 语气较强, 指认真地长时间集中精力进行思考。muse 通常指漫无目的地猜想。reason 指根据资料、证据或事实进行推断, 做出结论或判断的逻辑思维活动。reflect 指回想或回顾, 侧重认真而冷静地、反复地思考某个问题, 尤指对已发生事情的思索。speculate 指推论过程, 隐含在证据不足的基础上做出推测或设想。think 指开动脑筋形成看法或得出结论的脑力活动, 不着重结论是否正确, 见解是否有用。

delicacy　[ˈdelɪkəsi] *n.* 精致; 佳肴

【英】the quality or state of being dainty, fineness; something pleasing and appealing, especially a choice food

【反】coarseness, crudity, roughness

delimit　[diˈlɪmɪt] *v.* 定界限

【英】to fix or establish limits

【同】circumscribe, define, demarcate

delineate*　[dɪˈlɪnieɪt] *v.* 描述; 描绘; 划定界限

【英】to describe, portray, or set forth with accuracy or in detail; to indicate or represent by drawn or painted lines; to mark the outline of

【同】define, outline, silhouette, sketch, trace

delinquent　[dɪˈlɪŋkwənt] *adj.* 失职的, 有过失的　*n.* 失职者

【英】*adj.* offending by neglect or violation of duty or of law; *n.* a delinquent person

【记】词根: linque(离开), 参考 relinquish(*v.* 放弃)

delude *　[dɪ'luːd] *v.* 哄骗

【英】to mislead the mind or judgment

【同】bamboozle, beguile, bluff, cozen, deceive, dupe, hoax, hoodwink, humbug, juggle

demur ** 　[dɪ'mɜːr] *v.* 表示异议, 反对

【英】to take exception, object

denigrate **　['denɪgreɪt] *v.* 玷污, 诋毁

【英】to attack the reputation of

【反】applaud, exalt, extol, honor, laud

【同】asperse, calumniate, defame, malign, slander

deplete　[dɪ'pliːt] *v.* 耗尽, 使……衰竭

【英】to lessen markedly in content, power, or value

【反】renew, replace

【同】bankrupt, drain, exhaust, impoverish, use up

deplore　[dɪ'plɔːr] *v.* 深表遗憾; 反对

【英】to express sorrow or grief over; to feel or express strong disapproval of, condemn

【反】accolade, applaud, commend, extol

deploy　[dɪ'plɔɪ] *v.* (有策略性地)展开, 调度

【英】to spread out, utilize, or arrange for a deliberate purpose

【反】concentrate

deposit　[dɪ'pɑːzɪt] *v.* 沉淀　*n.* 沉淀; 押金

【英】*v.* to place especially for safekeeping or as a pledge, especially to put in a bank; *n.* something placed for safekeeping; money deposited in a bank

【反】withdraw

【同】bank, deposition, precipitate, sediment, settlings

List 7

- deprave
- deprive
- derelict
- deride
- derivative
- descry
- desiccate
- desultory
- deter
- detest
- detract
- detrimental
- deuterium
- devastate
- deviate
- devious
- devoid
- dextral
- diaphanous
- diatribe
- dichotomy
- didactic
- diffuse
- digress
- dilate
- dilatory
- dilemma
- dilute
- diminution
- dirge
- disarm
- disarray
- disavow
- discern
- discourteous
- discredit
- discrepancy
- discrete
- discriminate
- disdain
- disenchanted
- disgorge
- disjunction
- dislodge
- dismiss
- disparage
- disparate
- dispense
- dispersal
- disquisition
- disregard
- dissemble
- disseminate
- dissension
- disservice
- dissident
- dissipate
- dissolute
- distend
- diverge
- divulge
- doctrine
- dogma
- dossier
- downbeat
- downplay

List 7

deprave [dɪ'preɪv] *v.* 使堕落

【英】to corrupt morally or by intemperance or sensuality

【同】debauch, demean, deteriorate, pervert, profane, vitiate

deprive [dɪ'praɪv] *v.* 剥夺，使不能有

【英】to take away possessions from someone

【同】bereave, divest, strip

derelict ['derəlɪkt] *adj.* 玩忽职守的

【英】lacking a sense of duty

【反】attentive, careful, conscientious

【同】disregardful, neglectful, negligent, remiss

deride [dɪ'raɪd] *v.* 嘲笑

【英】to speak of or treat with contemptuous mirth

【同】jibe, jeer, mock, scout

【记】形近易混词：deprived(*adj.*贫困的)

derivative [dɪ'rɪvətɪv] *adj.* 衍生的；非独创的

【英】resulting from or employing derivation; copied or adapted from others

【反】basic, original

【记】联想：de(向下) + riv(≈river) + -ative(形容词后缀)→东西不是自己做的，是从河里漂过来的→非独创的

descry [dɪ'skraɪ] *v.* 看到，发现

【英】to catch sight of (something difficult to discern); to discover by careful observation or scrutiny

【反】miss, overlook, pass over

【同】behold, observe, perceive, remark, witness

【记】形近易混词：decry(*v.*责难)

desiccate** ['desɪkeɪt] *v.* 使⋯⋯干燥，使⋯⋯脱水；使⋯⋯无生气

【英】to dry up; to preserve (a food) by drying; to drain of emotional or intellectual vitality

【反】devitalize, enervate

【同】energize, invigorate, stimulate, vitalize, vivify

desultory 　['desəltɔːri] *adj.* 散漫的；跳跃的；随机的

【英】moving or jumping from one thing to another；occurring haphazardly， random

【反】methodical，orderly，organized，regular，systematic

【同】aimless，erratic，haphazard，scattered

【记】形近易混词：absolutely（*adv.* 绝对的）

deter 　[dɪ'tɜːr] *v.* 阻止，威慑

【英】to prevent or discourage from acting，as by means of fear or doubt

【反】encourage，persuade

【同】dissuade，inhibit

【记】形近易混词：defer（*v.* 推迟）

detest* 　[dɪ'test] *v.* 厌恶，憎恨

【英】to feel intense and often violent antipathy toward

【同】abhor，abominate，despise，execrate，hate，loathe

detract 　[dɪ'trækt] *v.* 减损

【英】to diminish the importance，value，or effectiveness of something

【反】abstract，call off，divert，throw off

【同】concentrate，focus

【记】联想：de（向下）+ tract（拖拽）→向下拖拽，拖累，变得越来越 差→减损

detrimental* 　[ˌdetrɪ'mentl] *adj.* 有害的

【英】causing damage or harm

【反】benign，harmless，innocent，inoffensive，safe

【同】adverse，baleful，baneful，injurious，mischievous

deuterium** 　[djuː'tɪəriəm] *n.* 氘；重氢

【英】an isotope of hydrogen that has one proton and one neutron in its nucleus and that has twice the mass of ordinary hydrogen—called also heavy hydrogen

devastate 　['devəsteɪt] *v.* 毁坏

【英】to bring to ruin or desolation by violent action

【同】destroy，ruin，scourge

【记】联想：de（去掉）+ vast（巨大的）+ -ate（动词后置）→弄得不再 那么大→毁坏

deviate* 　['diːvieɪt] *v.* 离题；偏离，越轨

【英】to stray especially from a standard，principle，or topic；to depart from an established course or norm

　　　　　　　　　【同】diverge, swerve, veer

devious　　　　['diːviəs] 狡诈的；歪曲的，不光明正大的

　　　　　　　　　【英】characterized by insincerity or deceit; indirect in departing from the accepted or proper way

　　　　　　　　　【同】cunning, evasive, errant, misleading

devoid　　　　[dɪ'vɔɪd] *adj.* 全无的，缺乏的

　　　　　　　　　【英】completely lacking, destitute or empty

　　　　　　　　　【反】filled, flush, fraught, replete, rife

　　　　　　　　　【同】bare, blank, stark, vacant, vacuous

　　　　　　　　　【记】联想：de(去掉) + void(空的)→把东西全去掉，弄空→全无的；缺乏的

dextral　　　　['dekstrəl] *adj.* 右侧的；右旋的

　　　　　　　　　【英】of, relating to, or located on the right side; of or relating to a gastropod shell that coils clockwise and has its aperture to the right when facing the observer with the apex upward

　　　　　　　　　【同】right-handed

diaphanous　　[daɪ'æfənəs] *adj.* 透明的，薄如蝉翼的；精致的

　　　　　　　　　【英】very thin and almost transparent; characterized by extreme delicacy of form

diatribe＊＊　　['daɪətraɪb] *n.* 谩骂

　　　　　　　　　【英】a bitter, abusive denunciation

　　　　　　　　　【同】fulmination, harangue, philippic, rant

　　　　　　　　　【记】形近易混词：diabetes(*n.* 糖尿病)

dichotomy＊＊　[daɪ'kɑːtəmi] *n.* 分裂

　　　　　　　　　【英】division into two usually contradictory parts or opinions

　　　　　　　　　【记】dichotomy 还可以表示"二分法"，即将所有的事物根据其属性分成两种。错误的分类可能导致逻辑谬论，如非黑即白，不是忠的就是奸的。这很明显忽略了中间状态的存在。正确的分类法应如白、非白。

didactic＊＊　　[daɪ'dæktɪk] *adj.* 教诲的，说教的

　　　　　　　　　【英】intended to convey instruction and information as well as pleasure and entertainment

　　　　　　　　　【同】homiletic, moralistic

　　　　　　　　　【记】联想：did(确实) + act(做) + -ic(形容词后缀)→被忽悠了之

后,确实那么做了的→说教的

diffuse * 　[dɪˈfjuːs] *v.* 扩散,传播　*adj.* 冗长的;散漫的

【英】*v.* to spread about or scatter; *adj.* widely spread or scattered, not concentrated; characterized by verbosity

【反】compact, concise, pithy, succinct, terse

【同】circuitous, garrulous, rambling, verbose, windy

【记】形近易混词:defuse(*v.* 消除危险,缓和)

digress 　[daɪˈgres] *v.* 离题

【英】to turn aside especially from the main subject of attention or course of argument

【同】depart, divagate, stray

【记】联想:di-(离开)+ gress(走)→走偏了→离题

dilate * 　[daɪˈleɪt] *v.* 扩大;详述

【英】to become wider or larger; to speak or write at great length on a subject

【反】abbreviate, abridge, condense, shorten

【同】amplify, elaborate, expand, expatiate

【记】形近易混词:dilute(*v.* 稀释)

dilatory 　[ˈdɪlətɔːri] *adj.* 拖延的

【英】tending or intended to cause delay

【反】brisk, hasty, rapid, swift

【同】dallying, dawdling, languid, sluggish, tardy

dilemma 　[dɪˈlemə] *n.* 困境,进退两难

【英】a situation that requires a choice between options that are or seem equally unfavorable or mutually exclusive

【同】impasse, mire, quandary, swamp

【记】谐音:抵赖么→陷入进退两难的困境,抵赖也不好使

dilute 　[daɪˈluːt] *v.* 稀释

【英】to make thinner or less concentrated by adding a liquid such as water

【反】rich, strong

【记】形近易混词:dilate(*v.* 扩大;详述)

diminution 　[ˌdɪmɪˈnuːʃn] *n.* 减小,减弱

【英】reduction in size, importance, or intensity

【同】abatement, decrement, dent, depletion, diminishment, shrinkage

dirge　　　　［dɜːrdʒ］ *n.* 挽歌

【英】a song or hymn of grief or lamentation

【同】elegy，lament，requiem，threnody

【记】联想：dir(≈dirty) + ge(拼音，歌)→在葬礼上歌颂一个人，自然会无视他的污点→挽歌

disarm　　　　［dɪsˈɑːrm］ *v.* 解除武装，缓和，消除敌意

【英】to deprive of reason to be hostile，to make harmless

【反】arm，bait，militarize，put on guard

【同】demilitarize

【记】联想：dis-(否定前缀) + arm(武器)→解除武器

disarray *　　　　［ˌdɪsəˈreɪ］ *n.* 杂乱，混乱　*v.* 使……混乱

【英】*n.* a lack of order or sequence，confusion，disorder；*v.* to throw into disorder

【反】arrange，array，organize，regulate

【同】disarrangement，chaos，welter

【记】联想：dis-(否定前缀) + array(队列)→杂乱，混乱

disavow　　　　［ˌdɪsəˈvaʊ］ *v.* 否认，抵赖，不想承担责任

【英】to disclaim responsibility for，to refuse to acknowledge or accept

【反】acknowledge，admission，affirm，confirm

【同】contradict，deny，disallow，disclaim，repudiate

【记】联想：dis-(否定前缀) + avow(承认)→否认；抵赖

discern **　　　　［dɪˈsɜːrn］ *v.* 辨别

【英】to recognize or identify as separate and distinct

【反】confuse，lack of insight，mistake

【同】descry，discriminate，distinguish，perceive，witness

discourteous　　　　［dɪsˈkɜːrtiəs］ *adj.* 粗鲁的

【英】lacking courtesy

【反】civil，considerate，courteous，genteel

【同】robust，crude

discredit　　　　［dɪsˈkredɪt］ *v.* 羞辱；怀疑

【英】to refuse to accept as true or accurate，to cause disbelief in the accuracy or authority of，to deprive of good repute

【反】aggrandize，canonize，deify，elevate，exalt

【同】abase，demean，disgrace，humble，humiliate

【记】联想：dis-(否定前缀) + credit(赞颂)→羞辱；怀疑

discrepancy ［dɪ'skrepənsi］ *n.* 差异,矛盾

【英】the quality or state of disagreeing or being at variance,an instance of disagreeing or being at variance

【反】analogousness,converge,concord,consonant,resemblance

【记】difference, discrepancy, discrimination, distinction 都可以表示 "差别,区别"的意思。difference 可指事物本质上的差异或数量上的差额,也可指事物在某一方面的差别,还可指人们之间的不同意见。discrepancy 多用于言论和记述方面,指两物之间缺乏使之相似或平衡的协调。discrimination 侧重指在判断、见识方面的差别,也可指待遇上的区别。distinction 较正式用词,除指事物在本质上的差别外,还指在某一方面或某一细节上的区分,要在认真观察、研究后才易觉察。

discrete ［dɪ'skriːt］ *adj.* 分离的,不连续的

【英】apart or detached from others

【反】attached,connected,continuous,joined,linked

【同】distinct,different,diverse,separate

【记】形近易混词:discreet(*adj.* 小心的,慎重的,贤明的)

discriminate ［dɪ'skrɪmɪneɪt］ *v.* 区别,有差别地对待

【英】to make a clear distinction;to make distinctions on the basis of class or category without regard to individual merit, show preference or prejudice

【反】confuse,equitable,mistake,mix

【同】difference,differentiate,discern,distinguish,separate

【记】参考 LIST 7,discrepancy(见本页)

disdain * ［dɪs'deɪn］ *v.* 轻视,鄙视

【英】to treat with scorn or contempt

【反】esteem,respect,treat favorably

【同】abhor,contemn,despise,scorn,scout

【记】形近易混词:abstain(*v.* 节制)

disenchanted ［ˌdɪsɪn'tʃæntɪd］ *adj.* 不再着迷的,不再抱幻想的,感到幻灭的

【英】no longer happy,pleased,or satisfied

【同】disappointed,disatisfied

disgorge ［dɪs'gɔːrdʒ］ *v.* 吐出,呕出

【英】to discharge or let go of rapidly or forcefully,to give up on request or under pressure,to discharge contents

【反】ingest,swallow

【同】eject,eruct,expel,spout,vomit

【记】联想:dis-(否定前缀)+ gorge(吞咽)→吐出

disjunction [dɪs'dʒʌŋkʃn] *n.* 分离

【英】the act of disconnecting or the state of being disconnected

【同】separation,detachment

dislodge [dɪs'lɑːdʒ] *v.* 拿开;解除职务

【英】to remove or force out from a position

【同】cast out,evict

dismiss * [dɪs'mɪs] *v.* 准予离去;解雇;不予理会,不受理

【英】to permit or cause to leave;to remove from position or service;to reject serious consideration of;refuse to hear or hear further in court

disparage ** [dɪ'spærɪdʒ] *v.* 贬低,轻视

【英】to lower in rank or reputation,to depreciate by indirect means (as invidious comparison);speak slightingly about

【反】adulate,champion,extol,revere

【同】belittle,denigrate,deprecate,depreciate,diminish

【记】联想:dis(否定)+ parage(来自 peer 贵族)→取消贵族资格→贬低

disparate ['dɪspərət] *adj.* 截然不同的,不相关的

【英】containing or made up of fundamentally different and often incongruous elements,markedly distinct in quality or character

【反】alike,analogous,like,kindred,similar

【同】different,dissimilar,distant,distinct,distinguishable

【记】形近易混词:separate(*adj.* 分开的)

dispense [dɪ'spens] *v.* 分发;豁免,免除

【英】to give or provide to a number of people;to exempt from a law or release from a vow,oath,or impediment

【同】allocate,apportion,deal (out),distribute

dispersal [dɪ'spɜːrsl] *n.* 喷散,(对人群的)驱散

【英】the spreading of things over a wide area

【同】dispersion

disquisition [ˌdɪskwɪ'zɪʃn] *n.* 探讨,研究,专题论文

【英】an elaborate analytical or explanatory essay or discussion

【同】delving,inquisition,investigation,probation,research

disregard　[ˌdɪsrɪ'gɑːrd] *v.* 不重视，漠视

【英】to pay no attention to, treat as unworthy of regard or notice

【反】attend to, heed, mind, nurture, regard

【同】discount, forget, neglect, overlook, slight

【记】联想:dis-(否定前缀) + regard(关系,注意)→不重视

dissemble ** 　[dɪ'sembl] *v.* 用假象隐藏真相，掩饰，假装

【英】to put on a false appearance

【反】behave honestly, candid

【同】camouflage, cloak, dissimulate, dress up, mask

【记】联想:dis-(否定前缀) + sem(≈seem) + ble(≈able)→不太像
(真实感受)→假装

disseminate ** 　[dɪ'semɪneɪt] *v.* 广泛散播，传播

【英】to spread abroad, promulgate

【反】garner, nucleate

【同】diffuse, disperse, distribute, propagate, radiate

【记】词根:semi(种子),参考 semen(精子,种子)

dissension　[dɪ'senʃn] *n.* 意见不合，争执

【英】strong disagreement or discord

【反】agreement, concord, concordance, harmony, peace

【同】conflict, contention, difference, disaccord, dissidence

【记】词根:sens(同意),参考 dissent(*v.* 不同意), assent(*v.* 同意)与
consent(*v.* 同意)

disservice　[dɪs'sɜːrvɪs] *n.* 伤害，帮倒忙

【英】an act intended to help that turns out badly

dissident　['dɪsɪdənt] *adj.* 有异议的

【英】disagreeing especially with an established religious or political
system, organization, or belief

【反】conforming, conventional, orthodox

【同】heterodox, iconoclastic, maverick, unconventional, unorthodox

【记】联想:dis-(否定前缀) + sident(词根,坐)→不坐在一起→不
同阵营→有异议的

dissipate *　['dɪsɪpeɪt] *v.* 驱散；浪费；放纵

【英】to break up and drive off (as a crowd), to cause to spread thin or
scatter and gradually vanish; to spend or use up wastefully or
foolishly; to be extravagant or dissolute in the pursuit of pleasure,

especially to drink to excess

【反】accumulate, amass, concentrate, congregate, gather

【同】disband, dispel, disperse, scatter, squander

dissolute　['dɪsəluːt] *adj.* 放荡的

【英】lacking restraint, especially marked by indulgence in things (as drink or promiscuous sex) deemed vices

【反】pure, uncorrupt

【同】abandoned, licentious, profligate, unprincipled

distend　[dɪ'stend] *v.* 扩大，膨胀

【英】to extend; to enlarge from internal pressure, swell

【反】constrict, compression

diverge　[daɪ'vɜːrdʒ] *v.* 偏离；分歧

【英】to move or extend in different directions from a common point, draw apart; to become or be different in character or form, differ in opinion

【反】come together, confluence, converge, unification

【同】depart, digress, ramble, stray, wander

【记】联想：di(两个) + verge(倾向)→两种倾向→分歧

divulge＊　[daɪ'vʌldʒ] *v.* 泄露秘密

【英】to make public, to make known as a confidence or secret

【反】cloak, conceal, enshroud, mask, veil

【同】betray, disclose, discover, reveal, unclose

【记】形近易混词：deluge(*n.* 大洪水)

doctrine　['dɑːktrɪn] *n.* 学说，教义，信条

【英】a belief (or system of beliefs) accepted as authoritative by some group or school

【同】canon, dogma

dogma　['dɔːgmə] *n.* 教条

【英】something held as an established opinion, a code of such tenets

【反】heresy

【同】canon, doctrine

dossier　['dɔːsieɪ] *n.* 卷宗

【英】a file containing detailed records on a particular person or subject

downbeat　['daʊnbiːt] *n.* (乐谱中一个小节的)强拍；消沉的，悲观的

【英】the downward stroke of a conductor indicating the principally accented note of a measure of music; feeling depressed and without hope

【同】pessimistic, futilitarian

downplay [ˌdaʊnˈpleɪ] *v.* 低估；轻描淡写；贬低

【英】to play down, de-emphasize

【记】组合词：down(向下) + play(描写)→轻描淡写；低估

真题怎样做

by 草木也知愁

对于真题,要做五遍。但是还要说得详细一些:

第一遍,要将重点放在自己前期储备(单词记忆、阅读等基础训练)的磨合、查漏补缺以及所学的方法技巧和实践上。

第二遍,要精做,在第一遍的基础上,吃透每一个题目,把逻辑关系、对应点都找清楚弄明白,在第一遍把方法技巧磨合之后得到的感觉中提炼出自己的经验,并做好总结。

第三遍,要快速做,主要是把第一遍中浅浅的感觉以及第二遍中的分析总结通过大量做题去进一步调整,争取找出所谓的"题感"。

第四遍,要再一次精做题目,虽然第二遍已经精做了一次,而且经过前三遍,你对题目已经比较熟悉,但是这里的精做要在第二遍留下的资料以及前三遍总结的"方法技巧"和"题感"的基础上重新把这些带入每一个题目。在这个时候可能你会颠覆以前的部分总结,不过没有关系,这个是很正常的现象,而且是很好的,这代表你的思路在升华。

第五遍,要将重点放在巩固第四遍所获得的经验方法和感觉上,到了这个时候,你应当追求的不是正确率,因为每一个题目你都已经非常熟悉了,现在要的是把之前所有的都"忘掉",把那些都化成和我们吃饭、喝水、走路一样得自然而然。

List 8

- drab
- dread
- droll
- drudgery
- dubious
- dupe
- dwindle
- dynamite
- earthly
- ebb
- ebullient
- ecclesiastical
- eclectic
- eclipse
- eddy
- edify
- effete
- efficacy
- effrontery
- egalitarian
- egoism
- eject
- elaborate
- elastic
- elate
- elegy
- elicit
- elliptical
- elucidate
- elude
- emanate
- emancipate
- embellish
- emblematic
- empirical
- emulate
- enamour
- encumber
- endemic
- endorse
- endow
- enervate
- enfranchise
- engender
- enigma
- enlighten
- ennui
- enormity
- ensue
- enterprise
- enthralling
- entice
- entrant
- entrenched
- enumerate
- envisage
- envoy
- ephemeral
- epic
- epithet
- epitome
- equanimity
- equilibrium
- equipoise
- equivocal
- equivocate

List 8

drab** 　　　　　〔dræb〕 *adj.* 土褐色的;单调的

【英】of the dull brown color;characterized by dullness and monotony, cheerless

【反】engaging,engrossing,gripping,intriguing,riveting

【同】dreary,drudging,dull,tedious,weary

dread* 　　　　　〔dred〕 *n.* 焦虑,恐惧　　*v.* 害怕,担忧

【英】*n.* a feeling of great anxiety and fear about something that may happen;*v.* to be afraid or scared of,be frightened of

droll 　　　　　　〔droʊl〕 *adj.* 古怪的,滑稽好笑的　　*n.* 搞笑的人

【英】*adj.* having a humorous,whimsical,or odd quality;*n.* an amusing person,jester,comedian

【反】grave,serious humorless,lame,unfunny

【同】antic,farcical,hilarious,ludicrous

【记】形近易混词:doll(*v.* 洋娃娃,玩偶)

drudgery 　　　　　〔'drʌdʒəri〕 *n.* 苦差,苦工

【英】dull,irksome,and fatiguing work,uninspiring or menial labor

【反】fun,play

【同】drudge,fatigue,moil,slavery,toil

【记】由 drudge(*n.* 做苦工的人)衍生而来的词汇。比较:trudge(*v.* 跋涉),dredge(*v.* 挖掘)

dubious* 　　　　　〔'duːbiəs〕 *adj.* 可疑的;不确定的

【英】giving rise to uncertainty,of doubtful promise or outcome;questionable or suspect as to true nature or quality

【反】certain,incontestable,indisputable,undeniable,unquestionable

【同】doubtful,equivocal,problematic,suspect,undecided

【记】由 doubt(*v.* 怀疑)衍生而来的词汇。

dupe 　　　　　　〔duːp〕 *n.* 傻瓜,易受骗的人　　*v.* 欺骗

【英】*n.* one that is easily deceived or cheated,fool;*v.* to make a dupe of,duplicate

【反】undeceive

【同】cozen,gaff,gull,hoax,misinform

【记】形近易混词：dude(*n.* 哥们)→这哥们太傻了

dwindle * 　　　　['dwɪndl] *v.* 逐渐缩小

【英】to become steadily less, shrink

【反】amplify, augment, boost, escalate, expand

【同】abate, diminish, drain, reduce, taper

dynamite 　　　　['daɪnəmaɪt] *n.* 炸药

【英】a type of explosive that contains nitroglycerin

earthly 　　　　['ɜ:rθli] *adj.* 尘世的

【英】happening in the material world of our life on earth and not in any spiritual life or life after death

ebb * 　　　　[eb] *v.* 退潮；衰退

【英】to flow back or recede; to fall away or decline

ebullient ** 　　　　[ɪ'bʌliənt] *adj.* 热情奔放的

【英】zestfully enthusiastic, having or showing liveliness and enthusiasm

【反】impassiveness, lifelessness, tepid, torpid, torpor

【同】brash, effervescent, exuberant, vivacious

ecclesiastical 　　　　[ɪˌkli:zi'æstɪkl] *adj.* 基督教教会的

【英】belonging to or connected with the Christian Church

eclectic ** 　　　　[ɪ'klektɪk] *adj.* 折中的，兼收并蓄的

【英】selecting what seems best of various styles or ideas

eclipse * 　　　　[ɪ'klɪps] *n.* 日月蚀　*v.* 使……黯然失色

【英】*n.* the total or partial obscuring of one celestial body by another or a falling into obscurity or decline; *v.* to obscure, darken, to reduce in importance or repute

【反】make distinctive, make more prominent

【同】exceed, outdistance, outmatch, transcend

【记】形近易混词：ellipse(*n.* 椭圆), ellipsis(*n.* 省略号)

eddy 　　　　['edi] *n.* 漩涡　*v.* 漩涡

【英】*n.* a current moving contrary to the direction of the main current; *v.* to move in or as if in an eddy

edify 　　　　['edɪfaɪ] *v.* 启发，教导，照亮

【英】to improve the morality, intellect, etc, of, esp by instruction

effete 　　　　[ɪ'fi:t] *adj.* 衰老的；疲惫的

【英】depleted of vitality, force, or effectiveness

【反】hale,sound

【同】decadent,degenerate,exhausted,overripe,washed-up

【记】形近易混词:effect(n. 结果)

efficacy**　['efɪkəsi] n. 功效

【英】capacity or power to produce a desired effect

effrontery**　[ɪ'frʌntəri] n. 厚颜无耻

【英】shameless boldness,insolence

【反】decorum,timidity

【同】audaciousness,brass,brazenness,cheek

【记】形近易混词:affront(v. 公开侮辱,冒犯)

egalitarian**　[ɪˌgælɪ'teriən] adj. 平等主义的　n. 平等主义者

【英】adj. asserting,promoting,or marked by a belief in human equality especially with respect to social,political,and economic rights and privileges;n. someone believes egalitarian

【记】联想:egalit(≈ equality 平等)+ -arian(表示某种人的后缀)→平等的人→平等主义者

egoism　['i:gouɪzəm] n. 利己主义

【英】a doctrine that individual self-interest is the actual or valid motive of all conscious action,excessive concern for oneself with or without exaggerated feelings of self-importance

【反】altruism,self-abandonment,self-forgetfulness,selflessness,unselfishness

【同】self-centeredness,self-concern,self-interest,self-involvement

【记】词根:ego(自我),参考 egocentric(adj. 自我中心的)与 egotist(n. 自私自利的人)

eject　[ɪ'dʒekt] v. 逐出

【英】to put out or expel from a place

elaborate　[ɪ'læbərət] v. 详述　adj. 精心的;详尽的

【英】v. to work out in detail,develop,to expand something in detail;adj. planned or carried out with great care; marked by complexity,fullness of detail,or ornateness

【反】abstract,simplify,simple,unsophisticated

【同】complex,complicated,intricate,labyrinthine

【记】由 labor(v. 苦干)衍生而来的词汇。

elastic　[ɪ'læstɪk] adj. 有弹性的

【英】easily resuming original shape after being stretched or expanded

【同】flexible,resilient,springy,stretch

elate *

［ɪ'leɪt］*adj.* 兴高采烈的　*v.* 使……兴奋

【英】*adj.* exultantly proud and joyful;*v.* to fill with joy

【反】depressed,hangdog,downcast,dejection,wretched

【同】excite,exhilarate,inspire,spirit up,stimulate

【记】联想:e + late→当你在寒风里或者烈日下等女朋友超过一个
小时,她过来之后说句"咦,我迟到了哈"的时候,放弃内心的
挣扎吧,表现得兴高采烈些是比较明智的选择,乖,不哭。

elegy

［'elədʒi］*n.* 哀歌(诗),挽歌(诗)

【英】poem or song expressing lamentation

【同】dirge,lament,requiem,threnody

【记】形近易混词:eulogy(*n.* 赞歌,颂辞)

elicit *

［ɪ'lɪsɪt］*v.* 引出,引起

【英】to draw forth or bring out something latent or potential;to call
forth or draw out as information or a response

【反】fail to elicit

【同】educe,evince,evoke,extort,extract

elliptical

［ɪ'lɪptɪkl］*adj.* 椭圆的;省略的;含糊的

【英】of,relating to,or shaped like an ellipse;of,relating to,or marked
by ellipsis or an ellipsis;of or relating to deliberate obscurity (as
of literary or conversational style)

【反】accessible,clear,obvious,unambiguous,unequivocal

【同】cryptic,enigmatic,inscrutable,occult,opaque

elucidate **

［ɪ'luːsɪdeɪt］*v.* 阐明,说明

【英】to make lucid especially by explanation or analysis,to give a
clarifying explanation

【反】garble,obfuscate,obscure,obscure

【同】clarify,clear up,explain,illuminate,illustrate

elude *

［ɪ'luːd］*v.* 逃避,躲避

【英】to evade or escape from,as by daring,cleverness,or skill

【同】avoid,dodge,eschew,evade,shirk

【记】谐音:一撸的→没啥过不去的,不要逃避,不用彷徨

emanate **

［'eməneɪt］*v.* 发出;散发(气味)

【英】to proceed or issue forth,as from a source;to give out (breath or
an odor)

emancipate　[ɪˈmænsɪpeɪt] *v.* 解放

【英】to free from restraint, control, or the power of another, especially to free from bondage

【反】enchain, fetter, restrain, shackle

【同】discharge, enfranchise, manumit, release, unfetter

【记】词根：man(手)，参考 manuscript(*n.* 手稿)

embellish**　[ɪmˈbelɪʃ] *v.* 修饰，装饰；渲染

【英】to make beautiful with ornamentation, decorate; to heighten the attractiveness of by adding decorative or fanciful details, enhance

【反】blemish, deface, disfigure, mar, spoil

【同】elaborate on, embroider, exaggerate, hyperbolize, magnify　•

emblematic　[ˌembləˈmætɪk] *adj.* 象征的；典型的

【英】serving as a visible symbol for something abstract; being or serving as an illustration of a type

empirical*　[ɪmˈpɪrɪkl] *adj.* 实证的

【英】derived from experiment and observation rather than theory

emulate　[ˈemjuleɪt] *v.* 努力赶上；仿效

【英】to strive to equal or excel; to equal or approach equality with

【记】联想：e + mul(骡子，执拗) + -ate(动词后缀)→一头骡子→像牲口一样努力工作

enamour　[ɪˈnæmər] *v.* 吸引，使迷恋

【英】to attract; to cause to be enamored

encumber*　[ɪnˈkʌmbər] *v.* 阻碍，妨碍

【英】to weigh down, burden; to impede or hamper the function or activity of

【反】aid, assist, facilitate, remove impediment

【同】hamper, handicap, obstruct, shackle, stymie

【记】词根：cumber(躺)，参考 cumbersome(*adj.* 笨重的)

endemic　[enˈdemɪk] *adj.* 地方性的

【英】prevalent in or peculiar to a particular locality, region, or people

【反】exotic, foreign, nonindigenous, nonnative

【同】aboriginal, autochthonous, indigenous

【记】形近易混词：epidemic(*adj.* 流行病)

endorse　[ɪnˈdɔːrs] *v.* 背书；签署；支持

【英】to write one's signature on the back of (a check, for example) as evidence of the legal transfer of its ownership; to place (one's signature), as on a contract, to indicate approval of its contents or terms; to approve openly, especially to express support or approval of publicly and definitely

【反】deprecate, impugn, oppose

【同】accredit, approve, certify, patronize, sanction

endow ［ɪn'daʊ］ *v.* 天生赋予；资助

【英】to provide with something freely or naturally; to furnish with an income

enervate ** ［'enərveɪt］ *v.* 使……衰弱

【英】to weaken or destroy the strength or vitality of

【反】enliven, fortify, invigorate, strengthen, vitality

【同】dampen, devitalize, petrify

【记】联想：e-（出）+ nerve（精力）+ -ate（动词后缀）→释放出精力→使……衰弱

enfranchise ［ɪn'fræntʃaɪz］ *v.* 给予选举权；解放

【英】to bestow a franchise on; to endow with the right to vote

【反】enfetter, restrain, subjugate

【同】discharge, emancipate, loosen, manumit, release

【记】联想：en-（加强）+ franch（=frank 自由的）+ -ise（动词后缀）→强化自由的状态→解放

engender ** ［ɪn'dʒendər］ *v.* 产生，导致

【英】to cause to exist or to develop

【反】cease, end, eradicate, quash

【同】beget, procreate, produce, prompt, yield

【记】形近易混词：gender（*n.* 性别）

enigma ［ɪ'nɪgmə］ *n.* 谜语；费解的事物

【英】an obscure speech or writing, something hard to understand or explain; one that is puzzling, ambiguous, or inexplicable

【反】broadly known, free of ambiguity, readily understood

【同】closed book, conundrum, mystery, puzzle, riddle

【记】Enigma 源自希腊文，既是战争时期所用的密码（在所有用于军事和外交的密码里，最著名的恐怕应属第二次世界大战中德国方面使用的 ENIGMA），又是著名德国乐队的名称。

enlighten　[ɪnˈlaɪtn] *v.* 启发,教导,照亮

【英】to furnish knowledge to;instruct;to give spiritual insight to

【记】enlighten,illuminate,illumine,illustrate,light,lighten 都可以表示"照亮"的意思。enlighten 原指照耀,现只用于引申义,指启发、开导或使人摆脱偏见、迷信等。illuminate 指用光线照亮黑暗处,引申可指启发、阐明复杂或难懂的问题。illumine 与 illuminate 同义,多为文学和诗歌用语。illustrate 指增加光泽,引申指美化或润色。light 多指照亮道路或某一处所。lighten 也指使黑暗处明亮一些,常引申做诗歌用语。

ennui　[ɑːnˈwiː] *n.* 倦怠,厌倦

【英】a feeling of weariness and dissatisfaction

【反】energy,enthusiasm,exuberance,keen interest

【同】boredom,doldrums,tedium,weariness,yawn

enormity　[ɪˈnɔːrməti] *n.* 艰巨性,严重性;巨大

【英】the quality or state of being immoderate,monstrous,or outrageous;the quality or state of being huge

ensue　[ɪnˈsuː] *v.* 随之而来

【英】to take place afterward or as a result

【记】形近易混词:ensure(*v.* 保证)

enterprise　[ˈentərpraɪz] *n.* 事业;公司,企业;开创精神

【英】something new,difficult,or important that you do or try to do;a company or business;readiness to embark on bold new ventures

enthralling*　[ɪnˈθrɔːlɪŋ] *adj.* 迷人的,吸引人的

【英】extremely interesting

entice　[ɪnˈtaɪs] *v.* 诱使

【英】to attract artfully or adroitly or by arousing hope or desire

【同】allure,bait,lure,tempt

【记】形近易混词:entreat(*v.* 恳求)

entrant　[ˈentrənt] *n.* 参赛者;新成员

【英】one person that enters a contest;a person or company who has recently become a member of an institution or market

entrenched　[ɪnˈtrentʃt] *adj.* 确立的,不容易改的(风俗习惯)

【英】having been established solidly

【反】dislodge,root out,uproot

【同】embed,enroot,implant,ingrain

【记】形近易混词：trenchant（*adj.* 尖锐的）

enumerate　［ɪˈnuːməreɪt］*v.* 列举，枚举；计算

【英】to specify one after another；to ascertain the number of

envisage　［ɪnˈvɪzɪdʒ］*v.* 设想

【英】to have a mental picture of especially in advance of realization

【同】conceit，conceive，conjure，envision，visualize

envoy　［ˈenvɔɪ］*n.* 公使；代表

【英】a diplomat having less authority than an ambassador；someone sent on a mission to represent the interests of someone else

ephemeral　［ɪˈfemərəl］*adj.* 朝生暮死的；极短暂的

【英】lasting one day only；lasting a very short time

【反】enduring，everlasting，eternal，permanent，perpetual

【同】momentary，evanescent，flash，fleeting，transitory

epic　［ˈepɪk］*n.* 史诗

【英】a long narrative poem in elevated style recounting the deeds of a legendary or historical hero

【记】《荷马史诗》（*Homeric epic*）包括《伊利亚特》（*Iliad*）和《奥德赛》（*Odyssey*）。

epithet　［ˈepɪθet］*n.* 绰号；修饰词

【英】a characterizing word or phrase accompanying or occurring in place of the name of a person or thing；a disparaging or abusive word or phrase

【同】byname，cognomen，handle，sobriquet，surname

【记】联想：epi（在……下）+ thet（＝set 放）→私下说的话（正式场合不能说）→脏话

epitome＊＊　［ɪˈpɪtəmi］*n.* 摘要；典型

【英】a summary of a written work；a typical or ideal example，embodiment

【同】abstract，summary，inventory，recapitulation

【记】不要与 epitaph 记混，这里虽然是 epi + tome，但 tome 和 taph 无关。

equanimity　［ˌekwəˈnɪməti］*n.* 镇定

【英】evenness of mind especially under stress，right disposition，balance

【反】agitation，discomposure，perturbation

【同】aplomb，countenance，placidity，repose，serenity

【记】联想:equ(平稳)+ anim(词根,精神)+ -ity(名词后缀)→精神平稳→镇定

equilibrium * [ˌiːkwɪˈlɪbriəm] *n.* 均衡,平衡

【英】a balance between several different influences or aspects of a situation

equipoise [ˈiːkwɪpɔɪz] *n.* 平衡

【英】a state of equilibrium, counterbalance

【反】unbalance, vacillate

【同】balance, counterpoise, equilibrium, poise, stasis

【记】联想:equi(平稳)+ poise(均衡)→平衡

equivocal ** [ɪˈkwɪvəkl] *adj.* 模棱两可的

【英】subject to two or more interpretations and usually used to mislead or confuse

equivocate [ɪˈkwɪvəkeɪt] *v.* 模棱两可地说

【英】to use equivocal language especially with intent to deceive, to avoid committing oneself in what one says

【反】speak unequivocally, clarity, communicate straightforwardly

【同】falsify, palter, prevaricate, weasel

【记】联想:equi(平等)+ voc(说)+ -ate(动词后缀)→两方面说得一样多→模棱两可地说

作文如何刷题库

by 草木也知愁

　　备考就是不打无准备之仗,而不打无准备之仗如果连对方的底细都没摸清,那也是说不过去的。

　　官方指南是帮助大家了解美国考试中心的思路,而题库翻译的校对则是锻炼大家对题库的敏感性。真正等到坐在考场上的时候,是分秒必争的,不可能说为了读题和分析再花费上三四分钟甚至更多时间。而如果你想把那些宝贵的时间节省下来,一定要对题库的熟悉程度以及敏感度达到很高水平。请记住,"磨刀不误砍柴工"。现在所做的一切努力,都是为了将来在考试过程中节省更多时间。所以,要用心做。

　　之前说过的,检验备考充分与否很重要的一条就是对题库的熟悉程度。建议大家先从驳论文看起。驳论文题库共有 179 道,建议不要细水长流,争取在两到三天内就过一遍,如此两遍作为最开始的熟悉过程。应当如何过题库呢? 请看以下内容。

　　第一遍:看题目(英文)→在脑子里重述一遍题目讲的是什么→在本子上记录自己认为题目说得错、看着很别扭、看不懂的地方或灵感。

　　第二遍:看题目(英文)→在脑子里重述题目→在本子上记录自己认为题目说得有错、看着很别扭、读不懂的地方、灵感、认为可以证明推理存在漏洞的他因、题目之间的关联。

　　第三遍:做题目归类整理(这个时候对题库已经有了比较完整的认识,而且应该已经发现了一个情况——题库中很多题目都是重复的)→归类之后按照重复个数做降序排列→从上到下依次列提纲,至少把"高频"的二三十个题目列出明细提纲(列提纲的时候重点注意去列出论据部分)。

　　第四遍:反复修改提纲,在学有余力的情况下,把剩余题目也列出提纲,并且利用零散时间做口头作文练习。

List 9

- eradicate
- erode
- erratic
- erroneous
- erudite
- erupt
- eschew
- esoteric
- espouse
- estrange
- ethereal
- ethnic
- ethos
- euphemism
- euphoric
- evade
- evanescent
- evince
- evocative
- exacerbate
- exalt
- exasperation
- excoriate
- excrete
- exculpate
- excursion
- execrable
- execute
- exert
- exhilarate
- exigent
- exogamy
- exogenous
- exonerate
- expatiate
- expediency
- exploit
- expound
- exquisite
- extant
- extract
- extrapolate
- extravagant
- exuberant
- exude
- facet
- factitious
- facetious
- faddish
- fallacy
- falter
- fanatic
- fastidious
- fathom
- fatuous
- fawn
- feckless
- fecund
- feign
- felicitous
- ferocity
- fervent
- fervid
- fervor
- fiat
- fickle

List 9

eradicate　［ɪˈrædɪkeɪt］ *v.* 根除

【英】to destroy completely, as if down to the roots

erode　［ɪˈrəʊd］ *v.* 使……腐蚀,使……侵蚀

【英】to diminish or destroy by degrees; to produce or form by eroding

erratic　［ɪˈrætɪk］ *adj.* 不稳定的;古怪的

【英】having no fixed course, wandering; deviating from what is ordinary or standard, eccentric

【反】methodical, nonrandom, organized, systematic, systematized

【同】desultory, random, haphazard, scattered, stray

【记】形近易混词:erotic(*adj.* 色情的), exotic(*adj.* 异国的)

erroneous　［ɪˈrəʊnɪəs］ *adj.* 错误的

【英】containing or characterized by error

erudite　［ˈerʊdaɪt］ *adj.* 博学的

【英】characterized by erudition, learned

【反】ignorant, illiteracy, uneducated, smattering of knowledge, unlettered

【同】educated, knowledgeable, lettered, literate, scholarly

【记】联想:e-(去除)+rud(≈ rude 粗鲁无礼的)+ -ite(名词后缀)→ 学问使一个人脱离粗鲁无礼→博学的

erupt　［ɪˈrʌpt］ *v.* 爆发,喷出

【英】to force out or release suddenly

eschew＊＊　［ɪsˈtʃuː］ *v.* 避开,戒绝

【英】to avoid habitually especially on moral or practical grounds

【反】embrace, greet, habitually indulge in, seek, welcome

【同】avoid, bilk, double, elude, escape

【记】面对任何事情或者建议,应该先 chew(仔细思考)再决定是否 eschew(避开)。

esoteric＊＊　［ˌesəˈterɪk］ *adj.* 秘传的

【英】designed for or understood by the specially initiated alone, requiring or exhibiting knowledge that is restricted to a small group

【反】common accepted, generally known, shallow, superficial

【同】abstruse, hermetic, occult, recondite, secret

espouse **　[ɪ'spaʊz] *v.* 支持, 拥护; 结婚

【英】to give one's loyalty or support to; to take in marriage

【记】形近易混词: spouse(*n.* 配偶)

estrange　[ɪ'streɪndʒ] *v.* 使……疏远; 使……隔离

【英】to arouse especially mutual enmity or indifference in where there had formerly been love, affection, or friendliness, alienate; to remove from customary environment or associations

【反】reconcile

【同】alienate, disaffect, disgruntle

【记】由 strange(*adj.* 陌生的)衍生而来的词汇。

ethereal **　[ɪ'θɪriəl] *adj.* 缥缈虚幻的; 极美的; 太空的

【英】characterized by lightness and insubstantiality, intangible; highly refined, delicate; of or relating to the regions beyond the Earth

【反】corporeal, material, physical, ponderous, substantial

ethnic　['eθnɪk] *adj.* 民族的, 种族的; 少数民族的

【英】denoting or deriving from or distinctive of the ways of living built up by a group of people; people who belong to a particular racial or cultural group but who, usually, do not live in the country where most members of that group live

ethos　['iːθɑːs] *n.* (某一团体或某类活动的)理念

【英】the set of ideas and attitudes that is associated with a particular group of people or a particular type of activity

euphemism　['juːfəmɪzəm] *n.* 委婉的说法

【英】the substitution of an agreeable or inoffensive expression for one that may offend or suggest something unpleasant, also the expression so substituted

【记】联想: eu(好) + phem(说) + ism(名词后缀)→好言相劝→委婉的说法

euphoric　[juː'fɔːrɪk] *adj.* 狂喜的, 极度兴奋的

【英】exaggerated feeling of well-being or elation

evade *　[ɪ'veɪd] *v.* 躲避, 逃避

【英】to escape, either physically or mentally; to avoid or try to avoid fulfilling, answering, or performing (duties, questions, or issues)

evanescent   [ˌevəˈnesnt] *adj.* 短暂的,逐渐消失的

【英】tending to vanish like vapor

【反】abiding,eternal,everlasting,immortal,perpetual

【同】ephemeral,flash,temporary,transient

evince ＊＊   [ɪˈvɪns] *v.* 表明,表示

【英】to show clearly

【反】conceal,keep hidden

【同】bespeak,declare,demonstrate,manifest,reveal

【记】词根:vince(战胜,证明),参考 invincible(*adj.* 不可征服的)与 convince(*v.* 使……确信,使……信服)

evocative ＊＊   [ɪˈvɑːkətɪv] *adj.* 唤起回忆的,引起共鸣的

【英】serving to bring to mind

exacerbate ＊＊   [ɪɡˈzæsərbeɪt] *v.* 加剧

【英】to increase the severity,violence,or bitterness of

【反】allay,assuage,mitigate,palliate,relieve

【同】aggravate,complicate,worsen

【记】联想:ex(加强)+acerb(尖酸)+ -ate(动词后缀)→说话非常尖酸,想要激怒某人→激怒

exalt   [ɪɡˈzɔːlt] *v.* 提升;赞扬

【英】to raise in rank or dignity,praise;to enhance the activity of, intensify

【反】abase,condemnation,demean,humble,humiliate

【同】canonize,deify,dignify,ennoble,glorify

【记】词根:alt(高),参考 altitude(*n.* 海拔高度)

exasperation ＊＊   [ɪɡˌzæspəˈreɪʃn] *v.* 激怒;使……加剧   *adj.* 激怒的

【英】*v.* to make very angry or impatient annoy greatly;to increase the gravity or intensity of;*adj.* irritated or annoyed especially to the point of injudicious action

【反】mitigate,mollify

【同】aggravate,irritate,gall,nettle,roil

【记】联想:ex(加强)+ asper(= rough 粗暴的)+-ate(动词后缀)→想要通过粗暴对待来激怒某人→激怒

excoriate   [ɪkˈskɔːrieɪt] *v.* 严厉批评

【英】to censure strongly

【反】accolade,extol,flatter,praise lavishly

【同】castigate，lambaste，lash，scarify，scathe

excrete　[ɪkˈskriːt] *v.* 分泌，排泄

【英】to separate and eliminate or discharge（waste）from the blood，tissues，or organs or from the active protoplasm

【反】absorb，ingest

exculpate**　[ˈekskʌlpeɪt] *v.* 声明无罪，开脱

【英】to clear from alleged fault or guilt

【反】attribute guilt，criminate，incriminate，inculpate，indict

【同】absolve，acquit，exonerate，vindicate

【记】词根：culpate（罪过），参考 inculpate（*v.* 治罪，控告）

excursion　[ɪkˈskɜːʃn] *n.* 远足，短程旅行；离题

【英】a journey taken for pleasure；wandering from the main path of a journey

【同】expedition，digression，skewing

execrable**　[ˈeksɪkrəbl] *v.* 憎恶，咒骂

【英】to declare to be evil or detestable，denounce

【反】approbation，bless，commendable，laud

【同】abhor，abominate，loathe，imprecate，swear

execute　[ˈeksɪkjuːt] *v.* 处死；执行

【英】to put to death as punishment；to carry out or perform an action

exert　[ɪgˈzɜːrt] *v.* 运用；耗费（精力）

【英】to put to use；to make a great effort at a mental or physical task

exhilarate　[ɪgˈzɪləreɪt] *v.* 使……振奋，使……兴奋

【英】to make cheerful and excited，enliven

【反】depress，sadden，soporific

【同】elate，galvanize，inspire，intoxicate，stimulate

【记】联想：ex（强调）+ hilar（= cheerful 高兴的）+ -ate（动词后缀）→使……兴奋

exigent　[ˈeksədʒənt] *adj.* 紧急的，急需的

【英】requiring immediate aid or action；requiring or calling for much，demanding

【反】deferrable，noncritical，nonurgent

【同】compelling，imperative，imperious，pressing，urgent

exogamy　[ekˈsɑːgəmi] *n.* 外族通婚

【英】marriage to a person belonging to a tribe or group other than your own as required by custom or law

exogenous [ek'sɑːdʒənəs] *adj.* 外因的

【英】having an external origin

exonerate [ɪg'zɑːnəreɪt] *v.* 免除责任,确定无罪

【英】to acquit,exculpate

【反】censure,criminate,incriminate,inculpate,prove guilty

【同】absolve,clear,vindicate

【记】联想:ex(排除) + oner(= burden 负担,责任) + -ate(动词后置)→免除责任

expatiate** [ɪk'speɪʃieɪt] *v.* 细说;阐述(主题、话题等)

【英】to add details,as to an account or idea;to clarify the meaning of and discourse in a learned way,usually in writing

expediency [ɪk'spiːdiənsi] *n.* 适合;权宜之计

【英】the quality or state of being suited to the end in view;adherence to expedient means and methods

【反】imprudence,inadvisability,inexpedience,inexpediency,injudiciousness

【同】advisability,desirableness,expedience,fitness,suitability

exploit* [ɪk'splɔɪt] *v.* 开发;剥削　 *n.* 英雄事迹

【英】*v.* to make productive use of,utilize;to make use of meanly or unfairly for one's own advantage;*n.* deed,act,especially a notable or heroic act

【同】abuse,impose,leverage

【记】形近易混词:explore(*v.* 探测)

expound [ɪk'spaʊnd] *v.* 阐释

【英】to give a clear and detailed explanation

exquisite [ɪk'skwɪzɪt] *adj.* 精美的

【英】marked by flawless craftsmanship or by beautiful,ingenious,delicate,or elaborate execution

extant** [ek'stænt] *adj.* 现存的

【英】still in existence

【反】dead,destroyed,extinct,lost,missing

【同】alive,around,existent,existing,living

【记】形近易混词:extent(*n.* 范围)

extract ['ekstrækt] *n.* 榨出物;摘录　 *v.* 榨取;摘录

【英】*n.* a concentrated preparation of the essential constituents of a food, a flavoring, or another substance, a concentrate; a passage from a literary work, an excerpt; v. to draw forth (as by research) to pull or take out forcibly; to select (excerpts) and copy out or cite

【记】extract, quotation 都表示"摘录, 引文"的意思。extract 指选录或摘录, 一般较长。quotation 常指篇幅较短的引语。

extrapolate　[ɪk'stræpəleɪt] v. 推断

【英】to draw from specific cases for more general cases

extravagant＊　[ɪk'strævəgənt] adj. 奢侈的, 无节制的

【英】lacking in moderation, balance, and restraint

【反】conserving, frugal, scrimping, skimping, thrifty

【同】prodigal, profligate, spendthrift, squandering, thriftless

【记】extravagant 含有贬义, 可指人花钱大手大脚, 铺张浪费; 也可指人的行为或习惯极为奢侈; 还可指人的思想、行为、表达感情的方式失去理智, 不合情理。

exuberant　[ɪg'zu:bərənt] adj. 繁茂的, 丰富的; 非常高兴的

【英】extreme or excessive in degree, size, or extent; joyously unrestrained and enthusiastic

【反】low-spirited, sullen

【同】brash, ebullient, buoyant, effervescent, vivacious

exude　[ɪg'zu:d] v. 充分显露, 洋溢; 渗出, 散发出

【英】to make apparent by one's mood or behaviour; to release (a liquid) in drops or small quantities

【反】absorb

【同】discharge, issue, shed, percolate, strain, transude

【记】形近易混词: exodus (n. 大批离去)

facet　['fæsɪt] n. 方面; 刻面

【英】a single part or aspect; a smooth surface (as of a bone or cut gemstone)

factitious　[fæk'tɪʃəs] adj. 人工的; 做作的, 虚假的

【英】produced by humans rather than by natural forces; formed by or adapted to an artificial or conventional standard, produced by special effort, sham

【反】genuine, natural, real

【同】artificial, imitation, imitative, simulated, synthetic

　　【记】形近易混词：facetious（*adj.* 滑稽的）

facetious**　[fə'si:ʃəs] *adj.* 爱开玩笑的

　　【英】playfully jocular，humorous

　　【反】earnest，lugubrious，sincere

　　【同】clever，smart，witty

　　【记】与 face 无关，是 facete（*adj.* 滑稽的）的衍生词。

faddish　['fædɪʃ] *adj.* 一时流行的，赶时髦的

　　【英】intensely fashionable for a short time

fallacy**　['fæləsi] *n.* 谬论

　　【英】an often plausible argument using false or invalid inference

　　【同】falsehood，falsity，hallucination，illusion，misconception

　　【记】谬论包括：忽视特例、以偏概全、无关推论、肯定后件、否定前
　　　　　件、隐含前提、循环论证、混淆概念……

falter**　['fɔ:ltər] *v.* 蹒跚；动摇，不确定；支吾说话　　*n.* 支吾说话

　　【英】*v.* to move ineptly or haltingly，stumble；to speak hesitatingly，
　　　　　stammer，to hesitate in purpose or action，waver；to lose drive or
　　　　　effectiveness；*n.* an act or instance of faltering

　　【反】dive in，plunge in

　　【记】falter，hesitate，vacillate，waver 都可以表示"不确定，缺少信心"
　　　　　的意思。falter 指行动上明显迟疑或畏缩，暗示有恐惧、紧张、
　　　　　口吃等征兆。hesitate 最常用，指难于下决心去做某事或做出
　　　　　某种选择。vacillate 侧重在互相冲突或矛盾的行动方案之间
　　　　　摇摆不定。waver 可指因优柔寡断而迟迟不采取行动，或指虽
　　　　　然做出决定，但行动上却表现出动摇或畏缩不前。

fanatic**　[fə'nætɪk] *n.* 狂热者，盲信者　　*adj.* 狂热的，盲信的

　　【英】*n.* a person marked or motivated by an extreme，unreasoning
　　　　　enthusiasm，as for a cause；*adj.* marked by excessive enthusiasm
　　　　　and often intense uncritical devotion

　　【反】middle-of-the-road

　　【同】extreme，rabid，radical，revolutionary

　　【记】形近易混词：frantic（*adj.* 疯狂的）

fastidious**　[fæ'stɪdiəs] *adj.* 难取悦的；挑剔的

　　【英】difficult to please，exacting；excessively scrupulous or sensitive，
　　　　　especially in matters of taste or propriety

　　【反】coarse，cursory，easygoing，indiscriminate，uncritical

【同】dainty,demanding,exacting,finicky

fathom　['fæðəm] *n.* 寻(深度单位)　*v.* 理解;测量

【英】*n.* a unit of length, used principally in the measurement and specification of marine depths; *v.* to penetrate and come to understand; to determine the depth of

【记】海洋相关的长度测量单位:1 英寻 = 6 英尺 = 1.8288 米

fatuous**　['fætʃuəs] *adj.* 愚昧的,痴呆的

【英】complacently or inanely foolish, silly

【反】astute,intelligent,keen,sagacious,sensible

【同】asinine,vacuous,witless

【记】词根:fatu(笨的,傻的,白痴的),参考 fatuity(*n.* 愚昧)

fawn　[fɔ:n] *n.* 未满周岁的小鹿　*v.* 阿谀奉承

【英】*n.* a young deer, especially one less than a year old; *v.* to show affection

【同】curry favor,kiss up to,suck up,toady,truckle

【记】形近易混词:frown(*v.* 皱眉)

feckless**　['fekləs] *adj.* 无效的;无力气的;粗心不负责任的

【英】lacking purpose or vitality, feeble or ineffective; careless and irresponsible

【反】efficient,expedient,operant,responsible

【同】counterproductive,hamstrung,meaningless,purposeless,worthless

【记】形近易混词:freckle(*n.* 雀斑)

fecund**　['fi:kənd] *adj.* 肥沃的,多产的

【英】capable of producing offspring or vegetation, fruitful; marked by intellectual productivity

【反】barren,dead,infertile,sterile

【同】fertile,productive,prolific,rich,spawning

feign　[feɪn] *v.* 假装;伪造

【英】to give a false appearance of, induce as a false impression; to fabricate

【同】counterfeit,fake,pretend,simulate

【记】形近易混词:fain(*adv.* 欣然地),faint(*v.* 昏倒),feint(*n.* 伪装)

felicitous**　[fə'lɪsɪtəs] *adj.* 恰当的;幸福的

【英】exhibiting an agreeably appropriate manner or style; marked by good fortune

ferocity　[fə'rɑːsəti] *n.* 凶猛,猛烈

【英】the quality or state of being extremely savage

【记】联想:feroc(≈ force 暴力) + -ity(名词后缀)→凶猛,猛烈

fervent**　['fɜːrvənt] *adj.* 热情的,热烈的

【英】very sincere and enthusiastic

fervid　['fɜːrvɪd] *adj.* 热情的

【英】marked by often extreme warmth and intensity of emotion

【反】dispassionate,emotionless,impassive,restrained,unemotional

【同】ardent,fervent,impassioned,incandescent,vehement

fervor　['fɜːrvər] *n.* 热情

【英】intensity of feeling or expression

【反】apathy,indifference,impassiveness,insensibleness

【同】ardor,enthusiasm,passion,zeal

【记】形近易混词:favor(*n.* 赞成)

fiat　['fiːɑːt] *n.* 命令,法令

【英】a legally binding command or decision entered on the court record
　　(as if issued by a court or judge)

fickle*　['fɪkl] *adj.* (感情等)易变的,薄情的

【英】given to erratic changeableness,marked by lack of steadfastness,
　　constancy,or stability

【反】immutable,invariable,predictable,stable,stationary

【同】capricious,lubricious,mercurial

【记】形近易混词:freckle(*n.* 雀斑)

Gter 十诫

by 蒲若苇

你的计划是什么,要按部就班的继续;
你的瓶颈是什么,要拼尽全力的克服;
你的目标是什么,要认真努力的实现;
你的未来是什么,要一点一滴的奋斗。

今天突然翻出自己考 GRE 时写给自己的"十诫",去掉个人因素修改了一下,送给大家:

一戒"早晨晚起"——××:××之前一定起床,想想那些废寝忘食的同学吧!

二戒"晚上晚睡"——××:××之前一定睡觉,效率效率,不要顾此失彼影响身体健康!

三戒"浪费时间"——不要因为一些琐事而耗费自己的时间,要分清轻重缓急!

四戒"心烦意乱"——这只是一次考试,一次重要的考试,但不要因此就杯弓蛇影,胆战心惊,沉住气,放宽心!

五戒"上网聊天"——排除学习的因素,不要再让自己在娱乐新闻上流连!

六戒"不吃早饭"——三餐中早饭最重要,一日之计在于晨,吃饱了才有力气学习!

七戒"贬低他人"——大家都是同胞,因为 GRE 让大家走在了一起,多一些互助,少一些怄气!

八戒"迁怒于人"——考 GRE 很容易情绪失控,不要因此迁怒于你的朋友和家人,他们的支持很重要!

九戒"焦虑失眠"——静下心来,深呼吸,一个好梦会带给你又一个明天!

十戒"失去信心"——自信+微笑+细心 = ^_^,宁可"战倒",不可"吓倒"!

List 10

- fiery
- figment
- filch
- finicky
- fission
- fissure
- flamboyant
- flaunt
- flighty
- flippancy
- flipper
- florid
- flounder
- flout
- fluctuate
- fluffy
- flummox
- fluorescence
- focal
- foil
- foliage
- folly
- foment
- foolhardy
- forbear
- forebode
- foreground
- forestall
- forswear
- forfeit
- forgo
- formidable
- fortify
- fortuitous
- foster
- founder
- fracas
- fragile
- fragment
- frail
- franchises
- frantic
- fraudulent
- fraught
- fray
- frenzy
- fresco
- frivolous
- fructify
- frugal
- furtive
- fusion
- fusty
- futile
- gainsay
- galactic
- galvanize
- garrulous
- gauche
- generic
- genteel
- genus
- germinate
- giddy
- glean
- glib

List 10

fiery   ['faɪəri] *adj.* 熊熊燃烧的

【英】burning strongly or containing fire

figment   ['fɪgmənt] *n.* 虚构的事

【英】something made up or contrived

【反】fact, materiality, reality

【同】delusion, dream, fancy, fantasy, hallucination

【记】形近易混词:pigment(*n.* 色素)

filch   [fɪltʃ] *v.* 偷窃(没有什么价值的东西)

【英】to take (something, especailly something of little value) in a furtive manner

【同】steal, lift, pilfer, pinch, snitch

【记】形近易混词:filth(*n.* 污秽)

finicky   ['fɪnɪki] *adj.* 过分讲究的;烦琐的

【英】exacting especially about details

fission   ['fɪʃn] *n.* 核裂变

【英】the splitting of the nucleus of an atom to produce a large amount of energy or cause a large explosion

fissure   ['fɪʃər] *n.* 裂缝　*v.* 产生裂缝

【英】*n.* a deep crack in something, especially in rock or in the ground; *v.* to break into fissures or fine cracks

flamboyant   [flæm'bɔɪənt] *adj.* 绚丽的;浮夸的

【英】*n.* marked by or given to strikingly elaborate or colorful display or behavior; characterized by waving curves suggesting flames

【反】inconspicuous, natural, subdued, understated

【同】baroque, florid, ostentatious, pretentious

flaunt   [flɔːnt] *v.* 炫耀,招摇

【英】to display or obtrude oneself to public notice

flighty   ['flaɪti] *adj.* 轻浮的;心情浮动的

【英】guided by whim and fancy; unpredictably excitable

flippancy   ['flɪpənsi] *n.* 无礼,言语尖刻

【英】inappropriate levity

flipper ['flɪpər] *n.* 鳍状肢,蹼

【英】a broad flat limb (as of a seal or cetacean) adapted for swimming

florid ** ['flɔːrɪd] *adj.* 华丽的

【英】very flowery in style,ornate

【反】austere,inane,plain,severe,unadorned

【同】bedizened,fussy,gingerbread,overwrought

【记】形近易混词:Florida(*n.* 佛罗里达州)

flounder ** ['flaʊndər] *n.* 比目鱼　*v.* 挣扎;困难地前行

【英】*n.* flatfish,especially a marine fish;*v.* to struggle to move or obtain footing, thrash about wildly; to proceed or act clumsily or ineffectually

【反】act gracefully,breeze,glide,slide

【同】blunder,lurch,stumble,plod,trudge

【记】形近易混词:founder(*n.* 奠基人)

flout ** [flaʊt] *n.* 蔑视　*v.* 蔑视

【英】*n.* a contemptuous action or remark,an insult;*v.* to treat with contemptuous disregard

【同】fleer,gibe,jest,scoff,sneer

【记】形近易混词:clout(*v.* 敲打)

fluctuate ['flʌktʃueɪt] *v.* 波动,动摇

【英】to shift back and forth uncertainly

【反】plateau,remain steady,stabilize

【同】change,mutate,shift,snap,vary

fluffy ['flʌfi] *adj.* 柔软的

【英】very soft

flummox ** ['flʌməks] *v.* 使困惑

【英】to be a mystery or bewildering to

fluorescence [fləˈresns] *n.* 荧光性

【英】light emitted during absorption of radiation of some other (invisible) wavelength

focal ['foʊkl] *adj.* 焦点的;非常重要的

【英】used to describe something that relates to the point where a number of rays or lines meet;very important

foil *   ［fɔɪl］ *v.* 挫败   *n.* 金属薄片

【英】*v.* to prevent from attaining an end, defeat; *n.* very thin sheet metal

【反】implement

【记】baffle, balk, foil, frustrate, outwit, thwart 都表示"使某人的计划、企图、希望等落于失败"的意思。baffle 指用使人困惑的方法阻碍某人的计划得以实现。balk 指靠设障碍来使某人的计划无法实施。foil 强调打破对方的计划,使其难以继续下去。frustrate 指使某人为实现自己的愿望或为达到目的所付出的一切努力付之东流。outwit 指靠机智胜过某人。thwart 指插在中间阻挠或挫败对方的意图。

foliage   ［ˈfouliɪdʒ］ *n.* 树叶;一簇叶子

【英】a representation of leaves, flowers; the aggregate of leaves of one or more plants

folly   ［ˈfɑːli］ *n.* 愚蠢,荒唐事

【英】the trait of acting stupidly or rashly

foment **   ［fouˈment］ *v.* 引发,煽动

【英】to promote the growth or development of

【反】impede, inhibit, placate, quash, thwart

【同】abet, incite, instigate, provoke, raise

【记】形近易混词:ferment(*v.* 发酵)

foolhardy   ［ˈfuːlhɑːrdi］ *adj.* 有勇无谋的,蛮干的

【英】marked by defiant disregard for danger or consequences

forbear   ［fɔːrˈber］ *n.* 祖先

【英】ancestor, forefather, also precursor

【反】descendant

【记】联想:fore(≈ before) + bear(≈ be-er, one who exists)→先人,前人→祖先

forebode   ［fɔːˈboud］ *v.* 预示,预警

【英】to make a prediction about; to tell in advance

foreground   ［ˈfɔːrɡraund］ *n.* (图画、场景等的)前景

【英】the part of a scene that is near the viewer

forestall **   ［fɔːrˈstɔːl］ *v.* 预先阻止

【英】to prevent by taking action in advance

【反】abet, precipitate

【同】avert,obviate,prevent,preclude,stave off

【记】联想:fore(before) + stall(standing position)→提前占据有利位置→先发制人

forswear ['fɔːr'swer] v. 发誓放弃

【英】to formally reject or disavow a formerly held belief,usually under pressure

forfeit ['fɔːrfɪt] v. 丧失,没收

【英】to be deprived of,or give up the right to on account of a crime, and offense,an error,or a breach of contract

【记】联想:for(t)(堡垒) + fei(t)(谐音,飞)→堡垒飞了,被没收了

forgo [fɔːr'gou] v. 放弃

【英】to abstain from,relinquish

【反】bow to,give in to,submit to,surrender to,yield to

【同】abjure,forbear,refrain from,withhold from

【记】形近易混词:cargo(n. 货物)

formidable＊ ['fɔːrmɪdəbl] adj. 可怕的;吸引人的

【英】causing fear,dread,or apprehension;tending to inspire awe or wonder,impressive

【反】comforting,enticing,genial,reassuring,simple

【同】appalling,arduous,awful,dreadful

fortify＊ ['fɔːrtɪfaɪ] v. 增强

【英】to make strong

【反】enervate,vitiate,debilitated,debilitate,enervate,enfeeble

【同】forearm,poise,ready,steel,strengthen

【记】联想:fort(堡垒) + -ify(使……)→增强防御力,使变得像堡垒一样→增强

fortuitous [fɔːr'tuːɪtəs] adj. 偶然的,幸运的

【英】coming or happening by a lucky chance

【反】hapless,ill-fated,unfortunate,unhappy,unlucky

【同】fluky,fortunate,happy,heaven-sent,providential

【记】由 fortune(n. 运气)衍生而来的词汇。

foster ['fɑːstər] v. 照料,培养;鼓励

【英】to give parental care to,nurture;to promote the growth or development of,encourage

【反】frustrate,hinder,inhibit,stifle,thwart

【记】cherish，cultivate，foster，nurse，nurture 都表示"照料或培养某人或某事"。cherish 着重指抚育或爱护。cultivate 则指培养某种理想中的事物或感情。foster 指鼓励、扶植或促进某事物的增长和发展。nurse 通常指养育婴儿或幼兽或照料无力自顾的病人。nurture 则强调对后来发展起决定作用的教养或训练。

founder ** ［'faʊndər］ *v.* 完败   *n.* 奠基者

【英】*v.* to fail utterly，collapse；*n.* one that founds or establishes

【反】come off，deliver，pan out，succeed，work out

【同】bomb，flame out，strike out

【记】"北大方正"的英文名就是 founder。

fracas ［'freɪkəs］ *n.* 喧闹的吵架

【英】a noisy quarrel，brawl

【反】peaceful discussion

【同】battle，combat，hassle，scrap，scuffle

【记】形近易混词：fresco（*n.* 壁画）

fragile ［'frædʒl］ *adj.* 易碎的；脆弱的

【英】easily broken，damaged，or destroyed；lacking physical or emotional strength

【反】sturdy，tough

【同】breakable，delicate，frail，frangible

fragment ［'frægmənt］ *n.* 碎片，片段；碎裂

【英】a piece broken off or cut off of something else；break or separate into small pieces

frail * ［freɪl］ *adj.* 脆弱的；身体虚弱的；内心弱小的

【英】easily broken or destroyed；physically weak；easily led astray，morally weak

【反】sturdy，tough

【同】breakable，delicate，fragile，frangible

franchise ［'fræn,tʃaɪz］ *n.* 特许经营权；出售……的特许经营权

【英】an authorization to sell a company's goods or services in a particular place

frantic ［'fræntɪk］ *adj.* 狂乱的；疯狂的

【英】excessively agitated；transported with rage or other violent emotion

fraudulent ［'frɔːdʒələnt］ *adj.* 欺诈的

【英】characterized by, based on, or done by a deception deliberatedly practiced in order to secure unfair or unlawful gain

【反】aboveboard, honest, truthful

【同】crooked, deceitful, defrauding, dishonest, false

fraught ［frɔːt］*adj.* 充满……的

【英】filled with a specified element or elements

【同】abounding, charged, flush, thronging

【记】由 freight(*n.* 货物, 货运　*v.* 装货, 运送)衍生而来的词汇。

fray ［freɪ］*n.* 打架, 争吵　*v.* 磨损

【英】*n.* a noisy fight; *v.* to wear away by rubbing

frenzy ［'frenzi］*n.* 疯狂　*v.* 使……发狂

【英】*n.* a temporary madness; *v.* to affect with frenzy

【同】agitation, fever, hysteria, rampage, uproar

fresco ［'freskoʊ］*n.* 壁画

【英】the art of painting on freshly spread moist lime plaster with water-based pigments

【记】与文艺相关, 且以 "o" 结尾的单词集合: bravado, cameo, chiaroscuro, crescendo, impresario, libretto, portfolio, virtuoso。

frivolous** ［'frɪvələs］*adj.* 轻浮的；不重要的

【英】lacking in seriousness; relatively unimportant

【反】consequential, grandeur, sober, temperance

【同】giddy, fiddling, flighty, inconsequential, trivial

fructify ［'frʌktɪfaɪ］*v.* 结果实

【英】to bear or cause to bear fruit

frugal** ［'fruːgl］*adj.* 节约的

【英】characterized by or reflecting economy in the use of resources

【反】extravagancy, prodigal, spendthrift, squandering, sumptuous

【同】economical, economizing, provident, sparing, thrifty

【记】形近易混词: frigid(*adj.* 酷寒的；冷淡的)

furtive ［'fɜːrtɪv］*adj.* 偷偷摸摸的, 秘密的

【英】obtained underhandedly, stolen, stealthy, sneaky

【反】brassy, candid, forthright, shamelessly bold

【记】形近易混词: future(*n.* 未来)

fusion ['fju:ʒn] *n.* 核聚变;融合

【英】a nuclear reaction in which nuclei combine to form more massive nuclei with the simultaneous release of energy;the state of being combined into one body

fusty ['fʌsti] *adj.* 有发霉味道的;守旧的

【英】smelling of mildew or decay,musty;antique

【反】aromatic,fragrant,fresh,perfumed,redolent

【同】fetid,frowsy,funky,malodorous

【记】形近易混词:musty(*adj.* 发霉的,有发霉味道的)

futile* ['fju:tl] *adj.* 白费力气的,没用的

【英】serving no useful purpose,completely ineffective

【反】efficacious,fruitful,potent,productive,virtuous

【同】abortive,bootless,fruitless,vain

gainsay* [ˌgeɪn'seɪ] *v.* 否认

【英】to deny,contradict,oppose

【反】acknowledge,affirm,concur,confirm,speak in support of

【同】negate,refute,repudiate

【记】gainsay = say against

galactic [gə'læktɪk] *adj.* 银河的

【英】relating to galaxies

galvanize ['gælvənaɪz] *v.* 电镀;激励

【英】to subject to the action of an electric current especially for the purpose of stimulating physiologically;to arouse to awareness or action,spur

【反】allay,lull

【同】charge,electrify,excite,exhilarate,thrill

garrulous** ['gærələs] *adj.* 唠叨的,啰唆的

【英】given to prosy, rambling, or tedious loquacity, pointlessly or annoyingly talkative

【反】closemouthed,laconic,reserved,reticent,taciturn

【同】babblative,chatty,gabby,loquacious,mouthy

【记】形近易混词:querulous(*adj.* 抱怨的)

gauche [gouʃ] *adj.* 缺乏社交经验的;粗鲁的

【英】lacking social experience or grace, also not tactful, crude;crudely made or done

【反】polish, graceful, suave, urbane

【同】awkward, clumsy, graceless, inelegant, rustic

generic * 　[dʒə'nerɪk] *adj.* 属的（生物分类里"界门纲目科属种"的一级）；一般的，通用的

【英】relating to or having the rank of a biological genus; relating to or characteristic of a whole group or class, general

【反】individual, particular

【同】blanket, general, global, overall, universal

genteel ** 　[dʒen'tiːl] *adj.* 有教养的，文雅的；时髦的

【英】elegant or graceful in manner, appearance, or shape; having an aristocratic quality or flavor, stylish

【反】churlish, indecent, indelicate, loutish, unbecoming

【同】befitting, decorous, proper, respectable, seemly

【记】来自 gentle（*adj.* 文雅的）

genus 　['dʒiːnəs] *n.*（尤指动植物的）属

【英】a class of similar things, especially a group of animals or plants that includes several closely related species

germinate ** 　['dʒɜːrmɪneɪt] *v.* 使……发芽；使……发展

【英】to come into being, evolve; to cause to sprout or develop

giddy 　['ɡɪdi] *adj.* 轻率的

【英】lightheartedly silly, frivolous

【反】earnest, grave, serious, sober

【同】dizzy, frivolous, frothy, futile, puerile

glean ** 　[gliːn] *v.* 慢慢地收集

【英】to learn or collect it slowly and patiently, and perhaps indirectly

glib 　[glɪb] *adj.* 流利的

【英】marked by fluency in speaking or writing

【反】awkward, labored, taciturn

【记】形近易混词：gild（*v.* 镀金；画蛇添足）

给学弟学妹的留言

by caicai／王蓸砀

　　我是一个普通的不能再普通的 GTer 了。家乡是十八线小城,好不容易考上了本地最好的高中,好不容易考上了大学。虽然大学时候的大多数老师都很认真负责,但受限于学校的地位,能获得的资源实在紧紧巴巴。我的脑子又不是特别好使,每个学期应付考试和实验已经精疲力尽了,也没什么精力去争取更多的机会。但是在我的能力范围内,我真的尽力做到了我所有能做的。连我这种条件都能心想事成,我想对学弟学妹们说的就是:既然决定了要留学,就努力去做好每一件事吧。

　　可以从现在开始列一张 CV/RESUME 的稿子,看看自己都做过什么,还可以做什么,这样可以清楚地意识到自己应该向什么方向去努力。最后很重要的一点:(个人看法)判断自己会不会被录取最重要的就是匹配程度。像我的渥太华材料专业的 offer 来得很快,就是因为本科课程和项目课程的匹配度很高。被教授反套也是因为我做过的两个项目都跟他目前的研究方向非常一致。梦想还是要有的,万一实现了呢。(当然不要有不切实际的梦想,比如我现在就非常后悔给麦基 UBC 的申请费。1500 块钱能买多少美食啊!)

　　最后,感谢寄托。从备考 GRE 时候在寄托上收集的各种资料,到申请时文书的写作精髓。还有在申请群里认识的各位小伙伴:不管多么弱智的问题每次都耐心给我解答,把我像小朋友一样关心爱护的小肥居、小暖、cindy 姐姐;替我去查法语学校的西仔姐,还陪我见证了人生收到的第一份 offer;又帅又努力的 Tin Lee;夜观天象头发浓密英年早婚预言家秃哥;虽然经常听不懂他在说什么但是看起来就很厉害的可爱弟弟;口口声声说 UO 做兄弟,最后我去了 UA 他去了 KTH 的帅气恒恒,凡事从他嘴里说出来就很激情的老忽悠,还有好多好多一起分享了申请季所有心情的小伙伴们。

　　我的申请季日记本里,除了申请时候的失眠脱发天降惊喜,就是寄托天下的群友你们了。感谢相遇,普通的我梦想也没有什么一飞冲天,只希望大家每一天都能过得快乐和有意义。当然,前提是身体健康、万事如意、福如东海、寿比南山。下一个愿望就是能和大家顺利相约加拿大!

List 11

- glucose
- gluon
- gluttony
- goad
- gorge
- gospel
- gouge
- gracious
- gradient
- graft
- grandstand
- gratify
- gregarious
- gridlock
- grimy
- grip
- gripping
- gross
- grouchy
- grouse
- grudging
- guffaw
- guile
- gustation
- hallmark
- halcyon
- hallucinate
- hamper
- hamstring
- haphazard
- hapless
- harangue
- harness
- harrow
- harry
- hasten
- haughty
- havoc
- hazard
- hearten
- hedonism
- heir
- helium
- helix
- herculean
- heretical
- heretofore
- hermetic
- heterodox
- hew
- hiatus
- hidebound
- hieroglyph
- histrionic
- hoard
- hodgepodge
- homeostasis
- homily
- hone
- hortatory
- hostility
- humdrum
- hunch
- hyperbole
- hypothesis
- hysteria

List 11

glucose　['ɡluːkoʊs] *n.* 葡萄糖
【英】a type of sugar that gives you energy

gluon　['ɡluːɒn] *n.* 胶子
【英】a hypothetical particle believed to be exchanged between quarks in order to bind them together to form particles

gluttony**　['ɡlʌtəni] *n.* 贪食；贪婪
【英】the act or habit of eating too much or being greedy

goad　[ɡoʊd] *v.* 驱使，唆使
【英】to incite or rouse as if with a long stick with a pointed end used for prodding animals
【同】encourage，exhort，prod，prompt，urge
【记】形近易混词：gold(*n.* 黄金)→有钱能使鬼推磨→驱使

gorge**　[ɡɔːrdʒ] *n.* 峡谷　*v.* 狼吞虎咽
【英】*n.* a narrow passage through land，especially a narrow steep-walled canyon or part of a canyon；*v.* to eat greedily or to repletion
【同】cloy，glut，satiate，stodge，surfeit
【记】形近易混词：gorgeous(*adj.* 华丽的)，George(人名：乔治)

gospel　['ɡɑːspl] *n.*（尤指在美国南部黑人基督徒中间流行的）福音音乐
【英】a style of religious music that uses strong rhythms and vocal harmony. It is especially popular among black Christians in the southern United States

gouge**　[ɡaʊdʒ] *v.* 挖；诈骗钱财
【英】to scoop out with or as if with a chisel；to subject to extortion or undue exaction
【记】形近易混词：gauge(*n.* 度量规格，测量器具；*v.* 度量，估计)

gracious*　['ɡreɪʃəs] *adj.* 和蔼可亲的
【英】well-mannered and pleasant

gradient　['ɡreɪdiənt] *n.* 斜坡；倾斜度
【英】a slope，or the degree to which the ground slopes

graft　[ɡræft] *v.* 嫁接；移植

【英】to cause to grow together parts from different plants；to place the organ of a donor into the body of a recipient

grandstand　['ɡrænstænd] *v.* 哗众取宠地表演

【英】to play or act so as to impress onlookers

【记】grandstand 本意大看台，主观众席，引申为取悦观众的表演。

gratify *　['ɡrætɪfaɪ] *v.* 使……满足

【英】to give pleasure or satisfaction to

【反】aggrieve，irk，displease

【同】cater to，indulge，humor

gregarious **　[ɡrɪ'ɡeərɪəs] *adj.* 合群的，爱社交的

【英】tending to associate with others of one's kind

【反】aloof，antisocial，introverted，reclusive，unsociable

【同】boon，clubbable，companionable，extroverted，convivial

【记】词根：greg（群），参考 aggregate（*v.* 聚集）与 segregate（*v.* 隔离）

gridlock　['ɡrɪdlɑ:k] *n.* 全面拥堵

【英】a traffic jam so bad that no movement is possible

grimy　['ɡraɪmi] *adj.* 肮脏的

【英】thickly covered with ingrained dirt or soot

grip　[ɡrɪp] *v.* 抱怨，诉苦

【英】to complain with grumbling

【反】crow，delight，rejoice

【同】fuss，spite，squawk，yammer

【记】形近易混词：grape（葡萄）

gripping　['ɡrɪpɪŋ] *adj.* 吸引人的

【英】of or relating to hold the interest strongly

gross　[ɡroʊs] *adj.* 粗俗的；严重的

【英】very coarse，vulgar，or unacceptable；used informally as（often pejorative）intensifiers

grouchy　['ɡraʊtʃi] *adj.* 不满的，爱抱怨的

【英】perversely irritable

grouse　[ɡraʊs] *n.* 松鸡

【英】a wild bird with a round body

grudging　['ɡrʌdʒɪŋ] *adj.* 勉强的

【英】petty or reluctant in giving or spending

guffaw [gə'fɔː] *n.* 大笑 *v.* 大笑

【英】a burst of deep loud hearty laughter; to laugh boisterously

guile [gaɪl] *n.* 狡猾, 狡诈

【英】deceitful cunning, duplicity

【反】artlessness, forthrightness, guilelessness, ingenuousness, sincerity

【记】形近易混词: guide(*n.* 导游)

gustation [gʌ'steɪʃən] *n.* 品味; 味觉

【英】the act of tasting or the faculty of taste

hallmark** ['hɔːlmɑːrk] *n.* 特征, 标志

【英】a distinguishing characteristic, trait, or feature

【反】uncharacteristic feature

【记】组合词: hall + mark, 源于 Goldsmiths' Hall 给东西上面盖的戳 (mark)

halcyon ['hælsiən] *adj.* 平静的; 幸福的

【英】idyllically calm and peaceful; suggesting happy tranquillity

hallucinate [hə'luːsɪneɪt] *v.* 产生幻觉

【英】to perceive what is not there

hamper* ['hæmpər] *v.* 阻碍 *n.* 有盖的大篮子

【英】*v.* to restrict the movement of by bonds or obstacles; *n.* a large basket usually with a cover for packing, storing, or transporting articles

【反】aid, assist, facilitate, help

【记】bar, block, hamper, hinder, obstruct, prevent 都可以表示"阻碍, 阻止, 阻塞"的意思。bar 含义与 block 很接近, 指阻塞通道或禁止出入, 但有暗示不用障碍物的阻止或禁止。block 语气强烈, 指有效堵住了通道, 使人或物无法通过。hamper 侧重因受到约束或阻碍而造成的行动困难。hinder 语气较轻, 多指阻碍、拖延人或事, 强调使进展速度缓慢下来。obstruct 语气强, 多指以干扰或设置障碍的方式阻碍交通, 使不能自由畅通。prevent 含义广泛, 指采取预防措施或设置障碍去阻止某人或某事。

hamstring ['hæmstrɪŋ] *v.* 使……残废; 使……无效

【英】to cut the hamstring of (an animal or a person) and thereby cripple; to destroy or hinder the efficiency of

【同】cripple，hamstring，immobilize，incapacitate，prostrate

【记】组合词：ham(腿) + string(筋)，原意是切断腿筋使成跛腿。

haphazard*　　[hæp'hæzərd] *adj.* 杂乱的，无序的

【英】marked by lack of plan，order，or direction

【反】methodical，nonrandom，regular，systematic，systematized

【同】desultory，erratic，random，scattered，slapdash

【记】形近易混词：hazard(*n.* 危险)

hapless　　['hæpləs] *adj.* 运气不好的，倒霉的

【英】deserving or inciting pity

harangue**　　[hə'ræŋ] *v.* 长篇大论

【英】to address in a ranting way

【反】speak temperately

【同】bloviate，declaim，descant，orate，perorate

【记】联想：h(≈ huge) + arangue(argument)→长篇大论

harness　　['hɑːrnɪs] *n.* 马具　*v.* 利用

【英】*n.* the gear or tackle，other than a yoke，with which a draft animal
　　　pulls a vehicle or implement；*v.* to utilize

【反】fail to utilize

【同】apply，employ，exercise，exploit

harrow　　['hærou] *v.* 折磨　*n.* 耙

【英】*v.* to inflict great distress or torment on；*n.* a cultivating implement
　　　set with spikes，spring teeth，or disks and used primarily for
　　　pulverizing and smoothing the soil

【同】afflict，agonize，excruciate，rack，torment，torture

【记】形近易混词：marrow(*n.* 精华)

harry　　['hæri] *v.* 掠夺，骚扰

【英】to torment by or as if by constant attack

【反】comfort，mollify，untroubled

【同】depredate，despoil，devastate，ravage

【记】Harry 可以作为人名，比如：Harry Potter。

hasten　　['heɪsn] *v.* 催促，加速

【英】to cause to hurry；to speed up

【反】brake，check，decelerate，slow the progress of，retard

【同】accelerate，bundle，hurry，quicken

【记】联想：has + ten→十分紧要→得加快促进

haughty [ˈhɔːti] *adj.* 傲慢的，自大的

【英】having or showing arrogant superiority to and disdain of those one views as unworthy

havoc [ˈhævək] *n.* 浩劫，大混乱

【英】great confusion and disorder

【反】order，orderliness，serenity

【同】chaos，destruction，devastation，disarray，ruination

hazard [ˈhæzərd] *n.* 危险；风险

【英】source of danger，a possibility of incurring loss or misfortune

hearten [ˈhɑːrtn] *v.* 鼓起勇气，激励

【英】to give heart to

【反】daunt，discourage，dishearten，dismay，dispirit

【同】cheer，encourage，embolden，inspirit，steel

【记】联想：heart + en→"荣誉在我心中，信念与我共存"是《佣兵天下》里骑士们鼓舞士气的口号。

hedonism [ˈhiːdənɪzəm] *n.* 享乐主义

【英】the doctrine that happiness is the sole good in life

【反】ascetic，abstinence，asceticism，sobriety，temperance

【同】carnality，debauchery，hedonism，sybaritism，voluptuousness

【记】享乐主义（Hedonism）又叫伊壁鸠鲁主义（Epicureanism），是一种哲学思想，认为享乐是人类最重要的追求。词语的来源是希腊语的"pleasure"。享乐主义是所有动作皆可被一个人会产生的享受与痛楚所决定，力求将享乐与痛苦的差距增至最大。

heir [er] *n.* 继承人

【英】someone who has the right to inherit a person's money，property，or title when that person dies

helium [ˈhiːliəm] *n.* 氦

【英】a very light gas that is colourless and has no smell

helix [ˈhiːlɪks] *n.* 螺旋形

【英】a spiral shape or form

herculean [hɜːrkjʊˈliːən] *adj.* 力大无比的；困难的，艰巨的

【英】displaying superhuman strength or power；extremely difficult，requiring the strength of a Hercules

[həˈretɪkl] *adj.* 异教的，异端的

heretical^{**}　【英】of, relating to, or characterized by departure from accepted beliefs or standards

【反】conforming, conformist, conventional, orthodox

【同】dissident, heterodox, sectarian, unorthodox

【记】形近易混词：heroical(adj. 英雄的)

heretofore　[ˌhɪrtuˈfɔːr] adv. 此前, 迄今

【英】used in negative statement to describe a situation that has existed up to this point or up to the present time

hermetic　[hɜːrˈmetɪk] adj. 神秘的, 深奥的

【英】having to do with the occult sciences, especially alchemy

【反】easily comprehended, shallow, superficial

【同】abstruse, esoteric, magical, profound, recondite

【记】赫尔墨斯(Hermes)罗马名字墨丘利(Mercury)在奥林珀斯山担任宙斯和诸神的使者和传译。他被视为行路者的保护神, 是商人的庇护神, 雄辩之神。他聪明狡猾, 又被视为欺骗之术的创造者, 他把诈骗术传给了自己的儿子。

heterodox^{**}　[ˈhetərədɑːks] adj. 非正统的, 异端的

【英】contrary to or different from an acknowledged standard, a traditional form, or an established religion

【反】conforming, conformist, conventional, orthodox

【同】heretical, iconoclastic, maverick, unorthodox, unconventional

【记】词根：hetero(不同), 参考 heterogeneous(adj. 不同种类的)

hew　[hjuː] v. 砍伐；遵守

【英】to cut with blows of a heavy cutting instrument；conform, adhere

【反】conform to, not hew to

【同】chop down, cut down, fell, mow

hiatus　[haɪˈeɪtəs] n. 空隙

【英】a gap or an interruption in space, time, or continuity, a break

【反】continuation, continuity

【同】breach, gulf, interstice, rent, rift

【记】形近易混词：hirsute(adj. 多毛的)

hidebound　[ˈhaɪdbaʊnd] adj. 顽固的

【英】having an inflexible character

【反】liberal, nontraditional, progressive, unorthodox

【同】bigoted, illiberal, intolerant, narrow, orthodox

【记】组合词：hide(皮)+ bound(包起来)→原意是指瘦到皮包骨头的牛,引申义可指被很局限的态度限制住的。

hieroglyph　　['haɪərəglɪf] *n.* 象形文字,图画文字

【英】a character used in a system of hieroglyphic writing

【记】联想：hiero(词根,神)+ glyph(写)→看起来神神道道的文字→象形文字

histrionic　　[ˌhɪstri'ɑːnɪk] *adj.* 戏剧的

【英】of or relating to actors,acting,or the theater

【同】dramatic,theatric

【记】形近易混词：historic(*adj.* 有历史意义的)

hoard ＊＊　　[hɔːrd] *n.* 贮藏　*v.* 囤积

【英】*n.* a supply or fund stored up and often hidden away;*v.* to lay up a hoard of

【反】lavish

【同】cache,squirrel,stash,squirrel

【记】hoard 指对贵重物品或粮食等令人不愉快的囤,如出于恐惧、贪婪或精神失常等。

hodgepodge ＊＊　　['hɑːdʒpɑːdʒ] *n.* 大杂烩

【英】a heterogeneous mixture

【同】gallimaufry,hotchpotch,jumble,medley,potpourri

【记】组合词：hodge + podge。类似于这种前后两个单词几乎一样的组合词还有：pell-mell(*adj.* 混乱的),shilly-shally(*adj.* 混乱的),willy-nilly(*adj.* 混乱的),namby-pamby(*adj.* 伤感的)。

homeostasis　　[ˌhoʊmiə'steɪsɪs] *n.* (动物间的)动态平衡

【英】the maintenance of metabolic equilibrium within an animal by a tendency to compensate for disrupting changes

homily　　['hɑːməli] *n.* 说教,训诫

【英】a lecture or discourse on or of a moral theme

【同】sermon

hone ＊＊　　[hoʊn] *v.* 用磨刀石磨　*n.* 磨刀石

【英】*v.* to make more acute,whet;*n.* a hard,fine-grained stone for honing tools

【反】blunt

【记】形近易混词：bone(*n.* 骨头)

hortatory　　['hɔːrtəˌtoʊri] *adj.* 激励的,劝告的

【英】tending to exhort；encouraging

【记】hort(敦促)+atory→激励的

hostility [hɑːˈstɪləti] *n.* 敌意，敌对

【英】unfriendly or aggressive behaviour toward people or ideas

【反】friendliness

【同】aggression，anger，resentment，antagonism，opposition

【记】hosti(外敌)+lity→敌对

humdrum [ˈhʌmdrʌm] *adj.* 平凡的；单调乏味的；令人厌烦的

【英】ordinary，dull，or boring

【反】exciting

【同】dull，boring，routine，unexciting，everyday

【记】组合词：hum(嗡嗡声)+drum(鼓声)→单调的

hunch [hʌntʃ] *n.* 直觉，预感

【英】a strong intuitive feeling concerning

【记】形近易混词：haunch(*n.* 腰部，臀部)

hyperbole [haɪˈpɜːrbəli] *n.* 夸张法

【英】extravagant exaggeration

【反】understatement

【同】elaboration，exaggeration，embellishment，embroidering

hypothesis * [haɪˈpɑːθəsɪs] *n.* 假设

【英】an assumption or concession made for the sake of argument

【同】theory，proposition，supposition，thesis

【记】联想：hypo(词根，在……之下) + thesis(论点)→还没有成为

论点→只是一个假设

hysteria [hɪˈstɪəriə] *n.* 歇斯底里

【英】a state of uncontrolled excitement，anger，or panic

【反】calm

【同】panic，hysterics，frenzy，madness，emotion

【记】hyster(子宫)+ia→人们认为妇女患歇斯底里症是因为子宫机

能失调所致

勇敢者的血液

by lingli_xiaoai

这几天看到有很多人陆续到这里来报成绩,让我想起刚刚考完 GRE 的时候,弥漫的那种悲伤,或是不甘心,或是如释重负的感觉。人生从来就不是一帆风顺的。拿我自己来说,我越是在乎的东西就越难拿到;越是付出很多的考试,也许越得不到自己想要的结果。

我喜欢寄托,从我刚开始来这里的时候,就产生了一种很奇妙的感觉:这么多不同的人,有的工作,有的上学,分布在不同的城市,也许这一生都没有机会见面或者认识的人,在这样的一个地方相遇,为了一个同样的考试,一起努力、担心。我能理解考试失败的人的痛苦或者难过。所以我发了这个帖,如果有什么想说的,想发泄的,都可以说出来。我希望能帮助和我承受过一样痛苦的人分担一点伤心。

一个人在人生道路上能走多远,完全是由自己决定的。你什么时候放弃了自己,那么迎接你的就只有失败。只要自己还在坚持,希望就还在。每个人都是流着勇敢者的血液来到这个世界上的。每个人都是勇敢者的后代,最勇敢的生物从海洋到达了陆地,最勇敢的生物从树林走到了平原。我们不是为了被打败而来到这个世界,而是为了胜利。

List 12

- iconoclast
- ideology
- idiosyncratic
- idolatrize
- igneous
- ignoble
- ignominy
- illuminant
- imbibe
- imbue
- immanent
- imminent
- immutable
- impairment
- impale
- impart
- impeccable
- impede
- impend
- imperative
- imperious
- impermeable
- imperturbable
- impervious
- impetuous
- impiety
- impinge
- implode
- importune
- impose
- impostor
- imposture
- imprecate
- impromptu
- improvise
- impudent
- impugn
- impunity
- inadvertent
- inane
- inaugurate
- incense
- incessant
- inchoate
- incipient
- incise
- indecorous
- indelible
- indemnify
- indict
- indigenous
- indigent
- indignant
- indiscretion
- indolent
- ineluctable
- inept
- ineptitude
- inert
- inevitable
- inexorable
- inexplicable
- inextricably
- infatuate
- inferno
- infest

List 12

iconoclast^{**} ［aɪˈkɑːnəklæst］ *n.* 打破旧习的人

【英】one who attacks and seeks to overthrow traditional or popular ideas or institutions

【反】conformer, conformist

【同】bohemian, eviant, heretic, nonconformist, maverick

【记】联想：icon（偶像）+ o + clast（碎屑）→把人们心中的偶像打击成碎屑, 一种毁人三观的方式→打破旧习的人

ideology ［ˌaɪdiˈɑːlədʒi］ *n.* 意识形态

【英】a set of beliefs, especially the political beliefs on which people, parties, or countries base their actions

idiosyncratic^{**} ［ˌɪdiəsɪŋˈkrætɪk］ *n.* 特质, 特性

【英】a peculiarity of constitution or temperament, an individualizing characteristic or quality

【同】peculiarity, singularity

【记】词根：idio（个性, 习性）, 参考 idiom（*n.* 习惯用语）

idolatrize ［aɪˈdɑːlətraɪz］ *v.* 盲目崇拜

【英】admire intensely and often blindly

【记】词根：idol（偶像）, 参考 idolatry（*n.* 偶像崇拜）

igneous^{**} ［ˈɪgniəs］ *adj.* 火成的, 火熔的

【英】produced by the action of fire or intense heat

ignoble ［ɪgˈnoʊbl］ *adj.* 卑鄙可耻的, 不光彩的

【英】completely lacking nobility in character or quality or purpose

ignominy ［ˈɪgnəmɪni］ *n.* 耻辱

【英】deep personal humiliation and disgrace

【反】lofty, esteem, honor, respect

【同】discredit, disesteem, disrepute, infamy, odium

【记】联想：ig（否定前缀, 参考 ignoble 卑贱的）+ nomin（名声）+ y→名声被毁坏→耻辱

illuminant ［ɪˈluːmɪnənt］ *n.* 光源　*adj.* 发光的

【英】*n.* something that can serve as a source of light; *adj.* giving off light, illuminating

imbibe　[ɪmˈbaɪb] *v.* 饮入；吸收

【英】drink；to take in or up

【同】gulp，guzzle，quaff

【记】联想：I'm + bibe(≈ Bible 圣经)→I'm Bible, I say drink it, thou shalt drink.

imbue *　[ɪmˈbjuː] *v.* 感染

【英】to inspire or influence thoroughly，pervade

【同】infuse，ingrain，inoculate

【记】形近易混词：imbrue(*v.* 使……污染)

immanent　[ˈɪmənənt] *adj.* 内在的

【英】existing or remaining within，inherent

【反】adventitious，extraneous，extrinsic

【同】essential，inborn，innate，intrinsic

【记】形近易混词：imminent(*adj.* 即将到来的)

imminent *　[ˈɪmɪnənt] *adj.* 即将来临的，急迫近的

【英】ready to take place，especially hanging threateningly over one's head

【同】around the corner，impending，looming，pending，threatening

【记】词根：min（突出，威胁），参考 eminent（*adj.* 杰出的）与 prominent（*adj.* 突出的，卓越的）

immutable **　[ɪˈmjuːtəbl] *adj.* 不可变的

【英】not capable of or susceptible to change

【反】alterable，elastic，flexible，mutable，variable

【同】fixed，inflexible，inalterable，incommutable

【记】联想：im(否定前缀) + mutable(易变的)→不可变的

impairment　[ɪmˈpermənt] *n.* 损伤

【英】the condition of being unable to perform as a consequence of physical or mental unfitness

【记】impair+ment

impale　[ɪmˈpeɪl] *v.* 刺入

【英】to pierce with a sharp stake or point

【记】I'm pale(苍白)。→流血过多→刺入

impart *　[ɪmˈpɑːrt] *v.* 传授(知识)；给予特定品质

【英】to tell or deposit (information) knowledge；bestow a quality on

【反】conceal

【近】reveal, grant

impeccable** ［ɪm'pekəbl］*adj.* 没缺点的, 正直的

【英】free from fault or blame, lawless

【反】censurable, defective, faulty, flawed, reproachable

【同】faultless, flawless, immaculate

impede* ［ɪm'piːd］*v.* 妨碍, 阻挡

【英】to interfere with or slow the progress of

【反】abet, facilitate, promote, foment, nurture

【记】bar, block, dam, hinder, impede, obstruct 都可以表示"阻挡"的意思。bar 指堵住出入口。block 指有效地堵住了所有通道, 使人、物等无法通过。dam 指挡住涌流物, 如眼泪等。hinder 则强调阻碍和干扰的有害或令人讨厌。impede 和 obstruct 都指在路上设障碍以使运动的物体或事物速度放慢或阻挡其前进, impede 比 obstruct 语气更强些, 指困难非常大。

impend ［ɪm'pend］*v.* 即将发生

【英】to be about to occur

【近】approach

imperative ［ɪm'perətɪv］*adj.* 命令式的, 强制的

【英】of, relating to, or constituting the grammatical mood that expresses the will to influence the behavior of another

【反】elective, optional, voluntary

【同】domineering, imperial, imperious, overbearing, peremptory

【记】词根: imper (= order 命令), 参考 imperial (*adj.* 帝王的) 与 imperious (*adj.* 傲慢的, 专横的)

imperious ［ɪm'pɪriəs］*adj.* 傲慢的, 专横的

【英】arrogantly domineering or overbearing

【反】deferential, humble, obeisant, obsequious, servile

【同】imperative, masterful, peremptory

impermeable** ［ɪm'pɜːrmiəbl］*adj.* 无法渗透的

【英】preventing especially liquids to pass or diffuse through

【反】permeable

【记】im 否定前缀+permeate 词根(渗透)+ble 形容词后缀

imperturbable ［ˌɪmpər'tɜːrbəbl］*adj.* 沉着冷静的, 镇静的

【英】marked by extreme calm, impassivity, and steadiness, serene

【反】ticklish, perturbable, restive

【同】composed, collected, nonchalant, unflappable, unruffled

【记】由 perturb(*v.* 扰乱) 衍生而来的词汇。

impervious [ɪm'pɜːviəs] *adj.* 透不过的；不会被损害的

【英】not allowing entrance or passage, impenetrable; not capable of being damaged or harmed

【反】penetrable, permeable, pervious, translucent

【同】impenetrable, impermeable, imperviable, tight, unpierceable

【记】pervious(*adj.* 可渗透的)和 previous(*adj.* 之前的)是一组易混形近词。

impetuous** [ɪm'petʃuəs] *adj.* 冲动的，急躁的

【英】marked by impulsive passion

【反】deliberate, hesitance, vacillation

【同】abrupt, hasty, precipitate, rushing

【记】联想：im(否定前缀) + pet(宠物) + -uous(形容词后缀)→宠物走丢了，主人很着急→急躁的

impiety [ɪm'paɪəti] *n.* 无信仰，不虔诚

【英】the quality or state of being impious, irreverence

【反】adoration, devoutness, glorification, worship

【同】defilement, desecration, blasphemy, profanation, sacrilege

【记】联想：im(否定前缀) + piety(≈ pity 可怜)→有些神棍在向人们推销宗教的时候，常用一个论点：没有信仰的人是很可怜的。

impinge [ɪm'pɪndʒ] *v.* 冲击；影响

【英】to strike or dash especially with a sharp collision; to have an effect

【近】strike, infringe

implode [ɪm'pləʊd] *v.* 崩溃

【英】to cause to collapse inward violently

【反】rapid outward movement

【同】crumple, collapse, tumble

【记】和 explode(*v.* 爆炸)相对应，一个是向外(ex-)，一个是向内(im-)。

importune [ˌɪmpɔːr'tuːn] *v.* 向……再三要求

【英】to beg persistently or troublesomely

【记】联想：imp(小恶魔) + ortune(≈ fortune 财富)→讨论超人和蝙蝠侠谁更能打，钢铁侠和小恶魔谁更有钱的话题，只能陷进

胡搅蛮缠的结局。

impose　　　[ɪm'pouz] *v.* 强制实行；强加

【英】to compel to behave in a certain way；impose something unpleasant

【同】enforce

impostor　　　[ɪm'pɑːstər] *n.* 冒名顶替者

【英】one that assumes false identity or title for the purpose of deception

【同】charlatan，fraud，hoaxer，pretender

imposture　　　[ɪm'pɑːstʃər] *n.* （冒牌顶替）欺诈的行为

【英】the act or an instance of deceiving others，esp by assuming a false identity

imprecate ** 　　　['ɪmprɪˌkeɪt] *v.* 诅咒，咒骂，辱骂

【英】to swear，curse，or blaspheme

【反】bless

【同】curse，execrate

impromptu　　　[ɪm'prɑːmptuː] *adj.* 即兴的

【英】spoken，performed，done，or composed with little or no preparation

【反】carefully rehearsed

【同】ad-lib，extemporary，improvise，offhand

improvise *　　　['ɪmprəvaɪz] *v.* 即兴创作

【英】to compose，recite，play，or sing extemporaneously

【同】ad-lib，extemporize

impudent　　　['ɪmpjədənt] *adj.* 轻率的，鲁莽的

【英】not prudent，lacking discretion，wisdom，or good judgment

【反】advisable，discreet，judicious，prudent，tactful

【同】brash，graceless，tactless，undiplomatic，unwise

【记】由 prude(*n.* 过分谦虚、正经的人)衍生而来的词汇。

impugn　　　[ɪm'pjuːn] *v.* 指责，对……表示怀疑

【英】to assail by words or arguments

【反】champion，endorse，extol，uphold，vindicate

【同】contradict，contravene，gainsay，negative，traverse

【记】词根：pugn(打斗)，参考 pugnacious(*adj.* 好斗的)

impunity ** 　　　[ɪm'pjuːnəti] *n.* 不受惩罚，无患

【英】exemption from punishment or loss

inadvertent　　　[ˌɪnəd'vɜːrtnt] *adj.* 不注意的，疏忽的

【英】not focusing the mind on a matter，inattentive

【反】advertent, calculated, deliberate, intended, premeditated

【同】careless, heedless, irreflective, thoughtless, unheeding

【记】由 advert(*n.* 广告; *v.* 注意)衍生而来的词汇。

inane [ɪ'neɪn] *adj.* 空洞的

【英】empty, insubstantial, vapid

【反】expressive, meaningful, pregnant, significant, substantiated

【记】形近易混词: insane(*adj.* 精神错乱的)

inaugurate [ɪ'nɔːgjəreɪt] *v.* 举行就职典礼

【英】to induct into an office with suitable ceremonies

【反】cease, close down, phase out, shut up

【记】inaugurate, induct, initiate, install, invest 这组词的意思相近。其区别在于: inaugurate 指正式、庄重、规模较大的就职仪式。induct 指通过仪式使某人就职或入会、上任等。initiate 指在秘密典礼或仪式上接纳新成员。install 指把某人安插到某个位置上,或任命某人担任某个职务。invest 原指穿上象征权力的官服或戴上官衔、军衔,引申指通过仪式、典礼授予官职、权力、荣誉等。

incense ['ɪnsens] *n.* 香　 *v.* 薰香;激怒

【英】 *n.* material used to produce a fragrant odor when burned; *v.* to perfume with incense; to arouse the extreme anger or indignation of

【反】fetor, malodor, reek, stench

【记】anger, enrage, incense, madden 都可以表示"激怒"的意思。从程度上说,anger 表示的是各种程度的"怒"; enrage 和 incense 则到了发火的程度,即"大怒"; madden 语气最强,即"狂怒"。从原因上说,anger 最普通,可以是当怒的,也可以是不当怒的; incense 指被过分的事物所激怒; enrage 指被逗弄等所激怒; madden 则主要指受到侮辱而发怒。

incessant * [ɪn'sesnt] *adj.* 不断的,无尽的

【英】continuing or following without interruption, unceasing

【反】interrupted, discontinuous, noncontinuous

【同】ceaseless, continual, constant, perpetual, perennial

【记】词根: cess(停止),参考 recess(*n.* 休息)

inchoate [ɪn'kouət] *adj.* 刚开始的,未完全发展的

【英】being only partly in existence or operation, incipient

【反】completely formed, enduring, explicit, fully formed, fully realized

【同】aborning，budding，inceptive，incipient，nascent

【记】联想：in + choate(≈chocolate 巧克力)→UNGLY TRUTH：如果一个男人在送你巧克力，那么说明你们只是处于感情的刚开始阶段，放心吧，总有一天，他会忘了所有的纪念日，包括你的生日。

incipient [ɪn'sɪpɪənt] *adj.* 初期的，未完全发展的

【英】only partly in existence；imperfectly formed

【反】developing，impending，growing，emerging，emergent，dawning，just beginning，starting，inceptive，initial，nascent，embryonic，fledgling

【同】full-blown

【记】in+cip(掉)+ient→掉进来的→刚出现的；同根词：precipitate (加速，促进)

incise [ɪn'saɪz] *v.* 雕刻

【英】to carve (something，such as an inscription) into a surface

【同】cut，slit，notch，score，carve

【记】in(里面，内部)+cis(剪)+e→砍向里面或内部→切除

indecorous [ɪn'dekərəs] *adj.* 不得体的

【英】improper or ungraceful；unseemly

【反】polite

【同】impolite，rude，shocking，inappropriate，unseemly

【记】in(不)+dec(o) 变得(合适)+rous→不得体的

indelible [ɪn'deləbl] *adj.* 擦拭不掉的，不可磨灭的

【英】that cannot be removed，washed away，or erased

【反】erasable，forgettable

【同】memorable，unforgettable

【记】联想：in(否定前缀) + del(删除，键盘上的删除键) + -ible (能)→删不掉的

indemnify [ɪn'demnɪfaɪ] *v.* 保障；保证赔偿

【英】to secure against future loss，damage，or liability；to give security for

【同】insure，underwrite，cover，assure，protect

【记】in+demn(损坏)+ify→使损坏消除→赔偿；同根词：condemn (谴责)

indict [ɪn'daɪt] *v.* 起诉，控告

【英】to charge with a fault or offense

【反】absolve,acquit,exculpate,exonerate,vindicate

【同】accuse,criticize,impeach,incriminate,inculpate

【记】词根:dict(说)参考:benediction(*n.* 祝福)

indigenous　[ɪnˈdɪdʒənəs] *adj.* 本地的;天生的

【英】produced, growing, living, or occurring naturally in a particular region or environment;innate,inborn

【反】exotic,foreign,nonnative

【同】innate,connatural,inherited,native,natural

【记】形近易混词:endogenous(*adj.* 内生的)

indigent**　[ˈɪndɪdʒənt] *adj.* 贫穷的

【英】suffering from extreme poverty

【反】affluent,wealth,opulent,rich

【同】destitute,impecunious,impoverished,necessitous,penurious

【记】形近易混词:indignant(*adj.* 愤怒的)

indignant　[ɪnˈdɪgnənt] *adj.* 愤怒的,愤慨的

【英】angered at something unjust or wrong

【同】angry,furious,vexed,irate,in a huff

【记】in(不)+dign(礼貌)+ant→不礼貌→愤慨的;同根词:dignity (尊贵,礼貌),indign(不得体的)

indiscretion　[ˌɪndɪˈskreʃn] *n.* 轻率,言行失检

【英】a petty misdeed

【反】carefulness

【同】recklessness,incaution,tactlessness,garrulousness,nosiness

【记】in(不)+discret(=discreet 谨慎的)+ion→不谨慎

indolent　[ˈɪndələnt] *adj.* 懒惰的

【英】averse to activity,effort,or movement,habitually lazy

【反】industrious

【同】lazy,idle,shiftless,slothful

【记】形近易混词:innocent(*adj.* 无辜的)

ineluctable　[ˌɪnɪˈlʌktəbl] *adj.* 无法逃避的

【英】not to be avoided,changed,or resisted

【反】avoidable,evadable,uncertain,unsure

【同】certain,incommunicable,indefinable,inevitable,ineludible

inept*　[ɪˈnept] *adj.* 不适当的;无能的,笨拙的

【英】not suitable to the time,place,or occasion;lacking in fitness or aptitude,unfit

【反】able,capable,competent,expert,skillful

【同】awkward,gauche,lumbering,maladroit

【记】联想:in(不)+ept(熟练的)→不熟练的,笨拙的

ineptitude [ɪˈneptɪtuːd] *n.* 不合适;无能,笨拙

【英】having no qualities that would render it valuable or useful

【反】competence

【同】incompetence,ineptness,clumsiness,uselessness,ineffectiveness

【记】in(不)+ept(i)(聪明能干的)+tude(状态)→无能

inert [ɪˈnɜːt] *adj.* 惰性的,行动迟钝的

【英】lacking the power to move;very slow to move or act,sluggish

【反】active,dynamic,tendency to change motion

【同】dormant,inactive,idle,passive,quiet

【记】形近易混词:inner(*adj.* 内部的)

inevitable [ɪnˈevɪtəbl] *adj.* 不可避免的,必然的

【英】incapable of being avoided or evaded

【反】avoidable,evadable,uncertain,unsure

【同】ineluctable,ineludible,inescapable,inevasible

【记】联想:in(不)+evitable(逃避)→不可逃避的

inexorable＊＊ [ɪnˈeksərəbl] *adj.* 无情的,无法说服的

【英】not to be persuaded,moved,or stopped

【同】adamant,obdurate,relentless,rigid,unyielding

【记】联想:in(不)+ ex(出来)+ ora(词根,说)+ able(能……)→不说话的→无情的

inexplicable＊＊ [ˌɪnɪkˈsplɪkəbl] *adj.* 无法解释的

【英】incapable of being explained or accounted for

inextricably [ˌɪnɪkˈstrɪkəbli] *adj.* 逃脱不掉的;解不开的

【英】not permitting extrication;incapable of being disentangled or untied

infatuate＊＊ [ɪnˈfætjuɪt] *v.* 使糊涂,使冲昏头脑;使……迷恋

【英】arouse unreasoning love or passion in and cause to behave in an irrational way

【反】odium

【同】enamor

【记】联想:in(进入)+ fat(胖)+ -uate(动词后缀)→幸福就是两个人一起吃成胖子→使……迷恋

inferno^{**}　　[ɪnˈfɜːrnoʊ] *n.* 地狱；火海

【英】a place or a state that resembles or suggests hell；an intense fire

【记】出自但丁的《神曲》，意大利语里的 hell（地狱）。

infest　　[ɪnˈfest] *v.* 大批出没；寄生于

【英】to occupy in large numbers；live on or in a host，as of parasites

曾经的 GRE，与青春
和梦想有关的日子

by 后半夜的暖调

　　这世界总是这样不符合我们的梦想，只是有人可以学会遗忘，所以那些梦想往往无疾而终，就像风中打开的花朵；而有些人却坚持。你知道。这些梦想或许不需要语言，我知道自己不会轻易对别人提起，我将只是记得它们。也许有一天我会懂得。不是了解，不是知道，仅仅是懂得。准备 GRE 这样极致的考试，以及自己醉生梦死般付出的努力，或许就是为了在坚实的大地上，仰望自己的梦想，过着试图选择的生活。

List 13

- infiltrate
- influx
- ingenious
- ingenuous
- ingrain
- ingrate
- inimical
- iniquity
- innate
- innocuous
- innuendo
- inoculate
- inordinate
- inquisitive
- inroad
- insatiable
- inscrutable
- insidious
- insinuate
- insipid
- insolent
- insouciant
- instigate
- instructive
- insular
- insulate
- insulin
- insurgent
- insurrection
- intact
- intangible
- integral
- intensify
- intercede
- interdict
- interim
- interlock
- interminable
- intermittent
- interregnum
- interrogate
- intimate
- intimidate
- intoxicant
- intransigent
- intrepid
- intricate
- intrigue
- introspective
- intrusion
- intuitive
- inundate
- inure
- invective
- inveigle
- invert
- inveterate
- invidious
- invigorate
- invoke
- irascible
- irate
- itinerate
- jargon
- jarring
- jejune

List 13

infiltrate   ['ɪnfɪltreɪt] *v.* 渗透,秘密潜入

【英】to enter or become established in gradually or unobtrusively usually for subversive purposes

【同】insinuate, sneak

【记】词根:filtr(过滤),参考 filtrate(*v.* 渗透)与 filter(*v.* 过滤, 渗透)

influx   ['ɪnflʌks] *n.* 涌入

【英】a coming in

【反】exodus, outflow, outpouring

【记】组合词:in + flux(流)→flux in→流进来→涌入

ingenious *   [ɪn'dʒiːnɪəs] *adj.* 聪明的,有独创性的

【英】having or showing an unusual aptitude for discovering, inventing, or contriving

【反】uncreative, unimaginative, uninventive, unoriginal

【记】bright, brilliant, clever, ingenious, intelligent, shrewd, smart, wise 都可以表示"聪明的"的意思。bright 多指年轻人,尤指小孩思路敏捷、理解力强、机灵等。brilliant 指人的才华出众,思路敏捷,常令人赞叹不已。clever 强调头脑灵活,接受新事物快,有智有谋,但不一定暗示全面妥当地考虑问题。ingenious 指思路敏捷,并暗示有创造与发明的才能和技巧。intelligent 指在理解新的、抽象东西或处理解决问题时,智力超过常人。shrewd 指精明老练,有头脑,善于判断和把握有利机会。smart 与 bright 和 clever 的意思很相近,但更强调机灵。wise 侧重不是一般的聪明伶俐,而是有远见、有智慧,能明智地处理问题。

ingenuous **   [ɪn'dʒenjuəs] *adj.* 直率的,单纯的

【英】showing innocent or childlike simplicity and candidness

【反】cunning, sly, hypocritical

【同】artless, naive, natural, unaffected, unsophisticated

【记】形近易混词:ingenious(*adj.* 聪明的)→两个区别于中间的 i 和 u→我(i)聪明,你(you)单纯

ingrain　[ɪnˈɡreɪn] *v.* 把……深深地印在头脑中；渗入

【英】to impress deeply on the mind or nature；instil

ingrate　[ˈɪnɡreɪt] *n.* 忘恩负义者　*adj.* 不知恩的，忘恩的

【英】*n.* an ungrateful person；*adj.* ungrateful

【反】thankful person

【记】联想：in(不) + grate(感激)→不感激的→忘恩负义

inimical**　[ɪˈnɪmɪkl] *adj.* 敌意的

【英】having the disposition of an enemy

【反】friendly，amiable，amicable，amenable

【同】hostile，inimicable，unfriendly

【记】联想：inimi(= enemy 敌人) + -cal(形容词后缀)→敌意的

iniquity　[ɪˈnɪkwəti] *n.* 邪恶，不公正

【英】gross injustice，wickedness

【反】rectitude，disinterestedness，morality，virtue

【同】corruption，debauchery，depravity，vice，sin

【记】形近易混词：inquiry(*n.* 调查)→任何凌驾于人权之上的调查
　　都是不公正的

innate　[ɪˈneɪt] *adj.* 天生的，固有的

【英】not established by conditioning or learning

【同】characteristic，distinctive，essential，inborn，inherent

【记】in(内在)+nate(出生)→出生时带来的；同根词：natality(出
　　生率)

innocuous**　[ɪˈnɒkjuəs] *adj.* (行为，言论等)无害的

【英】producing no injury，harmless

【反】adverse，baleful，baneful，injurious，noxious

【同】benign，harmless，inoffensive

【记】联想：in(否定前缀) + nocuous(= noxious 有毒的)→无毒无
　　害的

innuendo　[ˌɪnjuˈendoʊ] *n.* 影射；暗讽

【英】an indirect (and usually malicious) implication

【同】insinuation，ambiguity，double entendre，inference，intimation

【记】innu (在内) + endo (内部) → 包含在内→暗讽；参考：
　　endogenous(内生的，自发的) insinuate(暗指)

inoculate　[ɪˈnɑːkjuleɪt] *v.* 给……预防接种

【英】inject a weak form of a disease into their body as a way of protecting them against the disease

【反】infect

【同】immunize, vaccinate, inject, protect

【记】in(不)+ocul(萌芽,眼睛)+ate→不让萌芽→预防注射

inordinate   [ɪnˈɔːrdɪnət] *adj.* 过度的,无节制的

【英】beyond normal limits

【反】moderate

【同】excessive, undue, unwarranted, immoderate, unreasonable

【记】in(不)+ordin(正常)→ate→(生活)不正常的,无节制的

inquisitive   [ɪnˈkwɪzətɪv] *adj.* 过分好奇的

【英】inclined to ask questions, especially inordinately or improperly curious about the affairs of others

【反】incurious, uncurious

【同】curious, nosy, prying, snoopy

【记】由 inquiry(*n.* 调查)衍生而来的词汇。

inroad   [ˈɪnroʊd] *n.* 侵袭,袭击

【英】an encroachment or intrusion

【记】in(进入)+road(道路)→侵袭（供参考）

insatiable**   [ɪnˈseɪʃəbl] *adj.* 无法满足的,贪得无厌的

【英】impossible to satisfy

【同】voracious, greedy, avid, ravenous, unquenchable

【记】in(不)+sat(i)(足够的)+iable→不充分的→无法满足的

inscrutable**   [ɪnˈskruːtəbl] *adj.* 不可理解的,不可思议的

【英】of an obscure nature

【反】transparent

【同】enigmatic, unfathomable, mysterious, impenetrable, unreadable

【记】in(不)+scrut(理解)+able→不理解的;同根词:scrutiny(详细阅读)

insidious   [ɪnˈsɪdiəs] *adj.* 潜伏的,暗中为害的

【英】working or spreading in a hidden and usually injurious way

【反】harmless

【同】sinister, treacherous, crafty, sneaky, deceptive

【记】in(里面)+sid(坐)+ious→(祸害)坐在里面的;同根词: assiduous(勤勉的), preside(主持)

insinuate   [ɪnˈsɪnjueɪt] *v.* 暗示;使……潜入

【英】to introduce gradually or in a subtle, indirect, or covert way; to impart or suggest in an artful or indirect way, imply

【同】infiltrate, slip, sneak

【记】词根: sinu(弯曲)→曲折进入→潜入, 参考 sinuous(*adj.* 蜿蜒的, 错综复杂的)

insipid** 　[ɪn'sɪpɪd] *adj.* 平淡的; 难吃的

【英】lacking qualities that excite, stimulate, or interest, dull; lacking taste or savor, tasteless

【反】piquant

【同】banal, inane, tedious, vapid

【记】联想: in(否定前缀) + sip(吸吮) + id→没法吸(吃)的→平淡的; 难吃的

insolent　['ɪnsələnt] *adj.* 粗野的, 无礼的

【英】insultingly contemptuous in speech or conduct, overbearing

【反】courteous, meek, polite, respectful, timid

【同】audacious, brazen, impertinent, impudent

insouciant　[ɪn'suːsiənt] *adj.* 无忧无虑的

【英】lighthearted unconcern

instigate　['ɪnstɪɡeɪt] *v.* 怂恿, 煽动

【英】to goad or urge forward

【反】quell

【同】abet, brew, foment, incite, provoke

【记】联想: in(进入) + sti(≈sit 坐) + gate(大门)→煽动人们去门前静坐示威

instructive　[ɪn'strʌktɪv] *adj.* 增长知识的; 有启发性的

【英】serving to instruct of enlighten or inform

insular**　['ɪnsələr] *adj.* 孤岛的; 孤立的, 狭隘的

【英】of, relating to, or constituting an island; characteristic of an isolated people, especially being, having, or reflecting a narrow provincial viewpoint

【反】catholic, broad-minded, cosmopolitan, receptive, tolerant

【同】narrow, parochial, provincial

【记】形近易混词: insulin(*n.* 胰岛素)

insulate　['ɪnsəleɪt] *v.* 使……绝缘, 使……隔离

【英】to place in a detached situation, isolate, especially to separate from conducting bodies by means of nonconductors so as to prevent transfer of electricity, heat, or sound

【反】expose, desegregate, integrate, reintegrate

【记】insulate, isolate, segregate, separate 都可以表示"分开,分离,隔离"的意思。insulate 指隔开、分离,尤指用某种东西阻挡从里面逃出或从外面进入的东西。作技术用词时,它专指用某种绝缘体隔断通路。isolate 侧重指完全分离、隔开,也指人或物处于完全孤立的状态。segregate 指把一群人或物从整体或主体中分离出来。separate 指一般意义上的分开或隔开。

insulin　['ɪnsəlɪn] *n.* 胰岛素

【英】a substance that most people produce naturally in their body and that controls the level of sugar in their blood

insurgent　[ɪn's3:rdʒənt] *adj.* 叛乱的　*n.* 叛乱分子

【英】*adj.* rising in opposition to civil authority or established leadership; *n.* a person who revolts against civil authority or an established government

【同】rebellious, insurrectionary, mutinous, revolutionary

【记】词根:surge(= rise 升起),参考 surgent(*adj.* 汹涌的)

insurrection　[ˌɪnsə'rekʃn] *n.* 叛乱

【英】violent action that is taken by a large group of people against the rulers of their country, usually in order to remove them from office

intact　[ɪn'tækt] *adj.* 完整的,未受损伤的

【英】not impaired or diminished in any way

intangible　[ɪn'tændʒəbl] *adj.* 说不出的,无形的

【英】something intangible as an asset (as goodwill) that is not corporeal, or as an abstract quality or attribute (as loyalty or creativity)

【反】corporeal, palpable, tactile, tangible, touchable

【同】impalpable, imponderable, inappreciable, indiscernible, invisible

【记】联想:in(否定前缀)+tang(≈ tongue 舌头)+ -ible(能……)→舌头舔不到的→无形的

integral　['ɪntɪɡrəl] *adj.* 完整的,构成整体所必需的

【英】essential to completeness, constituent

【反】adventitious, extraneous, extrinsic, superfluous, redundant

【同】whole, complete, entire, full, perfect

【记】动词形式是 integrate,在数学里是积分的意思,参考 integrating
（结合的,完整的,整合的）

intensify　[ɪnˈtensɪfaɪ] *v.* 加强

【英】to make intense or more intensive,strengthen

【反】abate,assuage,attenuate,moderate

【记】aggravate, heighten, intensify 都可以表示"加剧"的意思。aggravate 指加剧令人不快或困难的形势。heighten 指使某物的某种性质变得不同一般地显著或突出。intensify 指深化或加强事物的本质特征。

intercede　[ˌɪntərˈsiːd] *v.* 仲裁,调解

【英】to intervene between parties to reconciling differences

【同】interfere,intermediate,mediate,interpose

【记】联想:inter(中间) + cede(词根,走)→在双方之间来回走→调解

interdict　[ˈɪntərdɪkt] *v.* 阻断,禁止

【英】to lay under or prohibit by an interdict

【反】authorize,allow,permit

【同】enjoin,forbid,outlaw,prohibit,proscribe

【记】联想:inter(中间) + dict(说)→插话,打断别人的话→阻断

interim　[ˈɪntərɪm] *n.* 中间时期,过渡时期　*adj.* 暂时的

【英】*n.* an intervening time, interval; *adj.* done, made, appointed, or occurring for an interim

【反】permanent,continuation,continuity

interlock　[ˌɪntərˈlɑːk] *v.* (使)连锁;(使)相互扣住

【英】to become locked together or interconnected

【反】independent

【记】联想:inter(中间) + lock(锁)→把中间锁起来→连锁的

interminable　[ɪnˈtɜːrmɪnəbl] *adj.* 无尽头的

【英】having or seeming to have no end,especially wearisomely protracted

【记】联想:in(否定前缀)+terminable(可终止的)→没有终止的→无尽头的

intermittent　[ˌɪntərˈmɪtənt] *adj.* 断断续续的,间歇的

【英】coming and going at intervals,not continuous,occasional

【反】constant

【同】periodic,recurrent

【记】形近易混词：remittent（*adj.* 忽好忽坏的，忽轻忽重的）

interregnum [ˌɪntəˈreɡnəm] *n.* 过渡期政府或统治

【英】the time during which a throne is vacant between two successive reigns or regimes

【反】continuation, continuity

【记】词根：reg(统治)，参考 reign（*v.* 统治）

interrogate [ɪnˈterəɡeɪt] *v.* 质问，讯问，审问

【英】to question formally and systematically

【反】answer, reply, respond

【同】catechize, grill, inquire, query, question

【记】联想：inter（在里面）＋ rog（问）＋ -ate（动词后缀）→在小黑屋里问话→审讯

intimate * [ˈɪntɪmət] *adj.* 亲密的　*n.* 密友　*v.* 宣布

【英】*adj.* marked by very close association, contact, or familiarity; *n.* a very close friend or confidant; *v.* to make known especially publicly or formally, announce

【反】distant

【同】acquaintance, confidant, familiar

【记】联想：in（在里面）＋ timate（≈ teammate 队友）→队友之间的关系→亲密的

intimidate [ɪnˈtɪmɪdeɪt] *v.* 威逼，胁迫

【英】to make timid or fearful, frighten, especially to compel or deter by or as if by threats

【记】bulldoze, bully, intimidate 都可以表示"威逼"的意思。bulldoze 指用威胁或恐吓来压服对方的反抗。bully 指盛气凌人地欺负弱者。intimidate 指显示武力或提出要使用武力的恐吓方式使对方感到恐惧而随后表示屈服。

intoxicant [ɪnˈtɑːksɪkənt] *n.* 使……醉的东西

【英】an agent that makes people to excite or stupefy by alcohol or a drug especially to the point where physical and mental control is markedly diminished

【记】词根：tox(毒)→喝醉是酒精中毒的表现

intransigent [ɪnˈtrænzɪdʒənt] *adj.* 不妥协的，固执的

【英】characterized by refusal to compromise or to abandon an extreme position or attitude, uncompromising

【反】open to compromise, pliant, tractable

【同】obstinate, incompliant, tough, stubborn, willful

intrepid ** 　[ɪn'trepɪd] *adj.* 无畏的, 刚毅的

【英】characterized by resolute fearlessness, fortitude, and endurance

【反】apprehensive, coward, craven, pusillanimous, timorous

【同】bold, courageous, dauntless, gallant, valiant

【记】词根:trep(害怕), 参考 trepidation(*n.* 害怕, 颤抖)

intricate 　['ɪntrɪkət] *adj.* 错综复杂的

【英】having many complexly arranged elements; elaborate

intrigue 　[ɪn'triːg] *v.* 激起……的兴趣;用诡计取得

【英】to arouse the interest, desire, or curiosity of; cheat, trick

【反】pall

【同】conspiracy, machination, scheme, plot

【记】词根:trigue(=trigger 引起)→引起兴趣

introspective 　[ˌɪntrə'spektɪv] *adj.* 内省的, 反省的

【英】given to examining own sensory and perceptual experiences

intrusion 　[ɪn'truːʒn] *n.* 侵入, 闯入

【英】entrance by force or without permission or welcome

intuitive 　[ɪn'tuːɪtɪv] *adj.* 直觉的

【英】known or perceived by intuition, directly apprehended

inundate ** 　['ɪnʌndeɪt] *v.* 淹没

【英】to cover with a flood, overflow

【反】drain

【同】deluge, overflow, overwhelm, submerge, whelm

【记】词根:unda(=wave 波浪)→在波浪之中→淹没, 参考 undulate
　　　(*v.* 波动, 起伏)

inure 　[ɪ'njʊr] *v.* 使……习惯

【英】to accustom to accept something undesirable

【同】accustom, familiarize, habituate, indurate, wont

【记】形近易混词:insure(*v.* 投保险)

invective 　[ɪn'vektɪv] *n.* 谩骂　*adj.* 谩骂的

【英】*n.* an abusive expression or speech; *adj.* of, relating to, or
　　　characterized by insult or abuse

【反】flatter

【同】abusive, contumelious, opprobrious, scurrile

inveigle　[ɪnˈveɪgl] *v.* 诱骗,诱使

【英】to acquire by ingenuity or flattery, wangle

【反】request directly, openly seek to persuades

【同】allure, bait, decoy, entice, entrap

invert *　[ɪnˈvɜːrt] *v.* 反转,颠倒

【英】to turn inside out or upside down

inveterate ** 　[ɪnˈvetərət] *adj.* 根深蒂固的;习惯的

【英】firmly established by long persistence; persisting in an ingrained habit

【反】uninitiated, one-time

【同】confirmed, entrenched, irradicable, settled, sworn

【记】形近易混词:invertebrate(*n.* 无脊椎动物)

invidious　[ɪnˈvɪdiəs] *adj.* 容易引起不满的,招人嫉妒的

【英】tending to cause discontent, animosity, or envy

【反】beneficial

【同】calumnious, covetous, defamatory, detracting, envious

【记】形近易混词:insidious(*adj.* 阴险狡猾的)→阴险狡猾的性格容易引起别人的不满

invigorate　[ɪnˈvɪgəreɪt] *v.* 使……有活力,激励

【英】to give life and energy to animate

【反】damp, debilitate, demoralize, emaciate, sap

【同】brace, energize, enliven, stimulate, vitalize

【记】由 vigor(*n.* 活力)衍生而来的词汇。

invoke ** 　[ɪnˈvouk] *v.* 恳求;调用(程序等),实施

【英】to call for earnestly, solicit; to resort to, use or apply

【反】suspend

【同】catalyze, effectuate, prompt, spawn, yield

【记】联想:in-(进入) + voke(词根,声音)→进入出声的阶段→开始说话→恳求

irascible ** 　[ɪˈræsəbl] *adj.* 易发怒的

【英】marked by hot temper and easily provoked anger

【反】affable

【同】choleric, cranky, ireful, passionate, touchy

【记】形近易混词:erasable(*adj.* 可消除的)

irate　[aɪˈreɪt] *adj.* 发怒的,生气的

【英】arising from anger

【反】delighted, pleased

【同】angry, choleric, ireful, mad, wrathful

【记】联想: I + rate(愤怒)→我怒了→发怒的

itinerate　[ɪ'tɪnəˌreɪt] *n.* 巡回; 巡回传教

【英】to travel from place to place, as for work

jargon　['dʒɑːrgən] *n.* 行话

【英】specialized or technical language of a trade, profession, similar group

【同】argot, cant, dialect, terminology, slang

【记】形近易混词: dragon(*n.* 龙)

jarring　['dʒɑːrɪŋ] *adj.* 刺耳的

【英】a jarring noise is unpleasant and starts suddenly and unexpectedly

【反】melodious

【同】harsh, grating, rasping, raucous, strident

【记】由 jar(*n.* 罐子; 刺耳的声音)衍生而来的词汇。

jejune　[dʒɪ'dʒuːn] *adj.* 空洞的; 不成熟的

【英】not interesting, dull; lacking maturity, childish

【反】absorbing, engaging, engrossing, gripping, riveting

【同】arid, humdrum, jading, pedestrian, weary

【记】形近易混词: juvenile(*adj.* 不成熟的)

待实现的梦想

by 后半夜的暖调

有些孤独，有些痛苦，没有经历过 GRE，没有为这个考试拼尽一切的人不会懂，可正因为我们经历过别人没有经历过的痛苦，也必将收获别人收获不到的成功。毕竟只活一次，我们有什么理由不为梦想拼尽全力？

我会把备考期间常听的歌曲上传到网盘上，希望这些曾经陪伴我、感动我、激励我的歌曲也能让你在 GRE 的备考路上走得更坚定。

在校内看到一首小诗，很喜欢，就作为结语吧。

有时候阳光很好，

有时候阳光很暗，

可这就是生活。

有的梦想很小，

有的梦想很大。

但它总能带你走到更远的地方。

有时梦想很近，

有时梦想很远，

可总有一天，梦想会成真。

List 14

- jeopardize
- jettison
- jovial
- jubilant
- judicial
- judicious
- jurisdiction
- juvenile
- juxtapose
- kaleidoscope
- kidney
- kinetic
- kudos
- labile
- labyrinth
- lackadaisical
- lackey
- lackluster
- laconic
- lactic
- lampoon
- landlocked
- languid
- languor
- lassitude
- latent
- lavish
- lax
- legion
- legislate
- lesion
- lethal
- lethargic
- levelheaded
- levy
- libertine
- ligament
- limpid
- lipid
- lithium
- lode
- loquacious
- lucid
- ludicrous
- lugubrious
- lukewarm
- lump
- lunatic
- lurch
- lurid
- lurk
- magnanimous
- magnate
- magnitude
- malfeasance
- malign
- malinger
- malleable
- malodor
- mandatory
- mangle
- mania
- mar
- martinet
- mawkish
- meager

List 14

jeopardize ['dʒepərdaɪz] *v.* 损害；危及
【英】to pose a threat to；present a danger to

jettison** ['dʒetɪsn] *v.* 丢弃
【英】to get rid of as superfluous or encumbering
【反】retain
【同】discard，dispose，remove
【记】由 jet(*v.* 喷射，喷出)衍生而来的词汇。

jovial ['dʒouviəl] *adj.* 快活的
【英】markedly good-humored，especially as evidenced by jollity and conviviality
【反】lugubrious，maudlin，morose，mournful，saturnine
【同】blithe，jocund，lighthearted，merry，mirthful
【记】形近易混词：jocular(*adj.* 诙谐的)

jubilant ['dʒu:bɪlənt] *adj.* (因成功而)欢腾的，喜悦的
【英】extremely happy and pleased because of a success
【反】dolorous
【同】exultant，triumphant，rejoicing

judicial [dʒu'dɪʃl] *adj.* 司法的，审判的
【英】relating to the legal system and to judgments made in a court of law

judicious [dʒu'dɪʃəs] *adj.* 明智的
【英】having，exercising，or characterized by sound judgment
【反】daft，imprudent，injudicious，indiscretion，unwise
【同】prudent，sage，sane，sapient，sensible
【记】联想：judici(词根，judge)＋ -ous(形容词后缀)→判断准确的→明智的

jurisdiction [,dʒurɪs'dɪkʃn] *n.* 司法权；管辖范围
【英】(law) the right and power to interpret and apply the law；the territory within which power can be exercised

juvenile ['dʒu:vənaɪl] *n.* 青少年

【英】a child or young person who is not yet old enough to be regarded as an adult

juxtapose**　[ˌdʒʌkstəˈpouz] *v.* 并列,并置

【英】to place (different things) side by side (as to compare them or contrast them or to create an interesting effect)

【同】counterpose

kaleidoscope　[kəˈlaɪdəskoup] *n.* 万花筒

【英】an optical toy in a tube which produces symmetrical patterns as bits of colored glass are reflected by mirrors

kidney　[ˈkɪdni] *n.* 肾脏,腰子

【英】the organs in your body that take waste matter from your blood and send it out of your body as urine

kinetic　[kɪˈnetɪk] *adj.* 动力的

【英】of or produced by movement

【同】animated, bouncing, energetic, frisky, jaunty, jazzy, mettlesome, vivacious

kudos　[ˈkuːdɑːs] *n.* 荣誉,认可

【英】admiration or recognition that someone or something gets as a result of a particular action or achievement

【同】inactive, inanimate, lackadaisical, languid

labile　[ˈlebɪl] *adj.* 易变的,不稳定的

【英】likely to change, unstable

【反】stable

【记】形近易混词:liable(*adj.* 有义务的)

labyrinth　[ˈlæbərɪnθ] *n.* 迷宫;难解的事物

【英】maze; something extremely complex or tortuous in structure, arrangement, or character, intricacy, perplexity

【记】来自拉比林特斯迷宫——希腊神话中,克里特岛王 Minos 为了监禁怪物 Minotaur(人身牛头怪物,由公牛和克里特岛国王 Minos 的妻子结合所生)而令 Daedalus 建造的迷宫。

lackadaisical　[ˌlækəˈdeɪzɪkl] *adj.* 怠惰的,不热衷的

【英】rather lazy and do not show much interest or enthusiasm

lackey　[ˈlæki] *n.* 唯命是从之徒,应声虫

【英】a person who tries to please someone in order to gain a personal advantage

lackluster 〔ˈlæk͵lʌstə(r)〕 *adj.* 暗淡的,无生气的

【英】lacking in sheen, brilliance, or vitality, dull, mediocre

【反】radiant

【记】组合词:lack(缺少) + luster(光泽)→缺少光泽,暗淡

laconic＊＊ 〔ləˈkɑːnɪk〕 *adj.* (用字)简洁的

【英】using or involving the use of a minimum of words, concise to the point of seeming rude or mysterious

【反】circuitous, diffuse, prolix, rambling

【同】aphoristic, brief, concise

【记】来自拉哥尼亚(古地区名),今希腊伯罗奔尼撒半岛东南部,东临爱琴海,南濒地中海。拉哥尼亚的人民以说话简洁而闻名。

lactic 〔ˈlæktɪk〕 *adj.* 乳汁的,来自乳汁的

【英】relating to or derived from milk

lampoon 〔læmˈpuːn〕 *n.* 讽刺文章 *v.* 讽刺

【英】*n.* a broad satirical piece that uses ridicule to attack a person, a group, or an institution; *v.* to publicly satirize or ridicule

【反】paean

【同】satire, pasquinade

【记】联想:lamp(灯) + oon(≈ moon 月亮)→如果月亮的光辉是满分,那么你的表现差不多是一只灯泡的水平→讽刺

landlocked 〔ˈlændlɑːkt〕 *adj.* 陆围的;陆地环绕的

【英】surrounded entirely or almost entirely by land

languid 〔ˈlæŋgwɪd〕 *adj.* 没精打采的,怠倦的

【英】drooping from exhaustion, weak

【反】ambitious, animated, energetic, enterprising, motivated

【同】enervated, lackadaisical, languorous, vehement, vivacious

【记】谐音:懒鬼的

languor 〔ˈlæŋgə(r)〕 *n.* 衰弱无力

【英】listless indolence or inertia

【反】vigor, vim, vitality, vivacity

【同】lethargy, lassitude, slumber, stupor, torpor

【记】谐音:懒哥

lassitude 〔ˈlæsɪtuːd〕 *n.* 乏力,没精打采

【英】a condition of weariness or debility

【反】animation,ebullience,vim,vitality

【同】exhaustion,frazzle,fatigue,prostration,weariness

【记】形近易混词:latitude(*n.* 维度)

latent　['leɪtnt] *adj.* 潜伏的,隐藏的

【英】present and hidden,and may develop more noticeable in the future

【反】employed,functioning,living,manifest,operating

【记】latent,potential 都可以表示"潜在的"的意思。latent 指存在但看不见的现象或潜在的性质。potential 强调潜在的可能性或能力。

lavish *　['lævɪʃ] *adj.* 浪费的,过度的　*v.* 浪费

【英】*adj.* expended or produced in abundance;*v.* to expend or bestow with profusion

【反】hoard,lavish,modest,prosperous,stint

【同】exuberant,lush,luxuriant,opulent,prodigal

【记】形近易混词:ravish(*v.* 掠夺)

lax　[læks] *adj.* 松懈的;不严格的

【英】not careful or strict about maintaining high standards

legion　['li:dʒən] *n.* 兵团;众多,大量

【英】a large military unit trained for combat,an army;a very large number,multitude

【反】lack in number

【同】array,battalion,host,army

legislate　['ledʒɪsleɪt] *v.* 立法,制定法律

【英】to make laws,bills,etc. or bring into effect by legislation

lesion　['li:ʒn] *n.* 损伤,伤口

【英】an injury or wound to someone's body

lethal　['li:θl] *adj.* 致命的

【英】capable of causing death

【反】healthy,nonfatal,nonlethal,wholesome

【同】baleful,deadly,fatal,mortal,vital

【记】谐音:离骚→被楚怀王抛弃,对于屈原来说是致命的打击

lethargic **　[lə'θɑːrdʒɪk] *adj.* 昏睡的,没精打采的

【英】of,relating to,or characterized by laziness or lack of energy, feeling or affected by lethargy,sluggish

【反】vigor

【同】languor, lassitude, slumber, torpidity, torpor

levelheaded ［'levəl'hedɪd］ *adj.* 明智的, 有判断力的

【英】having sound judgment, sensible

【反】groundless, foolish, illogical, invalid, uninformed

【同】commonsense, informed

【记】联想: level(水平) + head(脑袋) + -ed(形容词后缀)→脑袋有水平的→明智的

levy * ［'levi］ *n.* 税款　*v.* 征收

【英】*n.* a sum of money that you have to pay, for example, as a tax to the government; to impose and collect

libertine ［'lɪbərtiːn］ *n.* 放荡不羁者

【英】a person who is unrestrained by convention or morality, specifically one leading a dissolute life

【反】ascetic

【同】debauchee, decadent

【记】形近易混词: librarian(*n.* 图书管理员)

ligament ［'lɪɡəmənt］ *n.* 韧带

【英】a band of strong tissue in a person's body which connects bones

limpid ［'lɪmpɪd］ *adj.* 透明的, 清澈的

【英】marked by transparency

【反】murky, unclear, turbid, cloudy, opaque

【同】crystal, liquid, lucent, pellucid, transparent

lipid ［'lɪpɪd］ *n.* 脂质; 油脂

【英】an oily organic compound insoluble in water but soluble in organic solvents; essential structural component of living cells (along with proteins and carbohydrates)

lithium ［'lɪθiəm］ *n.* 锂

【英】a soft silver-white metal; the lightest metal known; occurs in several minerals

lode ［ləʊd］ *n.* 矿脉

【英】metal in the ground or in rocks

【记】形近易混词: load(*v.* 加载)

loquacious ［lə'kweɪʃəs］ *adj.* 多嘴的; 饶舌的

【英】very talkative; garrulous

【反】closemouthed, laconic, taciturn, reticent

【同】chatty,gabby

【记】词根:loqu(说),参考 grandiloquent(*adj.* 夸大的)

lucid *
['lu:sɪd] *adj.* 明晰易懂的

【英】clear to the understanding,intelligible

【反】murky,vague,obfuscated

【记】形近易混词:lucent(*adj.* 透明的)

ludicrous **
['lu:dɪkrəs] *adj.* 荒谬的

【英】unreasonable,that you cannot take seriously

【同】incongruous

lugubrious
[lə'gu:brɪəs] *adj.* 悲哀的(尤指装出来的)

【英】mournful,especially exaggeratedly or affectedly mournful

【反】bright,cheerfulness,facetious,festive,jovial

【同】dire,dismal,morbid,morose,saturnine

lukewarm **
[ˌlu:k'wɔ:rm] *adj.* 微温的;不感兴趣的,不热情的

【英】only slightly warm;not showing much enthusiasm or interest

lump
[lʌmp] *n.* 块,肿块　*v.* 结块,成团;容忍,忍耐

【英】*n.* a solid piece;a small,hard swelling that has been caused by an injury or an illness;*v.* to put together indiscriminately;to tolerate or put up with,endure

lunatic
['lu:nətɪk] *n.* 疯子　*adj.* 疯狂的,极端愚蠢的

【英】*n.* a reckless impetuous irresponsible person;*adj.* very foolish and possibly dangerous

lurch
[lɜ:rtʃ] *v.* 蹒跚而行

【英】to make a sudden,unsteady movement forward or sideways

【同】prowl

【反】progress smoothly

【记】形近易混词:lunch(*n.* 午餐)→中午吃多了→蹒跚而行

lurid
['lʊrɪd] *adj.* 耸人听闻的;华丽艳俗的

【英】horrible in fierceness or savagery;very brightly coloured

lurk
[lɜ:rk] *v.* 潜藏,潜伏

【英】to lie in wait in a place of concealment especially for an evil purpose

【反】appear

【同】creep,pussyfoot,skulk,sneak

【记】形近易混词:luck(*n.* 运气)→潜伏是需要运气的

magnanimous** [mæɡ'nænɪməs] *adj.* 宽宏大量的

【英】generous and understanding and tolerant

magnate ['mæɡneɪt] *n.* 巨头,大亨

【英】someone who has earned a lot of money from a particular business or industry

magnitude** ['mæɡnɪtuːd] *n.* 大小,量级;重要性

【英】the property of relative size or extent (whether large or small); relative importance

malfeasance [,mæl'fiːzəns] *n.* 渎职,违法行为

【英】a wrongful or illegal act, esp by a public official

malign* [mə'laɪn] *adj.* 有恶意的 *v.* 诽谤

【英】*adj.* evil in nature, influence, or effect, injurious; *v.* to utter injuriously misleading or false reports about, speak evil of

【反】benevolent, benign, benignant, extol, laud

【同】cruel, despiteful, malevolent, malicious, vilify

malinger [mə'lɪŋɡər] *v.* 假装不适以逃避工作

【英】to pretend incapacity as illness to avoid duty or work

【记】联想:mal(词根,坏) + linger(徘徊逗留,消磨时间)→逃避工作是一种很不好的消磨时间的方法

malleable ['mæliəbl] *adj.* 可塑的,易改变的

【英】capable of being altered or controlled by outside forces

【反】established, fixed, hard to shape, immutable, inflexible

【同】adaptable, ductile, plastic, pliable, supple

【记】形近易混词:moldable(*adj.* 可塑的)

malodor [mæ'ləʊdə] *n.* 恶臭

【英】an offensive odor

【记】联想:mal(词根,坏) + odor(气味)→不好的气味→恶臭

mandatory ['mændətɔːri] *adj.* 命令的,强制的

【英】required by a law or rule

【反】discretionary, elective, optional, voluntary

【同】compulsory, imperative, imperious, obligatory, required

mangle ['mæŋɡl] *v.* 破坏,毁损

【英】to spoil, injure, or make incoherent especially through ineptitude

【记】谐音:芒果→芒果容易被碰坏

mania	[ˈmeɪnɪə] *n.* 狂躁,狂热
	【英】excessive or unreasonable enthusiasm
	【反】mind,saneness,sanity
	【同】aberration,dementia,derangement,madness,insanity
	【记】联想：man(男人) + -ia(表示某种病的后缀)→大部分青年男子的通病→狂躁不淡定
mar	[mɑːr] *v.* 损坏,破坏
	【英】to detract from the perfection or wholeness of
	【反】fix,mend,rebuild,reconstruct,revamp
	【同】taint,spoil,stain,tarnish,vitiate
	【记】来自：Mars(战神)
martinet	[ˌmɑːrtnˈet] *n.* 纪律严明之人
	【英】a strict disciplinarian
	【反】indulgent person,individual
	【记】形近易混词：martini(*n.* 马提尼酒,很有名的酒,在西方多作为开胃酒在饭前饮用)→martinet 很少喝 martini
mawkish	[ˈmɔːkɪʃ] *adj.* 令人作呕的;幼稚可笑的,多愁善感的
	【英】lacking flavor or having an unpleasant taste; exaggeratedly or childishly emotional
meager	[ˈmiːɡər] *adj.* 贫乏的,稀少的
	【英】deficient in quality or quantity
	【反】amplitude,liberal
	【记】联想：m(没) + eager(热情的)→生活状态很麻木,没激情→贫乏的

The Most Important History

by Grey's Anatomy

Some people believe that, without history, our lives amount to nothing.

Some point, we all have to choose.

Do we fall back what we know, or, do we step forward to something new.

It's hard not to be hunted by our past.

Our history is what shapes us, and what guides us.

Our history resurfaces time after time after time.

So we have to remember

sometimes the most important history, is the history we are making today.

List 15

- meddle
- megalomaniac
- mellifluous
- melodrama
- memento
- mendacious
- menial
- mercenary
- meretricious
- meson
- metaphor
- metaphysical
- meteorite
- meticulous
- metrical
- milieu
- minuscule
- mirth
- miscellany
- misgive
- misnomer
- misogyny
- mite
- mitigate
- mob
- mockery
- modicum
- modulate
- mollify
- molt
- momentous
- monarchy
- monogamy
- monotone
- monsoon
- moralistic
- morass
- moratorium
- morbid
- mordant
- morphology
- murky
- mutate
- mutiny
- naivete
- narrative
- nebula
- negligible
- neophyte
- nepotism
- nettle
- nimbus
- nonchalant
- nonplus
- nostalgia
- notation
- noxious
- nuance
- nullify
- obdurate
- obfuscate
- oblige
- oblique
- oblivious
- obscure
- obsequious

List 15

meddle　['medl] *v.* 干涉, 管闲事

【英】to interest oneself in what is not one's concern, to interfere without right or propriety

【记】interfere, intervene, meddle 都可以表示"干涉, 干预"的意思。interfere 侧重指无权或未获允许而妨碍、阻挠、干涉他人之事。intervene 书面用词, 既指介入争端, 进行调停, 也指干涉他人之事。meddle 指干预与自己毫不相关的事或不属于自己职责范围的事, 隐含未经许可或授权, 可与 interfere 换用。

megalomaniac　[ˌmegələ'meɪniæk] *n.* 妄自尊大

【英】a delusional mental illness that is marked by feelings of personal omnipotence and grandeur

mellifluous　[me'lɪfluəs] *adj.* 曲调优美的

【英】having a smooth rich flow

【反】cacophonous, raspy

【同】euphonious, golden, lyrical, mellifluent, melodious

【记】联想: melli (词根, 蜜) + i + fluous (=flow 流)→像蜜一样流出来→曲调优美的

melodrama**　['melədrɑ:mə] *n.* 情节剧

【英】a work as a movie or play characterized by extravagant theatricality and by the predominance of plot and physical action over characterization

【记】词根: melo (歌), 参考 melody (*n.* 美妙的音乐)

memento　[mə'mentoʊ] *n.* 纪念物, 纪念品

【英】a reminder of past events

mendacious　[men'deɪʃəs] *adj.* 虚假的, 说谎的

【英】given to or characterized by deception or falsehood or divergence from absolute truth

【反】honest, veracious

【同】deceitful, knavish, lying, untruthful

【记】联想: mend (修理) + -acious (形容词后缀)→说谎很累的, 一句谎要用一百句去圆→说谎的

menial	['miːniəl] *adj.* 卑微的　*n.* 仆人，佣工
	【英】*adj.* used of unskilled work（especially household work）；*n.* a household servant
mercenary**	['mɜːrsəneri] *adj.* 唯利是图的　*n.* 雇佣兵
	【英】*adj.* serving merely for pay or sordid advantage；*n.* a soldier hired into foreign service
	【同】avaricious，avid，coveting，covetous，rapacious
	【记】形近易混词：mercy（*adj.* 仁慈的）→向唯利是图的人乞求仁慈很难。
meretricious	[ˌmerə'trɪʃəs] *adj.* 华而不实的，俗艳的
	【英】seeming attractive，but in fact having no real value
	【记】联想：mere（只有）+ tric（≈trick 诡计）+ -ious（形容词后缀）→只有小聪明的→华而不实的
meson	['mezɑːn] *n.* 介子
	【英】an elementary particle responsible for the forces in the atomic nucleus；a hadron with a baryon number of 0
metaphor	['metəfər] *n.* 隐喻，暗喻
	【英】a figure of speech in which a word or phrase literally denoting one kind of object or idea is used in place of another to suggest a likeness or analogy between them
	【同】conceit
metaphysical	[ˌmetə'fɪzɪkl] *adj.* 玄学的，形而上学的
	【英】relating to metaphysics
meteorite	['miːtiəraɪt] *n.* 陨石，流星
	【英】stony or metallic object that is the remains of a meteoroid that has reached the earth's surface
meticulous*	[mə'tɪkjələs] *adj.* 非常仔细的，细心的
	【英】marked by extreme or excessive care in the consideration or treatment of details
	【反】careless
	【同】conscientious，fussy，punctilious，punctual，scrupulous
metrical	['metrɪkl] *adj.* 韵律的；度量的
	【英】of，relating to，or composed in poetic meter；of or relating to measurement
	【反】arrhythmic，unmeasured

【同】cadenced, cadent, measured, rhythmic

milieu [mɪlˈjuː] *n.* 环境,周围;出身背景

【英】the group of people or activities that you live among or are familiar with

minuscule [ˈmɪnəskjuːl] *adj.* 极小的

【英】very small

mirth ** [mɜːrθ] *n.* 欢乐,欢笑

【英】gladness or gaiety as shown by or accompanied with laughter

【同】cheer, festivity, hilarity, jocundity, mirthfulness

【记】谐音:没事→"没出什么事吧?""没事"→有惊无险,当然很欢乐

miscellany [ˈmɪsəleɪni] *n.* 混合物,大杂烩

【英】collection or group of many different kinds of things

misgive [mɪsˈgɪv] *v.* 使害怕,使怀疑

【英】to make or be apprehensive or suspicious

misnomer ** [ˌmɪsˈnoʊmər] *n.* 误称,用词不当

【英】an incorrect or unsuitable name

misogyny [mɪˈsɑːdʒɪni] *n.* 厌女症

【英】a strong dislike of women

mite [maɪt] *n.* 微生物,螨虫;极小的量

【英】any of numerous small acarid arachnids that often infest animals, plants, and stored foods and include important disease vectors; a very little

mitigate * [ˈmɪtɪgeɪt] *v.* 减轻,使缓和

【英】to cause to become less harsh or hostile

【反】exacerbate

【同】allay, alleviate, assuage, mollify, relieve

【记】形近易混词:militate(*v.* 有影响)

mob [mɒb] *n.* 一大群乱民;犯罪团伙 *v.* 成群围住

【英】*n.* a large, disorganized, and often violent crowd of people; people involved in organized crime; *v.* to press tightly together or cram

mockery [ˈmɑːkəri] *n.* 嘲弄

【英】insulting or contemptuous action or speech

【同】burlesque, caricature, farce, travesty

【记】由 mock(*v.* 嘲笑)衍生而来的词汇。

modicum　　['mɑ:dɪkəm] *n.* 少量

【英】a small portion, a limited quantity

【反】large amount

【同】atom, minim, ounce, scrap

【记】形近易混词:medium(*adj.* 中等的)

modulate　　['mɑ:dʒəleɪt] *v.* 调节(音量、音高、音调等);调整,改变

【英】vary the pitch of one's speech; fix or adjust the time, amount, degree, or rate of

mollify**　　['mɑ:lɪfaɪ] *v.* 平息,缓和

【英】to soothe in temper or disposition, appease

【反】antagonize, discomfit, exasperate, pique, vex

【记】形近易混词:modify(*v.* 修改)

molt　　[moult] *v.* 脱毛,换皮　*n.* 脱毛,换皮

【英】*v.* to shed hair, feathers, shell, horns, or an outer layer periodically; *n.* the act or process of molting

【反】fledging

【同】exfoliate, shed, slip, slough

【记】形近易混词:melt(*v.* 融化)

momentous*　　[mou'mentəs] *adj.* 极重要的

【英】very important

【反】inconsequential, inconsiderable, insignificant, negligible, trivial

【记】important, momentous, significant 都可以表示"重要的,重大的"的意思。important 指有权威、有影响的人或值得注意的、有价值的事物。momentous 指极其重要的。significant 指某事物由于特别优秀或特别有意义而显得重要与突出。

monarchy　　['mɒnəki] *n.* 君主制;王室;君主国

【英】a system in which a country has a monarch; the monarch and his or her family; a country that has a monarch

monogamy　　[mə'nɑ:gəmi] *n.* 一夫一妻制

【英】having only one spouse at a time

monotone*　　['mɑ:nətoun] *adj.* 单调的

【英】monotonic

【反】piebald, vociferous

【同】humdrum, monotony, sameness

monsoon　[ˌmɑːn'suːn] *n.* （南亚地区的）雨季

【英】the season in Southern Asia when there is a lot of very heavy rain

moralistic＊＊　[ˌmɔːrə'lɪstɪk] *adj.* 说教的，道学的

【英】narrowly and conventionally moral

morass　[mə'ræs] *n.* 沼泽；困境

【英】a soft wet area of low-lying land that sinks underfoot；a situation that traps，confuses，or impedes

moratorium　[ˌmɔːrə'tɔːriəm] *n.* 延期，暂缓施行

【英】a suspension of an ongoing or planned activity

【反】continuance，continuation

【同】abeyance，doldrums，dormancy，quiescence

morbid　['mɔːrbɪd] *adj.* 疾病的，病态的

【英】of，relating to，or characteristic of disease

【反】cheerful，hale，salubrious，wholesome

【同】dismal，miserable，gloomy，morose，murky

【记】谐音：毛病的

mordant　['mɔːrdnt] *adj.* 讥讽的，尖酸的

【英】biting and caustic in thought，manner，or style，incisive

【反】genial

【同】acerbic，caustic，scathing，trenchant，pungent

【记】形近易混词：modern（*adj.* 现代的，时髦的）

morphology　[mɔːr'fɑːlədʒi] *n.* 构词法；形态学

【英】the way words are constructed with stems，prefixes，and suffixes；the branch of biology that deals with the structure of animals and plants

murky　['mɜːrki] *adj.* 模糊不清的，昏暗模糊的

【英】characterized by a heavy dimness or obscurity caused by or like that caused by overhanging fog or smoke；darkly vague or obscure

【反】limpid，pellucid，illuminated，lucent，luminous

【同】darkened，dim，gloomy，obscure，stygian

【记】形近易混词：turkey（*n.* 火鸡）

mutate　['mjuːteɪt] *v.* 改变

【英】to cause to undergo change；to change

【反】plateau，remain the same，stabilize

【同】commute，metamorphose，transfigure，transform，transmute

mutiny

【记】形近易混词：mature（*adj.* 成熟的）

[ˈmjuːtəni] *n.* 造反，哗变

【英】forcible or passive resistance to lawful authority, especially concerted revolt (as of a naval crew) against discipline or a superior officer

【同】insurgence, insurgency, rebellion, revolt, uprising

naivete

[naːˈiːvtei] *n.* 天真，质朴

【英】lack of sophistication or worldliness

narrative

[ˈnærətɪv] *n.* 故事，叙事

【英】a story or an account of a series of events

nebula

[ˈnebjələ] *n.* 星云

【英】a cloud of dust and gas in space

negligible**

[ˈneglɪdʒəbl] *adj.* 可以忽略的，微不足道的

【英】so small or unimportant or of so little consequence as to warrant little or no attention, trifling

【反】consequential, considerable, important, material, significant

【记】marginal, minimal, minor, negligible 都可以表示"不重要的，次要的"的意思。marginal 指处于边缘，幅度、范围小，故价值或重要性不大。minimal 指最少、最低或最小。minor 多指与别的比较后显得不重要，或指较少、较小。negligible 指数量小，不重要，微不足道或可忽略不计。

neophyte

[ˈniːəfaɪt] *n.* 初学者，新的信徒

【英】a beginner or novice, a new convert

【反】old hand, old-timer, vet, veteran

【同】convert, proselyte

nepotism

[ˈnepətɪzəm] *n.* 裙带关系，任人唯亲

【英】favoritism as in appointment to a job based on kinship

【记】词根：nepo（子侄，子孙），参考 nephew（*n.* 侄子，外甥）

nettle

[ˈnetl] *v.* 惹火，激怒

【英】to make sb. slightly angry

【反】conciliate, mollify

【同】irk, peeve, rile, spite, vex, irritate

【记】形近易混词：mettle（*n.* 气质），settle（*v.* 安置）

nimbus

[ˈnɪmbəs] *n.* 雨云

【英】a large grey cloud that brings rain or snow

nonchalant

[ˌnɑːnʃəˈlɑːnt] *adj.* 冷漠的，冷淡的

【英】having an air of easy unconcern or indifference

【反】concerned, interested

【同】disinterested, insensible, insouciant perfunctory, pococurante

nonplus ** [nɒnˈplʌs] *v.* 使……困惑

【英】to cause to be at a loss as to what to say, think, or do

【同】confound, discomfit, disconcert, perplex

【记】联想:non(没有) + plus(加)→吃货有时会困惑为什么吃不进东西了,因为他们的脑子里没有胃被填满的概念

nostalgia [nɒˈstældʒə] *n.* 思乡病;恋旧,怀旧

【英】the state of being homesick, homesickness; a wistful or excessively sentimental yearning for return to or of some past period or irrecoverable condition

【记】联想:nost(词根,家) + alg(词根,痛) + -ia(表示某种病的后缀)→想家想到心痛的病→思乡病

notation [noʊˈteɪʃn] *n.* 符号

【英】a set of written symbols that are used to represent something such as music or mathematics

noxious [ˈnɒkʃəs] *adj.* 有害的,有毒的

【英】physically harmful or destructive to living beings

【反】beneficial, healthful, healthy, salubrious

【同】insalubrious, noisome, sickly, unhealthy, unwholesome

【记】形近易混词:obnoxious(*adj.* 讨厌的)

nuance [ˈnuːɑːns] *n.* 细微的差异

【英】a subtle distinction or variation

【反】lack of subtlety, patent difference, sharp distinction

【记】形近易混词:ounce(*n.* 盎司)

nullify [ˈnʌlɪfaɪ] *v.* 使……无效,废除

【英】to make nul, especially, to make legally null and void

【同】abate, abrogate, abolish, null

【记】形近易混词:nullity(*n.* 无效)

obdurate ** [ˈɑːbdərət] *adj.* 固执的;冷酷的

【英】stubbornly persistent in wrongdoing; hardened in feelings

【反】amenable, complaisant, flexible, pliable

【同】callous, indurate, insensate, remorseless, unsympathetic

【记】词根:dur(硬),参考,endure(*v.* 忍耐)

obfuscate

['ɑ:bfʌskeɪt] *v.* 使……困惑

【英】to make so confused or opaque as to be difficult to perceive or undertand

【反】clarify,demystify,elucidate,illuminate

【同】dim,gloom,obscure

【记】联想:ob(强调)+ fusc(=dark 黑暗)+ -ate(动词后缀)→用黑暗禁锢→迷惑,困惑

oblige

[ə'blaɪdʒ] *v.* 迫使;帮助

【英】force or compel somebody to do something;provide a service or favor for someone

oblique

[ə'bli:k] *adj.* 倾斜的;间接的

【英】having the axis not perpendicular to the base;not straightforward, indirect,also,obscure

【反】direct,even,level,straight

【同】askew,crooked,lopsided,awry,skewed

【记】联想:ob(逆着)+ lique(谐音,立刻)→不立刻→不直接→间接的

oblivious

[ə'blɪvɪəs] *adj.* 未注意的

【英】not aware of sth.

【反】cognizant,conversant,mindful,vigilant,witting

【同】ignorant,incognizant,unacquainted,unaware,uninformed

【记】形近易混词:obvious(*adj.* 明显的)

obscure

[əb'skjʊr] *adj.* 模糊的　　*v.* 使……模糊

【英】*adj.* not clearly seen or easily distinguished;*v.* to make dim or indistinct

【反】explicit,elucidate,legendary,manifest

【记】ambiguous 和 obscure 都可以表示"含糊的,模棱两可的"的意思。ambiguous 指字词、语句、文章等由于多种解释的词而又对其确切含意未作说明而使意义模棱两可、含混不清。obscure 可指字迹、道路等由于某种原因如语气本身不清,理解有误等而模糊不清,也常用作比喻,表示难以理解。

obsequious **

[əb'si:kwiəs] *adj.* 谄媚的,奉承的

【英】full of or exhibiting servile compliance

【反】supercilious

【同】fawning,menial,obeisant,servile,subservient

【记】形近易混词:obsequies(*n.* 葬礼)

生命是一种长期而持续的累积过程

by 星夜无夏

当我们面对两个可能的方案而焦虑得不知如何抉择时,通常表示这两个方案或者一样好,或者一样坏。因而,实际上选择哪个都一样,唯一的差别只是先后之序而已。而且,越是让我们焦虑,其实两者差别越小,越不值得焦虑。反而是真正有明显的好坏差别时,我们轻易就知道该怎么选择了。

我没有过困境,因为我从不在乎外在的得失,也不武断地和别人比高下,而只在乎自己内在真实的累积。我没有过困境,因为我确实了解到:生命是一种长期而持续的累积过程,绝不会因为单一的事件而有剧烈的起伏。我也相信:属于我们该得的,迟早会得到;不该属于我们的,即使一分也不可能增加。假如你可以持有相同的信念,那么人生于你也会是宽广而长远,没有什么了不得的困境,也没有什么好焦虑的了。

List 16

- obsolete
- obstacle
- obstinate
- obtrude
- obtuse
- obviate
- occlude
- occult
- oligarch
- onerous
- opaque
- opportune
- opprobrium
- optimum
- opulent
- ordain
- ordeal
- ordinal
- orthodox
- oscillate
- ossify
- ostentation
- outcrop
- outlandish
- outrage
- outstrip
- overblow
- override
- overthrow
- overture
- ovule
- paleontology
- palliate
- palpable
- paltry
- panacea
- pander
- parable
- paradigm
- paradox
- paragon
- parameter
- paramount
- parasite
- parity
- parochialism
- parody
- partisan
- pathology
- patois
- patronize
- paucity
- peculiar
- pecuniary
- pedagogy
- pedant
- pedestrian
- pejorative
- pellucid
- penchant
- pend
- penetrate
- pensive
- penultimate
- penury
- perception

List 16

obsolete[*]   [ˌɑ:bsə'li:t] *adj.* 废弃的，淘汰的；过时的，老式的

【英】no longer in use or no longer useful；of a kind or style no longer
      current

【同】antiquated，archaic，dated，old-fashioned

【记】形近易混词：absolute（*adj.* 绝对的）

obstacle   ['ɑ:bstəkl] *n.* 妨碍，干扰，障碍物

【英】an obstruction that stands in the way（and must be removed or
      surmounted or circumvented）

obstinate^{**}   ['ɑ:bstɪnət] *adj.* 固执的，倔强的

【英】refusing to change，hard to change

【记】obstinate 和 stubborn 都可以表示"固执的，顽固的"的意思。
      obstinate 指无理地固执己见或听不进他人忠告、意见等的顽
      固性格。stubborn 用于褒义，指坚定不移，执意顽强；用于贬
      义，指固执己见，侧重生性固执。

obtrude   [əb'tru:d] *v.* 强加于人

【英】to push（oneself，one's opinions，etc）on others in an unwelcome
      way

obtuse   [əb'tu:s] *adj.* 愚笨的；不锐利的

【英】slow or unwilling to understand sth.

【反】blunt，dull，insightful

【同】keen，pointed，sharp，sharpened，whetted

obviate^{**}   ['ɑ:bvɪeɪt] *v.* 除去，排除

【英】to anticipate and prevent or make unnecessary

【同】avert，forestall，prevent，preclude，stave off

【记】形近易混词：obvious（*adj.* 明显的）

occlude   [ə'klu:d] *v.* 阻塞，闭塞

【英】to close up or block off，obstruct，also conceal

【反】unblock，unclog，unobstructed，unplug，unstop

【同】choke，clog，close，congest

【记】词根：clude（关闭）

occult	[əˈkʌlt] *adj.* 不可思议的；神秘的
	【英】beyond the realm of human comprehension；available only to the initiate
	【反】bare，manifest，patent，readily，fathomable
	【同】abstruse，esoteric，hermetic，profound，recondite
	【记】形近易混词：occur(*v.* 发生)
oligarch	[ˈɒlɪgɑːk] *n.* 寡头政治执政者
	【英】a member or supporter of a government in which a small group exercises control especially for corrupt and selfish purposes
	【记】词根：olig (几个，少许)，参考 oligopoly (*n.* 求过于供的市场情况)
onerous	[ˈəʊnərəs] *adj.* 繁重的，费力的
	【英】involving，imposing，or constituting a burden
	【反】easy，light，requiring little effort，soft
	【同】brutal，burdensome，excruciating，tough，troublesome
	【记】形近易混词：amorous(*adj.* 多情的)
opaque*	[əʊˈpeɪk] *adj.* 不透明的；难懂的
	【英】blocking the passage of radiant energy and especially light，exhibiting opacity；hard to understand or explain
	【反】accessible，clarity，diaphanous，transparency
	【同】obscure，ambiguous，equivocal，unintelligible，vague
opportune**	[ˈɑːpərˈtuːn] *adj.* 合适的，适当的
	【英】suitable or convenient for a particular occurrence
	【反】inappropriate，inopportune，inconvenient，unseasonable，untimely
	【同】timely，seasonable，well-timed
	【记】形近易混词：opportunity(*n.* 机会)
opprobrium	[əˈproʊbriəm] *n.* 公开指责，公开反对
	【英】to open criticism or disapproval of something that someone has done
optimum	[ˈɑːptɪməm] *adj.* 最适宜的，最佳的　*n.* 最佳效果，最适宜条件
	【英】*adj.* most desirable possible under a restriction expressed or implied；*n.* most favorable condition or greatest degree or amount possible under given circumstances
opulent	[ˈɑːpjələnt] *adj.* 丰富的，富裕的
	【英】rich and superior in quality

ordain [ɔːr'deɪn] *v.* 命令;任命……为牧师

【英】to order by virtue of superior authority, decree; appoint … to a clerical posts

ordeal [ɔːr'diːl] *n.* 严酷的考验

【英】a difficult or painful experience, especially one that severely tests character or endurance

【记】形近易混词:order(*n.* 命令), ideal(*adj.* 理想的)

ordinal ['ɔːrdənl] *adj.* 序数的

【英】denoting a certain position in a sequence of numbers

orthodox* ['ɔːrθədɑːks] *adj.* 东正教的;正规的,传统的

【英】relating to the Orthodox Church of the East; adhering to what is commonly accepted

oscillate ['ɑːsɪleɪt] *v.* 使……振动;使……动摇;犹豫

【英】to swing backward and forward like a pendulum; to move or travel back and forth between two points; to vary between opposing beliefs, feelings, or theories

【反】absence of variation, remain static

【同】swing, sway

【记】形近易混词:osculate(*v.* 接吻)

ossify ['ɑːsɪfaɪ] *v.* 硬化,僵化

【英】to become hardened or conventional and opposed to change

【反】amenable to change, make pliant

ostentation* [ˌɑːsten'teɪʃn] *n.* 虚饰;卖弄

【英】lack of elegance as a consequence of being pompous and puffed up with vanity; a gaudy outward display

outcrop ['aʊtkrɑːp] *n.* 露出地面的岩层

【英】a large area of rock sticking out of the ground

outlandish [aʊt'lændɪʃ] *adj.* 古怪的,奇异的

【英】strikingly out of the ordinary

【反】familiar, conventional, plain-Jane, unglamorous, unromantic

【同】bizarre, eccentric, erratic, offbeat, weird

【记】联想:out(在……外) + land(陆地) + -ish(形容词后缀)→在陆地之外生活的→奇异的

outrage* ['aʊtreɪdʒ] *n.* 愤怒,愤慨;暴行 *v.* 震怒

【英】*n.* a feeling of righteous anger; a disgraceful event to strike with disgust or revulsion；*v.* to make sb. very shocked and angry

outstrip 　［ˌaʊt'strɪp］*v.* 超过，胜出

【英】to get ahead of

【同】eclipse，excel，outshine，surpass，transcend

overblow 　［ˌoʊvər'bloʊ］*v.* 吹散；夸张，渲染

【英】to dissipate by or as if by wind：blow away；to puff up to inflated
proportions；to give a false pathos or bombastic or flamboyant
quality to

override 　［ˌoʊvər'raɪd］*v.* 凌驾；不理会，撤销

【英】to ride over or across，trample；to set aside，to annul

【记】组合词：over + ride→ride over 驾驭

overthrow 　［əʊvə'θrəʊ］*v.* 颠覆；推翻

【英】*v.* to cause the downfall of

overture 　［'oʊvərtʃər］*n.* 前奏曲，序曲

【英】the orchestral introduction to a musical dramatic work

【反】coda

【同】introduction，foreword，preamble，prelude，prologue

ovule 　［'oʊvjuːl］*n.* ［植］胚珠；卵细胞

【英】a small body that contains the female germ cell of a plant；
develops into a seed after fertilization；a small or immature ovum

paleontology 　［ˌpeɪliən'talədʒi］*n.* 古生物学

【英】the earth science that studies fossil organisms and related remains

palliate 　［'pælieɪt］*v.* 减轻（痛苦）

【英】to reduce the violence of（a disease），also，to ease（symptoms）
without curing the underlying disease

【反】aggravate，exacerbate，increase intensity，worsen

【同】extenuate，prettify，sugarcoat，varnish，veneer

palpable 　［'pælpəbl］*adj.* 可触摸的；明显的，易觉察的

【英】capable of being touched or felt，tangible；easily perceptible，
noticeable

【反】explicate，impalpable，imperceptible，insensible

【同】appreciable，detectable，discernible，sensible

paltry ** 　［'pɔːltri］*adj.* 无价值的；可鄙的

【英】lacking in importance or worth;wretched or contemptible

【反】admirable,important,laudable,meritorious,significant

【同】measly,petty,puny,trifling,trivial

【记】形近易混词:sultry(*adj.* 闷热的)

panacea　[ˌpænəˈsiːə] *n.* 治百病的灵药

【英】a remedy for all ills or difficulties

【同】catholicon,elixir,nostrum,cure-all

【记】形近易混词:paean(*n.* 赞美歌)

pander　[ˈpændər] *v.* 迎合

【英】to act as a pander,especially,to provide gratification for others' desires

【记】音近形近易混词:panda(*n.* 熊猫)

parable　[ˈpærəbl] *n.* 寓言

【英】a usually short fictitious story that illustrates a moral attitude or a religious principle

【同】allegory,apologue,fable,myth

【记】形近易混词:comparable(*adj.* 可比的)

paradigm**　[ˈpærədaɪm] *n.* 典范,范例

【英】example,pattern,especially,an outstandingly clear or typical example or archetype

【同】archetype,exemplar,pattern,standard

paradox　[ˈpærədɑːks] *n.* 似是而非的论点,自相矛盾的话

【英】an assertion that is essentially self-contradictory,though based on a valid deduction from acceptable premises

【反】common

【同】contradiction,dichotomy,incongruity

【记】苏格拉底有一句名言:"我只知道一件事,那就是什么都不知道。"

paragon　[ˈpærəgɑːn] *n.* 完人;典范

【英】a perfect example

【反】travesty

【同】ideal,jewel,nonesuch,nonpareil

【记】形近易混词:Pentagon(*n.* 美国国防部五角大楼)

parameter　[pəˈræmɪtər] *n.* 参数;界限

【英】factors or limits that affect the way something can be done or made

paramount　['pærəmaʊnt] *adj.* 最重要的,最高权力的

【英】more important than anything else

【反】ancillary,last,least

【同】ascendant, overbearing, predominant, predominate, preponderant, supreme

【记】美国好莱坞的派拉蒙影业公司(Paramount Pictures, Inc.) 就是这个商标(以群星环绕雪山为标志),很多电影,如《马达加斯加》《变形金刚》《钢铁侠》里能看到。

parasite　['pærəsaɪt] *n.* 寄生虫;食客

【英】an organism living in, with, or on another organism in parasitism;a person who exploits the hospitality of the rich and earns welcome by flattery

【同】freeloader,moocher,leech,sponge,sponger

【记】词根:para(在旁边),参考 parallel(*adj.* 平行的)

parity　['pærəti] *n.* 同等,平等

【英】the quality or state of being equal or equivalent

【反】inequality,incommensurateness

【同】equality,equivalence

【记】形近易混词:party(*n.* 聚会)

parochialism**　[pə'roʊkiəlɪzəm] *n.* 偏狭,眼界狭小

【英】a limitation of views or interests like that defined by a local parish

parody　['pærədi] *n.* 拙劣的模仿　*v.* 拙劣地模仿

【英】*n.* a literary or musical work in which the style of an author or work is closely imitated for comic effect or in ridicule,a feeble or ridiculous imitation;*v.* to compose a parody on,to imitate in the manner of a parodypaleontologist

partisan**　['pɑːrtəzn] *n.* 党徒,盲目的支持者　*adj.* 偏袒的

【英】*n.* a firm adherent to a party,faction,cause,or person,especially one exhibiting blind,prejudiced,and unreasoning allegiance;*adj.* of,relating to,or characteristic of a partisan or partisans

【同】adherent,cohort,follower,supporter

pathology**　[pə'θɑːlədʒi] *n.* 病理学;病状

【英】the study of the essential nature of diseases and especially of the structural and functional changes produced by them;something abnormal

【反】normal

【记】词根:path(病),参考 pathogenic(*adj.* 使……生病的)

patois   [ˈpætwɑː] *n.* 行话;(尤指法语的)方言

【英】a characteristic language of a particular group (as among thieves) ; a regional dialect of a language (especially French) ; usually considered substandard

patronize   [ˈpeɪtrənaɪz] *v.* 以高人一等的态度对待;资助,赞助

【英】to speak or behave toward in a way that seems friendly, but shows superiority in some way;to provide aid or support for

【同】condescend,lord it over,talk down to

paucity **   [ˈpɔːsəti] *n.* 少量,缺乏

【英】smallness of number,fewness or of quantity;scarcity,dearth

【反】amplitude,opulence,plethora,profusion

【同】insufficiency,poverty,scant,scarceness

peculiar   [pɪˈkjuːliər] *adj.* 不寻常的,古怪的;独特的

【英】strange or unusual,sometimes in an unpleasant way;characteristic of one only,distinctive or special

pecuniary   [pɪˈkjuːnieri] *adj.* 金钱方面的

【英】relating to or involving money

pedagogy   [ˈpedəgɑːdʒi] *n.* 教育学,教学法

【英】the study and theory of the methods and principles of teaching

pedant   [ˈpednt] *n.* 迂腐之人;学究式人物

【英】one who is unimaginative or who unduly emphasizes minutiae in the presentation or use of knowledge;a formalist or precisionist in teaching

pedestrian   [pəˈdestriən] *adj.* 缺乏想象力的,呆板的

【英】commonplace,unimaginative

【反】engrossing,imaginative,inspired,marvelous,riveting

【同】dull,dreary,humdrum,monotone,stodgy

【记】联想:ped(词根,脚)+ strian(≈ strain 拉紧)→脚被拉紧→行动被束缚住→缺乏想象力的

pejorative **   [pɪˈdʒɔːrətɪv] *adj.* 轻蔑的,贬低的

【英】having negative connotations,especially tending to disparage or belittle

【反】commendatory,complimentary,laudative,laudatory

【同】 derogatory, depreciative, depreciatory, detracting

pellucid　[pə'luːsɪd] *adj.* 清晰的, 易懂的

【英】 extremely clear

【反】 cloudy, murky, opaque

【同】 clear, limpid, see-through

【记】 词根: lucid(闪亮), 参考 elucidate(*v.* 阐明)

penchant **　['pentʃənt] *n.* 强烈嗜好, 倾向

【英】 a strong and continued inclination, broadly, liking

【反】 aversion, dislike

【同】 affection, bent, disposition, inclination, predisposition

【记】 形近易混词: merchant(*n.* 商人)→商人对钱有强烈的倾向

pend　[pend] *v.* 等候判定或决定　　*n.* 拱道, 廊

【英】 *v.* to await judgment or settlement; *n.* an archway or vaulted passage

penetrate　['penətreɪt] *v.* 进入, 穿透

【英】 to go into or through sth.

pensive　['pensɪv] *adj.* 沉思的, 忧郁的

【英】 persistently or morbidly thoughtful

penultimate　[pə'nʌltɪmət] *adj.* 倒数第二的

【英】 next to the last

penury **　['penjəri] *n.* 贫困, 贫穷

【英】 a cramping and oppressive lack of resources (as money), especially
　　severe poverty

【反】 affluence, largesse, lavish, opulence, wealth

【同】 beggary, destitution, impecuniousness, indigence, want

【记】 形近易混词: penny(*n.* 便士, 美分)→穷到一分钱掰两半花

perception　[pər'sepʃn] *n.* 感知; 洞察力

【英】 the process, act, or faculty of attaining awareness or understanding
　　of something; insight, intuition, or knowledge gained by perceiving

【反】 incomprehension, noncomprehension

【同】 discernment, insight, perceptivity, sagacity, wisdom

自救是唯一的出路

——（Advice for those who haven't decided yet）

by Zaphod

当你又穷又挫又进不了 top 大学读本科，你选了屌丝专业，面对吃不饱饭的危险，还偏偏挑了专业中最没出息的一个方向，你发现仅仅学英语就让你神魂颠倒，GPA 让你夜不能寐，而你根本争取不到能出成果的科研机会，你就没听说过在你之前自己学校的本科生申请美国博士成功拿到过全奖，你发现所有人听到女博士后都高贵冷艳地呵呵两声，你听到自己专业的老师都告诉你学这个就是穷到底的命，而你却真的喜欢真的想学。你心里有一个软弱的声音不停地骂自己：干吗这么苦？何必这么累？为什么不选 easy 生活模式？你害怕搭上所有的青春却换不来自己想要的生活，到头来都是一场空。

不要放弃，不要放弃，不要放弃，哪怕在所有人都劝你放弃的时候。那些来自亲人朋友的劝说，更容易让你动摇，让你痛苦。理性地，有时甚至要冷酷地做出选择。人生只有一次，年轻是最好的资本，不要在年逾古稀时为自己当初没有追逐心中所想而后悔。

Choose for YOURSELF. Do not choose anything because you think it will make your parents happy, or your girlfriend proud, or any of that junk. You must be viciously selfish and dreadfully cold in this decision. This is YOUR life you're dealing with here, and no one else's.

List 17

- percolate
- perennial
- perfidy
- perforce
- perfunctory
- perilous
- peripheral
- permeate
- perpetuate
- perquisite
- persist
- perspicuity
- pertain
- pertinent
- perturb
- pervade
- petty
- petulant
- phantom
- phenomenal
- philanthropy
- phlegmatic
- phylum
- piety
- pigment
- pinpoint
- pious
- piquant
- pique
- pith
- pithy
- placate
- placid
- plagiarize
- plague
- plaintiff
- plaintive
- plasma
- platitude
- plausible
- plea
- plethora
- plight
- ploy
- plume
- plunder
- plutocracy
- poach
- poignant
- poise
- polemic
- poll
- pompous
- portend
- portentous
- posit
- posthumous
- postulate
- pragmatic
- preach
- precarious
- precedent
- preciosity
- precipitate
- precipitous
- preclude

List 17

percolate   ['pɜːrkəleɪt] *v.* 缓慢传开；渗透

【英】to spread gradually；to pass slowly through something that has very small holes or gaps in it

perennial*￼   [pə'reniəl] *n.* 多年生植物   *adj.* 不断出现的；长期存在的（问题、困难）

【英】*n.* a plant lasting for three seasons or more；*adj.* lasting an indefinitely long time；suggesting self-renewal

perfidy   ['pɜːrfədi] *n.* 不诚实

【英】the quality or state of being faithless or disloyal

【反】allegiance，devotion，faithfulness，fidelity，trustworthiness

【同】disloyalty，faithlessness，infidelity，treachery，unfaithfulness

【记】形近易混词：perfectly（*adj.* 完美地）→不存在完美感情，充其量傻到被欺骗到很完美

perforce   [pər'fɔːrs] *adv.* 必然地

【英】used to indicate that something happens or is the case because it cannot be prevented or avoided.

perfunctory   [pər'fʌŋktəri] *adj.* 例行公事的，敷衍的；缺少兴趣或热情的

【英】done routinely and with little interest or care；acting with indifference，showing little interest or care

【反】concerned，interested

【同】apathetic，casual，insouciant，pococurante

【记】词根：func（执行），参考 function（*v.* 起作用）

perilous   ['perələs] *adj.* 险恶的

【英】fraught with danger

peripheral*￼   [pə'rɪfərəl] *adj.* 边缘的，不重要的

【英】of，relating to，involving，or forming a periphery or surface part

【反】center，core，crux，important，principal

【同】accessory，appurtenant，auxiliary，supplemental，supplementary

permeate*￼   ['pɜːrmieɪt] *v.* 弥漫

【英】to spread or diffuse through

perpetuate** 　[pər'petʃueɪt] *v.* 犯(罪)，做(恶)

【英】perform an act，usually with a negative connotation

perquisite 　['pɜːrkwɪzɪt] *n.* 额外补贴，临时津贴

【英】an incidental benefit awarded for certain types of employment
(especially if it is regarded as a right)

persist 　[pər'sɪst] *v.* 继续存在；坚持，执意

【英】to continue to exist；refuse to stop

perspicuity 　[ˌpɜːrspɪ'kjuːɪti] *n.* 明晰，简明

【英】plain to the understanding especially because of clarity and precision
of presentation

【反】ambiguous，clouded，cryptic，obscure，opacity

【同】apparent，crystal，lucid，luculent，manifest

【记】联想：per(完全) + spic(词根，看) + uity(名词后缀)→全都看
得到→明晰

pertain* 　[pər'teɪn] *v.* 属于，有关联

【英】to belong as a part，member，accessory，or product or as an attribute，
feature，or function

【反】be irrelevant

【同】appertain，belong

【记】apply，bear on，belong to，pertain to，relate to 都可以表示"有联
系"的意思。apply 通常强调前者对后者的解释、描述。bear
on 强调直接联系和前者的重要作用。belong to 强调前者和
后者是不可分割的部分。pertain to 侧重在实践中或思想方
面，强调联系的必要性和关系的紧密。

pertinent** 　['pɜːrtnənt] *adj.* 准确关联的

【英】having logical precise relevance to the matter at hand

【反】irrelevant，immaterial，lack of relevance

【同】apposite，apropos，germane，relevant

【记】形近易混词：impertinent(*adj.* 粗鲁无礼的)

perturb 　[pər'tɜːrb] *v.* 使……不安

【英】to cause to be worried or upset

【反】compose，quiet，settle，soothe，tranquilize

【记】参考 LIST 1，agitate(见第 10 页)

pervade 　[pər'veɪd] *v.* 充满，弥漫

【英】to become diffused throughout every part of

【同】interpenetrate, percolate into, permeate, suffuse, transfuse

【记】联想: per(完全) + vade(词根, 走)→走得到处都是→弥漫

petty ['peti] *adj.* 琐碎的; 小气的; 小规模的

【英】small and of little importance; inferior in rank or status

【同】minor, trivial

petulant ['petʃələnt] *adj.* 粗鲁的, 坏脾气的

【英】bad-tempered and unreasonable

【同】choleric, irascible, peevish, testy

phantom ['fæntəm] *adj.* 显著的, 非凡的   *n.* 幽灵

【英】*adj.* to describe something that you think you experience but that is not real; *n.* a ghost

phenomenal [fə'nɑ:mɪnl] *adj.* 显著的, 非凡的

【英】extraordinary, remarkable

【反】commonplace, customary, ordinary, typical, unexceptional

【同】rare, singular, unimaginable, unique

【记】形近易混词: phenomena (phenomenon 的复数形式)

philanthropy [fɪ'lænθrəpi] *n.* 慈善, 博爱

【英】voluntary promotion of human welfare

phlegmatic^{＊＊} [fleg'mætɪk] *adj.* 冷淡的, 无活力的

【英】having or showing a slow and stolid temperament

【反】fervid, passionate, spirited, vehement, vivacious

【同】apathetic, dry, stolid

【记】形近易混词: pilgrimage(*v.* 朝圣)

phylum ['faɪləm] *n.* 门(分类); 语系

【英】(biology) the major taxonomic group of animals and plants; contains classes; (linguistics) a large group of languages that are historically related

piety ['paɪəti] *n.* 虔诚

【英】strong religious belief, or behaviour that is religious or morally correct

pigment ['pɪgmənt] *n.* 颜料   *v.* 染色

【英】*n.* a substance that imparts black or white or a color to other materials; *v.* to color with or as if with pigment

【同】dye, stain

pinpoint ['pɪnpɔɪnt] *v.* 精确定位

【英】to locate or aim with great precision or accuracy

【同】determinate, diagnose distinguish, finger, identify, spot

【记】组合词:pin(针) + point(尖端)→针尖→精确定位或确认

pious * 　['paɪəs] *adj.* 虔诚的

【英】having or showing a deep respect for God and religion

piquant 　['pi:kənt] *adj.* 辛辣的,开胃的

【英】agreeably stimulating to the palate, especially spicy

【反】flat, insipid, pallid, vapid, zestless

【同】pungent, peppery, racy, snappy, zesty

【记】形近易混词:pungent(*adj.* 辛辣的,刺激性的)

pique 　[pi:k] *v.* 使……生气

【英】to arouse anger or resentment in, irritate

【反】mollify

【同】gall, peeve, rile, vex

【记】音近易混词:pick(*v.* 选择)→没有被 pick up,所以很伤自尊

pith 　[pɪθ] *n.* 橙或相似水果的果皮下的白皮;植物茎中的髓

【英】a white substance just under the outside skin of oranges and similar fruit; a soft white substance that fills the stems of some plants.

pithy 　['pɪθi] *adj.* 简洁的;精髓的

【英】precisely meaningful, forceful and brief; consisting of or abounding in pith

【反】diffuse, insignificance, insubstantial, prolix, verbose

【同】compact, epigrammatic, marrowy

【记】形近易混词:pity(*n.* 可怜)

placate ** 　['pleɪkeɪt] *v.* 安抚,和解

【英】to soothe or mollify especially by concessions

【反】antagonize, gall, foment, peeve, rile

【同】appease, assuage, conciliate, mollify, pacify

【记】由 please(*v.* 使……高兴)衍生而来的词汇。

placid * 　['plæsɪd] *adj.* 温和的;平静的

【英】calm and does not easily become excited, angry, or upset; (of a body of water) free from disturbance by heavy waves

plagiarize 　['pleɪdʒəraɪz] *v.* 剽窃,抄袭

【英】to steal and pass off as one's own, use another's production without crediting the source

【记】形近易混词:phlegmatic(*adj.* 冷静的,冷淡的)

plague *

[pleɪg] *n.* 瘟疫

【英】a very infectious disease that usually results in death

plaintiff

['pleɪntɪf] *n.* 原告

【英】a person who brings an action in a court of law

plaintive

['pleɪntɪv] *adj.* 伤心的,痛苦的

【英】expressive of suffering or woe,melancholy

【同】agonized,lamentable,lugubrious,mournful,woeful

【记】联想:plain(平的)+ -tive(形容词后缀)→相貌平平的→伤心痛苦的

plasma

['plæzmə] *n.* 等离子体;血浆

【英】(physical chemistry) a fourth state of matter distinct from solid or liquid or gas and present in stars and fusion reactors;the clear liquid part of blood that contains the blood cells

platitude

['plætɪtu:d] *n.* 陈词滥调

【英】a statement that is considered meaningless and boring because it has been made many times before in similar situations

plausible

['plɔ:zəbl] *adj.* 貌似可靠的

【英】seemingly or apparently valid,likely,or acceptable

plea

[pli:] *n.* 恳求;(法庭上表明是否认罪的)抗辩

【英】an appeal or request for something,made in an intense or emotional way;the answer that they give when they have been charged with a crime,saying whether or not they are guilty of that crime

plethora **

['pleθərə] *n.* 过量,过剩

【英】a superabundance,an excess

【反】deficiency,inadequacy,insufficiency,paucity,scarcity

【同】excess,overabundance,superfluity,surfeit,surplus

【记】词根:pleth(满),参考 plenty(*adj.* 丰富)与 plentitude(*n.* 充分)

plight

[plaɪt] *n.* 困境

【英】an unfortunate,difficult,or precarious situation

【反】favorable condition

【同】corner,dilemma,pickle,predicament

【记】plight 的本义为婚约,誓约(pledge)→结婚之后,也会遇到困境

ploy

[plɔɪ] *n.* 计策,手段

【英】a way of behaving that someone plans carefully and secretly in order to gain an advantage for themselves

plume	[pluːm] *n.* 一缕（烟雾、尘土等），一股（水柱），一道（火光）；大而柔的羽毛

【英】a large quantity of smoke, dust, and so on that rises into the air in a column; a large soft bird's feather

plunder	[ˈplʌndər] *n.* 战利品；掠夺

【英】goods or money obtained illegally

plutocracy	[pluːˈtɑːkrəsi] *n.* 富豪统治

【英】government by the wealthy

【记】联想：pluto（词根，财富）+ cracy（词根，统治）→由财富来统治→富豪统治

poach***	[poutʃ] *v.* 偷猎；水煮

【英】to hunt illegally; to cook in a simmering liquid

poignant	[ˈpɔɪnjənt] *adj.* 切中要害的；令人感伤的，心酸的

【英】arousing affect; keenly distressing to the mind or feelings

poise***	[pɔɪz] *n.* 镇定，镇静　*v.* （使）平衡；（使）悬着

【英】*n.* calm, dignified, and self-controlled; *v.* to be or cause to be balanced or suspended

polemic***	[pəˈlemɪk] *adj.* 争论的

【英】of or relating to a controversy, argument, or refutation

【反】compromising, conciliatory

【记】形近易混词：problematic（*adj.* 有问题的）

poll	[poul] *n.* 投票；民意测验

【英】an inquiry into public opinion conducted by interviewing a random sample of people

pompous***	[ˈpɑːmpəs] *adj.* 傲慢的，自大的

【英】characterized by excessive self-esteem or exaggerated dignity

【记】由 pomp（*n.* 盛况）衍生而来的词汇。

portend	[pɔːrˈtend] *v.* 预示，预兆

【英】to indicate by signs

portentous	[pɔːrˈtentəs] *adj.* 前兆的；不寻常的

【英】foreboding, of the nature of or constituting a portent; full of unspecifiable significance, exciting wonder and awe

【反】regular, unthreatening

【同】ominous

【记】形近易混词: pretentious(*adj.* 自命不凡的)

posit ['pɑːzɪt] *v.* 假设, 假定

【英】to assume or affirm the existence of, postulate

【反】deny as false

【记】熟词僻意, 常见释义为"放置"。

posthumous ['pɑːstʃəməs] *adj.* 死后的, 身后的

【英】used to describe something that happens after a person's death but relates to something they did before they died

postulate ** ['pɒstʃəleɪt] *v.* 假设

【英】to assume or claim as true, existent, or necessary

【反】deny as false

pragmatic ** [præg'mætɪk] *adj.* 务实的

【英】guided by practical experience and observation rather than theory

preach [priːtʃ] *v.* 传道; 鼓吹, 说教

【英】to deliver a sermon; to urge acceptance or abandonment of an idea or course of action

【同】evangelize, preachify, sermonize

【记】advocate, agitate for, air, preach 都可以表示"鼓吹"的意思。advocate 指公开宣扬一种计划或主张。agitate for 则指公开极力宣扬或强烈反对某些政治或社会变革。air 则指大声宣扬自己的思想、观点或抱怨等。preach 指认为正当或有价值而极力主张。

precarious * [prɪ'keriəs] *adj.* 缺乏安全感的; 不靠谱的

【英】dangerously lacking in security or stability; based on uncertain, unwarranted, or unproved premises

【反】secure, stable, firmly grounded

【同】ambiguous, doubtful, dubious, equivocal, indecisive

【记】联想: pre(提前) + cari(=care 当心) + -ous(形容词后缀)→提前就提心吊胆的→危险的, 不稳定的

precedent ['presɪdənt] *adj.* 先前的　　*n.* 先例

【英】*adj.* prior in time, order, arrangement, or significance; *n.* an earlier occurrence of something similar

【反】ensuing, following, posterior, subsequent, succeeding

【同】antecedent, anterior, former, previous, prior

【记】联想:pre(提前)+ ced(词根,走)+ -ent(形容词、名词后缀)→
走在前面的→先前的

preciosity　[ˌpreʃiˈɑːsəti] *n.* (谈吐、文笔等)矫揉造作;(语言等)过分讲究

【英】the quality of being fastidious or excessively refined

precipitate**　[prɪˈsɪpɪteɪt] *v.* 加速,使⋯⋯突然陷入;冷凝为雨或者雪　*adj.* 鲁
莽的,匆忙的

【英】*v.* to throw violently, hurl; *adj.* exhibiting violent or unwise speed

【反】dilatory, deliberate

【记】形近易混词:participate(*v.* 参与)

precipitous　[prɪˈsɪpɪtəs] *adj.* (增加或减少)非常快的

【英】very steep, perpendicular, or overhanging in rise or fall

【反】gradually sloping, slope slowly, unhurried, unrushed

preclude**　[prɪˈkluːd] *v.* 预防,阻止

【英】to make impossible by necessary consequence, rule out in advance

【反】enclose, to make possible

【记】preclude 和 prevent 都可以表示“阻止”的意思。preclude 强调
存在某种情况、条件或预防措施而阻止了某事的发生。
prevent 强调存在不可逾越的障碍。

六年寄托路

by 花儿

　　GRE 考多少分其实已经不那么重要了,重要的是在我的人生里有这么几年,我用心地执着地去生活,去面对失败,从跌倒的地方爬起来。GRE 在我的生命中早已经不再是一个简简单单的考试了,它是我生活的一个切点,我从那里开始进入了生活的内核,而之前我似乎一直在生活外围游离。我不知道这种说法能不能清楚地表达出我的感受。那段日子以后,我的生活完全改变了,我终于可以坦然地面对自己。我学会了一种生活的态度,养成了一种做事的习惯。后来,无论在工作、玩乐、情感、家庭中,我都每每交给了自己满意的答卷。

　　我记得考完第三次 GRE 以后,寄托论坛上出现了一个颇具争论的帖子,是关于我的考试。有一些人对我的执着非常不理解,他们说 GRE 只是一个入学的手段,我却用了如此多的时间来准备它,反复的考试简直是浪费时间,没有任何意义。在我的 GRE 成绩行将过期的今天,我想大声对他们说:你们错了! 我从这三次考试中得到的远比我付出的要多得多,这笔财富让我受益一生。

　　也许每个人生命中都会出现这样或者那样的艰难时期,有的是情感上的,有的是心理上的,有的是身体上的,这些艰难时期纵然类型不尽相同,我们却都要付出痛苦才能度过,而度过的过程对每个人的意义却是相同的,也许它决定了我们的后半生。

List 18

- preconception
- precursor
- predate
- predecessor
- predicament
- predilection
- predisposition
- predominate
- preeminent
- preempt
- prefatory
- premeditate
- preoccupation
- prerequisite
- prerogative
- presage
- prescience
- presumptuous
- pretense
- pretentious
- preternatural
- pretext
- prevail
- prevalent
- prevaricate
- prig
- primeval
- pristine
- probity
- proclaim
- proclivity
- procurement
- prodigal
- prodigy
- profuse
- proliferate
- prolific
- prolix
- promulgate
- propagate
- propensity
- prophetic
- propitiate
- propitious
- proponent
- proportional
- proposition
- propriety
- prosaic
- prosecute
- prospect
- protest
- protract
- provident
- provincial
- provision
- provisional
- provocative
- provoke
- proximate
- prudent
- prune
- pseudonym
- puerile
- pugnacious
- pulsate

List 18

preconception ［ˌpriːkən'sepʃn］ *n.* 先入之见，成见

【英】a preconceived idea，prejudice

【同】prepossession，prejudgment

【记】联想：pre（提前）+ conception（观念）→提前就有了某种观念→先入之见

precursor ** ［priˈkɜːrsər］ *n.* 先驱者，先导

【英】one that precedes and indicates the approach of another

【反】derivative，descendant，sequel

【同】ancestor，antecedent，foregoer，predecessor，prototype

【记】联想：pre（提前）+ curs（词根，跑）+ -or（某种人）→跑在前面的人→先驱者

predate * ［ˌpriːˈdeɪt］ *v.* 在日期上早于（先于）

【英】to be earlier in time

predecessor ［'predəsesər］ *n.* 前任，先辈

【英】one that precedes，especially a person who has previously occupied a position or office to which another has succeeded

【反】derivative，descendant，sequel

【同】ancestor，antecedent，foregoer，precursor，prototype

【记】形近易混词：precedence（*n.* 优先）

predicament ［prɪˈdɪkəmənt］ *n.* 困境

【英】the character，status，or classification assigned by a predication

【同】dilemma，impasse，jam，mire

【记】联想：pre（提前）+ dic（词根，说）+ -ament（名词后缀）→之前预言过的→"Ha，I told you so！"是在别人陷入困境的时候，围观群众最喜欢说的一句话。

predilection ［ˌpredl'ekʃn］ *n.* 偏好

【英】an established preference for something

【反】propensity to dislike

【同】affinity，bias，inclination，penchant，proclivity

【记】联想：pre（倾向）+ dilect（= delight 高兴）+ -ion（名词后缀）→爱好

predisposition^{**} ［ˌpriːdɪspəˈzɪʃn］*n.* 倾向

【英】the state of being predisposed, tendency, inclination, or susceptibility

【记】联想:pre(提前)+ dis(分开)+ position(位置)→提前把东西
分开放在自己喜欢的位置上→癖好

predominate ［prɪˈdɑːmɪneɪt］*v.* 支配,主宰,在……中占优势

【英】to be larger in number, quantity, power, status or importance

preeminent ［priˈemɪnənt］*adj.* 优秀的,卓越的

【英】having paramount rank, dignity, or importance, outstanding, supreme

【反】negligibility, efface, least

【同】incomparable, surpassing, transcendent, unequalable, unsurpassable

【记】由 eminent(*adj.* 卓越的)衍生而来的词汇。

preempt ［priˈempt］*v.* 以先买权取得,取代

【英】to seize upon to the exclusion of others

【同】arrogate, commandeer, expropriate, pirate, usurp

【记】联想:pre(提前)+ empt(≈empty 清空)→提前把仓库清空出
来,准备好流动资金等着去买东西→能更早购买货物→以先
买权取得

prefatory ［ˈprefətɔːri］*adj.* 前言的,序文的

【英】serving as an introduction or preface

premeditate ［ˌpriːˈmedɪteɪt］*v.* 预先考虑

【英】to think about and revolve in the mind beforehand

【反】offhand, spontaneous

【记】联想:pre(提前)+ meditate(≈medicate 用药治疗)→提前吃上
药,预防感冒→预先考虑

preoccupation ［priˌɑːkjuˈpeɪʃn］*n.* 全神贯注,当务之急

【英】an act of preoccupying; extreme or excessive concern with something

【反】unconcern

【同】obsession, fixation, prepossession

【记】由 occupy(*v.* 专心)衍生而来的词汇。

prerequisite ［ˌpriːˈrekwəzɪt］*n.* 先决条件

【英】something that is required in advance

prerogative^{**} ［prɪˈrɑːɡətɪv］*n.* 特权

【英】an exclusive or special right, power, or privilege

【记】联想:pre(提前)+ rog(词根,问)+ -ative(形容词后缀)→提前
提问是一种特权

presage   ['presɪdʒ] *n.* 预示,预言   *v.* 预示,预言

【英】*n.* something that foreshadows or portends a future event, omen; *v.* to give an omen or warning of, foretell

【同】betoken, bode, forebode, foreshadow

【记】形近易混词:percentage(*n.* 百分比)

prescience   ['presɪəns] *n.* 预知

【英】foreknowledge of events

【反】improvidence, myopia, shortsightedness

【同】foreknowledge, foresight

【记】联想:pre(提前)+ science(科学)→在科学观测之前就可以知道→预知

presumptuous **   [prɪ'zʌmptʃuəs] *adj.* 冒失的,冒昧的

【英】going beyond what is right or proper, excessively forward

【反】humble, modest, unassuming

【同】brash, overweening, presuming, pushing

【记】联想:pre(提前)+ sumptuous(奢侈的)→在老大之前享受奢侈→放肆的

pretense   ['pri:tens] *n.* 伪装

【英】the act of pretending, a false appearance or action intended to deceive

【同】affectation, mask, guise, masquerade

【记】由 pretend(*v.* 假装)衍生而来的词汇。

pretentious *   [prɪ'tenʃəs] *adj.* 做作的

【英】making claim to or creating an appearance of (often undeserved) importance or distinction

preternatural   [ˌpri:tə'nætʃrəl] *adj.* 超自然的,超乎寻常的

【英】exceeding what is natural or regular, extraordinary

【反】common, customary, ordinary, prosaic, usual

【同】aberrant, peculiar, exceptional, unique

【记】前缀 preter-(超过,更多),是 pre-的变体。

pretext   ['pri:tekst] *n.* 托词

【英】a reason that you pretend has caused you to do something

prevail   [prɪ'veɪl] *v.* 获胜,成功;流行,占优势

【英】to gain ascendancy through strength or superiority; to be most common or frequent, be predominant and preponderate

【反】lose，yield

【同】overcome，triumph，reign

【记】词根：vail(强壮)，参考 valiant(*adj.* 勇敢的)

prevalent　[ˈprevələnt] *adj.* 流行的，普遍的

【英】generally or widely accepted，practiced，or favored，widespread

【反】absent，unconventional，unpopular，unusual

【同】overbearing，paramount，predominant，preponderant

prevaricate　[prɪˈværɪkeɪt] *v.* 撒谎

【英】to stray from or evade the truth，equivocate

【反】veracity

【同】fabricate，fib，lie

【记】联想：pre(提前) + varic(≈ varied 各式各样的) + -ate(动词后
缀)→提前准备出各式各样的借口→撒谎

prig　[prɪg] *n.* 一本正经的人

【英】people who behave in a very moral way and disapprove of other
people's behaviour as though they are superior

primeval　[praɪˈmiːvl] *adj.* 原始的，初期

【英】having existed from the beginning；in an earliest or original stage
or state

pristine**　[ˈprɪstiːn] *adj.* 原始的

【英】belonging to the earliest period or state，original

【记】形近易混词：prison(*n.* 监狱)→原始社会跟监狱有很多共同
点，缺衣少食而且生活单调

probity**　[ˈproʊbəti] *n.* 正直

【英】adherence to the highest principles and ideals

【反】evil，iniquity，sin，unscrupulousness，villainy

【同】morality，rectitude，righteousness，uprightness，virtue

【记】形近易混词：probably(*adv.* 可能)

proclaim　[prəˈkleɪm] *v.* 宣告

【英】to formally make something known to the public

proclivity　[prəˈklɪvəti] *n.* 宣布

【英】an inclination or predisposition toward something，especially a
strong inherent inclination toward something objectionable

【反】antipathy，aversion，disinclination

【同】affinity，bent，penchant，predilection，tendency

【记】形近易混词：acclivity(*n.* 斜坡)

procurement　［prəˈkjurmənt］*n.* 获得（军需品等的）行为

【英】the act of obtaining something such as supplies for an army or other organization

prodigal**　［ˈprɑːdɪɡl］*adj.* 丰富的；浪费的

【英】giving or given in abundance, lavish or profuse; rashly or wastefully extravagant

【反】frugal, husbandry, parsimonious, skimping

【同】exuberant, lavish, luxuriant, opulent, profuse

【记】联想：pro(专业) + digal(≈digital 数码的)→专业的数码设备都是很好很强大也很贵→富饶到浪费的

prodigy**　［ˈprɑːdədʒi］*n.* 惊人的事物

【英】something extraordinary or inexplicable

【反】slight

【同】marvel, miracle, sensation, stunner

profuse　［prəˈfjuːs］*adj.* 丰富的，大量的

【英】produced or growing in extreme abundance

proliferate　［prəˈlɪfəreɪt］*v.* 增生，繁殖

【英】to grow by rapid production of new parts, cells, buds, or offspring

【反】contract, decrease in mount, diminish, dwindle, wane

【同】accelerate, balloon, boom, mushroom, wax

【记】联想：pro(促进) + life(生命) + rate(比例)→促进生命比例增加→增生扩散

prolific*　［prəˈlɪfɪk］*adj.* (作家、艺术家或作曲家) 多产的

【英】intellectually productive

prolix**　［ˈproulɪks］*adj.* 啰唆的，冗长的

【英】marked by or using an excess of words

【反】concise, pithy, succinct, taciturn, terse

【同】diffuse, redundant, windy, wordy, verbose

promulgate　［ˈprɑːmlɡeɪt］*v.* 正式宣布

【英】to make (as a doctrine) known by open declaration

【反】keep secret

【同】annunciate, proclaim, publish

propagate　［ˈprɑːpəɡeɪt］*v.* 繁殖；传播，普及

【英】to pass along to offspring; to cause to spread out and affect a greater number or greater area

【反】check,extirpate,fail to multiply

【同】circulate,diffuse,disseminate,distribute,extend

【记】联想:pro(促进) + pag(≈ page 页) + -ate(动词后缀)→帮人每天多读几页书→传播知识

propensity **

[prə'pensəti] *n.* 习性,倾向

【英】an often intense natural inclination

【反】aversion

【同】disposition,inclination,penchant,predilection,proclivity

【记】形近易混词:progeny(*n.* 后裔)

prophetic

[prə'fetɪk] *adj.* 预言的,预示的

【英】foretelling events,apocalyptic,oracular

【同】predictive

【记】联想:pro(在……之前) + phet(词根,说) + -ic(形容词后缀)→在事情发生前就说了→预言的

propitiate **

[prə'pɪʃieɪt] *v.* 安抚,劝解

【英】to gain or regain the favor or goodwill of,appease

【反】anger,antagonize,arouse hostility,incense,outrage

【同】appease,assuage,mollify,pacify,placate

propitious

[prə'pɪʃəs] *adj.* 适合的;吉祥的

【英】favorably disposed,benevolent;being a good omen,auspicious

【反】bleak,dark,depressing

【同】favorable,auspicious,benign,bright,fortunate,white

【记】由 proper(*adj.* 适当的)衍生而来的词汇。

proponent

[prə'poʊnənt] *n.* 建议者,支持者

【英】one who argues in favor of something

【反】adversary,antagonist,detractor,opponent

【同】advocate,booster,champion,protagonist

【记】形近易混词:opponent(*n.* 反对者)

proportional

[prə'pɔːrʃənl] *adj.* 成比例的

【英】properly related in size or degree or other measurable characteristics;
usually followed by 'to'

proposition

[ˌprɑːpə'zɪʃn] *n.* 主张,观点;提案

【英】a statement that affirms or denies something and is either true or
false;a question or statement about an issue of public policy that

　　appears on a voting paper so that people can vote for or against it

propriety　［prə'praɪəti］*n.* 适当，合理

【英】the quality or state of being proper or suitable

【同】appropriateness，decorum，form，decency

【记】由 proper(*adj.* 适当的)衍生而来的词汇。

prosaic　［prou'zeɪɪk］*adj.* 单调的，无趣的

【英】lacking in imagination and spirit

【反】exceptional，exciting，extraordinary，preternatural

【同】dull

prosecute　［'prɑːsɪkjuːt］*v.* 起诉，告发

【英】to bring a criminal action against (in a trial)

prospect　［'prɑːspekt］*v.* 考察　*n.* 景色

【英】*v.* to explore a region for mineral deposits or oil；*n.* something extended to the view，scene

【记】prospect，scene，scenery，sight，view 都可以表示"景色"的意思。prospect 指从高处眺望所见到的景色。scene 指局部的、一眼可见全貌的风景或景色，不限于自然的风景，也常指(戏剧、电影、小说等的)场景、布景。scenery 则指某一国家或某一地区的整体的自然风景。sight 指眼见的景色，如供人游览之地的"景"或"景色"，尤指人工制成的景。view 则主要指从高处俯视到的景色。

protest　［prə'test］*n.* 反抗　*v.* 抗议；断言

【英】*n.* the act of saying or showing publicly that you object to something；*v.* to say or show publicly that you object to something；affirm or avow formally or solemnly

protract[*]　［pro'trækt］*v.* 延长，拖延

【英】to prolong in time or space

【反】curtail，abridge，abbreviate

【同】extend，elongate，lengthen，prolong，stretch

【记】联想：pro(向前) + tract(拖拽)→向前拖拽→拖延

provident　［'prɑːvɪdənt］*adj.* 深谋远虑的；节俭的

【英】careful in planning for the future，especially by saving money

【反】prodigal，profligate，spendthrift，squandering，wasteful

【同】chary，economical，thrifty

【记】由 provide(*v.* 提供)衍生而来的词汇。

provincial 　[prə'vɪnʃl] *adj.* 狭隘的,守旧的

【英】old-fashioned and boring

【记】源自罗马帝国时期对行省的称呼,那个时候的行省相对于首都来说都是很偏远的地方。

provision *　[prə'vɪʒn] *n.* 供给;规定

【英】the act of giving it or making it available to people who need or want it;an arrangement which is included in a law or agreement

provisional 　[prə'vɪʒənl] *adj.* 暂时的,临时的

【英】serving for the time being,temporary

【反】definitive,long-term,permanent

【同】conditional,provisionary,provisory,temporary,tentative

【记】联想:pro(向前)+ vision(看)→预见到饥荒→provision(向……供应食物)→provisional(*adj.* 暂时的)供应食物只是暂时的行为,不可能是长久的

provocative **　[prə'vɑːkətɪv] *adj.* 挑衅的

【英】tending to provoke,excite,or stimulate;stimulating discussion or exciting controversy

provoke 　[prə'vouk] *v.* 激怒

【英】to annoy

【反】difficult to provoke,jejune

【记】aggravate,provoke,irritate 都可以表示“激怒”的意思。aggravate 指因长时间的反复言行而引起不快。irritate 指因受到不愉快的刺激而烦躁。provoke 指挑衅。

proximate 　['prɑːksɪmət] *adj.* (空间或时间)最接近的

【英】next or nearest in space or time

prudent 　['pruːdnt] *adj.* 审慎的;精明的;节俭的

【英】careful about one's conduct,circumspect;wise in handling practical matters,exercising good judgment or common sense;careful in regard to one's own interests,provident

【反】fool,indiscreet,injudicious

【记】attentive,careful,cautious,prudent 都可以表示“谨慎的”的意思。attentive 指认真地注意倾听别人的意见,留心别人的需要等。careful 侧重做事谨慎、留心,特别注意一些细节地方。cautious 着重考虑事情的后果,谨慎留意,防止出差错。prudent 指遇事审慎,思考计划周密,不贸然行事。

prune　　　　　[pruːn] *v.* 修剪

【英】to reduce especially by eliminating superfluous matter

【记】crop, poll, prune, shear, trim 都可以表示"修剪"的意思。crop 指剪去顶部, 目的在于加以区分或惩罚。poll 指剪枝, 目的在于使其生长良好。prune 则既可指剪去外表的多余物, 又可指删去内容的无用部分, 从形式到内容全面提高其品质。shear 指剪匀、剪平(如修剪草坪)以改善其品质。trim 指剪掉多余物以改善其外在形态。

pseudonym　　　['suːdənɪm] *n.* 假名;笔名

【英】a fictitious name;pen name

【同】alias

【记】联想:pseud(词根, 假的)+ onym(词根, 名字)→假名

puerile　　　　　['pjurəl] *adj.* 幼稚的

【英】childish, silly

【反】adult, grown-up, mature, sagacious

【同】adolescent, immature, infantile, jejune

【记】形近易混词:purity(*n.* 纯净)

pugnacious　　　[pʌɡ'neɪʃəs] *adj.* 好斗的;好战的

【英】tough and callous by virtue of experience

pulsate　　　　　['pʌlseɪt] *v.* 有节奏地跳动

【英】to move with or as if with a regular alternating motion

考 G 七宗罪

by 佚名

一、懒惰

明明订了计划,却总是拖拖拉拉,三天打鱼两天晒网。而且学习时懒于锻炼,透支身体,GRE 考完,同时也给身体留下不少麻烦。

二、迷信

整天在网上喊:"××牛人,赶快帮我们制订一个复习计划吧。"殊不知,每个人的基础不同,只有自己制订的学习计划才最可靠。还有就是迷信所谓的培训,以为交了学费,听几个人讲几个月就可以出师了。可实际上,出了培训班仅仅是入门而已,有的甚至连门都入不了。可以说,迷信＝懒惰+愚昧。

三、闭塞

闭塞的人很少上网,很少交流,闭门造车。他用的教材可能早就应该被淘汰,他的学习方法可能已不适合最新的考试趋势,但由于不乐于也不善于获取信息,他与别人的信息沟越拉越大,他沿着错误的道路越走越远。

四、浮躁

耐不住寂寞,一会儿想谈恋爱,一会儿想看球赛,一会儿想打游戏。醉心于各种考试技巧的研究,研究技巧的时间比作题的时间还要多,最后,人家靠熟练无招胜有招,你却丢西瓜拣芝麻。记住:技巧多是锦上添花的东西,熟练是 GRE 的真谛。

五、犹豫

每天徘徊于自己行不行、到底什么时间考、辞职不辞职等问题上,犹豫中一年又一年。对待 GRE 的态度要果断,判断好得失利弊,估摸好大致的学习时间,然后制订计划,排除一切困难,拿下。

六、轻敌

以为自己拿了专业八级的证书了,得了全国英语竞赛大奖了,大学英语六级成绩好了,于是便不将 GRE 放在眼里。记住:GRE 不仅是英语考试,英语是基础,更重要的是测试你的大脑容量(阅读)及词汇水平的深度和广度。大脑容量不够怎么办?用熟练来克服,包括题型的熟悉、技巧的熟练等。可以说,就 GRE VERBAL 部分而言,大学英语四级水平的与专业八级水平的基本站在同一条起跑线上。

七、胆怯

害怕失败,临阵怯场。我说过,如果你学习 GRE 是抱着提高英语水平,提升综合能力的态度来备战,失败与否并不重要。以前,GRE 由于有逻辑这个纯粹浪费时间的科目,所以靠其提高能力有点浪费。但现在,词汇、阅读、作文,每一项都能对英语水平有所促进,所以,不管最后结果如何,你收获了沉甸甸的英语。因此,你如果不是急功近利,抱着侥幸态度参加考试的话,完全能以从容的心态走进考场。

List 19

- punctilious
- pundit
- pungent
- purport
- pushover
- quackery
- quagmire
- quaint
- qualm
- quandary
- quarantine
- quark
- quash
- quell
- quench
- quiescent
- quirk
- quixotic
- rally
- ramble
- ramification
- rampant
- rampart
- rancor
- rapacious
- rapport
- rarefy
- ration
- ravage
- reactionary
- rebuke
- recalcitrant
- recant
- recapitulate
- recipient
- reciprocal
- reciprocate
- reckless
- reclaim
- recoil
- recompense
- reconcile
- recondite
- reconnaissance
- rectitude
- redeem
- redemption
- reductive
- redundant
- reenact
- referee
- refractory
- refute
- regal
- regime
- rehabilitate
- rehash
- relegate
- relent
- relinquish
- relish
- reminisce
- remission
- remnant
- remorse
- rend

List **19**

punctilious　[pʌŋkˈtɪliəs] *adj.* 注意细节的,一丝不苟的

　　【英】marked by or concerned about precise accordance with the details of codes or conventions

　　【反】casual,easygoing,informal,remiss,slipshod

　　【同】conscientious,exact,fussy,meticulous,scrupulous

　　【记】词根:punc(针)→连针尖大小的东西都在乎→一丝不苟的

pundit　['pʌndɪt] *n.* 权威人士;专家

　　【英】a person who gives opinions in an authoritative manner usually through the mass media,critic;a learned man

　　【同】sage,savant,scholar

　　【记】形近易混词:prudent(*adj.* 审慎的,精明的)

pungent　['pʌndʒənt] *adj.* 辛辣的,刺激性的;尖锐的

　　【英】causing a sharp or irritating sensation;marked by a sharp incisive quality,caustic

　　【反】bland,mild,smooth

　　【同】peppery,piquant,poignant,spicy,zesty

　　【记】形近易混词:piquant(*adj.* 辛辣的,开胃的)

purport**　[pəˈpɔːt] *n.* 意图　*v.* 声称

　　【英】the intended meaning of a communication;to claim to be sth.or to have done sth.

pushover　['puʃouvər] *n.* 易于征服或控制的人;容易做的事情

　　【英】someone who is easily taken advantage of;any undertaking that is easy to do

quackery　['kwækəri] *n.* 庸医的骗术

　　【英】medical practice and advice based on observation and experience in ignorance of scientific findings

quagmire　['kwægmaɪər] *n.* 指困难、复杂或讨厌的困境且不易从中脱身; 沼泽地,泥潭

　　【英】a difficult,complicated,or unpleasant situation which is not easy to avoid or escape from;a soft,wet area of land which your feet sink into if you try to walk across it

quaint *

〔kweɪnt〕*adj.* 古雅的

【英】attractively old-fashioned (but not necessarily authentic)

qualm

〔kwɑːm〕*n.* 烦躁;忧虑;内疚

【英】a sudden disturbing feeling;an uneasy feeling about the propriety or rightness of a course of action;a feeling of uneasiness about a point especially of conscience or propriety

【同】compunction,misgiving,scruple

quandary

〔'kwɑːndəri〕*n.* 困惑,窘境

【英】a state of perplexity or doubt

【反】state of complete certainty

【同】catch,dilemma,double bind

quarantine

〔'kwɔːrəntiːn〕*n.* 隔离检疫期;隔离

【英】a period of time during which a vehicle,person,or material suspected of carrying a contagious disease is detained at a port of entry under enforced isolation to prevent disease from entering a country;to isolate from normal relations

【记】原意是"四十天",古时候会把新到一个港口或者地方的人畜单独放置四十天,以判断有没有携带传染性疾病。

quark

〔kwɑːk〕*n.* 夸克;物质的基本单位之一

【英】one of the basic units of matter

quash

〔kwɑːʃ〕*v.* 撤销;镇压

【英】to suppress or extinguish summarily and completely;to nullify especially by judicial action

【反】engender,foment

【同】abrogate,annul,discharge,dissolve,vacate

【记】形近易混词:squash(*v.* 压扁)

quell *

〔kwel〕*v.* 压制;平息,减轻

【英】to thoroughly overwhelm and reduce to submission or passivity;quiet,pacify

【反】foment,incite,instigate,rouse

【同】annihilate,extinguish,quash,quench,squash

quench **

〔kwentʃ〕*v.* 结束;熄灭

【英】to put an end to, destroy;to put out (a fire, for example), extinguish

【反】fire,ignite,inflame,kindle,light

【同】extinguish, quash, quell, squash, suppress

【记】quench 的基本意思是"消灭,熄灭",指如同吹灭一支蜡烛或用水浇灭一堆火一样完全或突然结束某事,强调消灭或熄灭的原因,多用于渴望、愿望等情感方面。

quiescent**　［kwi'esnt］ *adj.* 静止的,安静的

【英】quiet and inactive

【反】rambunctious, restless, tumult

【同】dull, lethargic, inactive, sluggish, torpid

【记】联想:qui(≈quiet 安静)＋-escent(形容词后缀)→安静的

quirk　［kwɜːrk］ *n.* 特点;遁词

【英】a peculiarity of behavior; an idiosyncrasy; a quibble, a vagary

【记】形近易混词:quack(*n.* 冒充内行的人)

quixotic　［kwɪk'saːtɪk］ *adj.* 不切实际的

【英】foolishly impractical in the pursuit of ideals, especially marked by rash lofty romantic ideas or extravagantly chivalrous action

【反】clear-sighted, displaying consistently practical behavior

【同】idealistic, romantic, starry, utopian, visionary

【记】来自跟风车大战的唐·吉诃德(Don Quixot)。

rally　［'ræli］ *n.* 集会　*v.* 召集

【英】*n.* a large public meeting that is held in order to show support for something such as a political party; *v.* to gather or bring together

ramble　［'ræmbl］ *v.* 漫步,漫游

【英】to move aimlessly from place to place

【记】ramble, roam, stroll, wander 都可以表示"徘徊,漫游"的意思。ramble 一般指走走停停,心情愉快,步履轻松。roam 常指在广阔地方以自得其乐的愉快心情作无固定目标的漫游。stroll 常指无明确目的悠闲而缓慢地漫游。wander 指无目的地到处徘徊或闲荡。

ramification**　［ˌræmɪfɪ'keɪʃn］ *n.* 分叉;衍生物

【英】a branched structure; a development that complicates a situation

rampant　［'ræmpənt］ *adj.* 猖獗的,泛滥的

【英】very common and increasing in an uncontrolled way

rampart　［'ræmpaːrt］ *n.* 壁垒,城墙

【英】a protective barrier, bulwark

rancor ** ['ræŋkər] *n.* 敌意,怨恨
【英】bitter,long-lasting resentment,deep-seated ill will
【反】amity,charitableness,goodwill
【同】animosity,antagonism,antipathy,enmity,hostility

rapacious [rə'peɪʃəs] *adj.* 强抢的;贪婪的
【英】taking by force,plundering;greedy,ravenous
【同】gluttonous,greedy,ravenous,voracious,swinish
【记】由 rape(*n.* 洗劫,掠夺)衍生而来的词汇。

rapport [ræ'pɔːr] *n.* 和睦,意见一致
【英】relation marked by harmony,conformity,accord,or affinity
【反】discord
【同】communion,concord,rapprochement,unity
【记】形近易混词:support(*v.* 支持)→大家意见一致,相互支持

rarefy ['rerəfaɪ] *v.* 使……稀薄
【英】to make rare,thin,porous,or less dense
【反】concentrate,condense,make denser
【记】由 rare(*adj.* 稀罕的)衍生而来的词汇。

ration ** ['ræʃn] *n.* 定额,定量;配给
【英】a fixed portion,especially an amount of food allotted to persons in military service or to civilians in times of scarcity;a share especially as determined by supply
【记】形近易混词:radiation(*n.* 辐射)

ravage ['rævɪdʒ] *v.* 使……荒芜;严重破坏;劫掠
【英】to damage resulting from ravaging,violently destructive effect;to bring heavy destruction on;to pillage,sack
【同】destroy,devastate,ruin,scourge
【记】形近易混词:revenge(*v.* 报仇)→通过把敌人的家园彻底毁坏的方式去报仇

reactionary [ri'ækʃəneri] *adj.* 保守主义的,反对变革的
【英】characterized by reaction,especially opposition to progress or liberalism,extremely conservative
【反】liberal,nontraditional,open-minded,unorthodox,votary
【同】brassbound,hidebound,orthodox,traditional,unprogressive

rebuke [rɪ'bjuːk] *n.* 谴责 *v.* 谴责
【英】*n.* an act or expression of criticism and censure;*v.* to censure

severely or angrily

recalcitrant**　[rɪˈkælsɪtrənt] *adj.* 反抗的,倔强的

【英】marked by stubborn resistance to and defiance of authority or guidance

【反】compliant,docile,obedient,submissive,tractable

【同】fractious,indomitable,intractable,unmanageable,wild

【记】形近易混词:reluctant(*adj.* 勉强的,不情愿的)

recant**　[rɪˈkænt] *v.* 放弃信仰,公开认错

【英】to make a formal retraction or disavowal of (a statement or belief to which one has previously committed oneself)

【反】adhere to,reaffirm

【同】abjure,forswear,recall,retract,withdraw

【记】联想:re(再)+ cant(唱)→给某位神唱完赞歌之后,给另外一位神也唱赞歌→放弃原有信仰

recapitulate　[ˌriːkəˈpɪtʃuleɪt] *v.* 概括

【英】to summarize briefly

recipient　[rɪˈsɪpiənt] *n.* 接受者

【英】a person who gets something

reciprocal**　[rɪˈsɪprəkl] *adj.* 相互的,互惠的

【英】concerning each of two or more persons or things;especially given or done in return

reciprocate　[rɪˈsɪprəkeɪt] *v.* 往复运动;互换;酬答

【英】to move back and forth alternately;to give and take something mutually;to make a return for something given or done

【反】moving unidirectional

【同】recompense,repay,requite,retaliate,return

【记】形近易混词:respiration(*n.* 呼吸)

reckless　[ˈrekləs] *adj.* 鲁莽的,不顾后果的

【英】heedless or careless,headstrong,rash;indifferent to or disregardful of consequences

【反】circumspect,measured,responsible

【同】adventurous,audacious,daredevil,venturesome,venturous

【记】由 reck(*v.* 介意)衍生而来的词汇。

reclaim*　[rɪˈkleɪm] *v.* 拿回,收回;开垦,改造

【英】to succeed in getting it back;claim back;to make land suitable for a purpose such as farming or building

recoil ［rɪˈkɔɪl］ *v.* 畏缩；撤退

【英】to shrink back, as in fear or repugnance; to fall back under pressure

【反】advance

【同】blench, flinch, quail, shrink

【记】联想：re(退回) + coil(≈ coin 硬币)→从卖家的角度,往往退
回几块钱就可以让消费者不再纠缠→撤退

recompense ［ˈrekəmpens］ *n.* 赔偿　*v.* 报酬,赔偿

【英】*n.* the act of compensating for service or loss or injury; *v.* to make
amends for, pay compensation for

reconcile * ［ˈrekənsaɪl］ *v.* 使……和解,调停

【英】to make consistent or congruous

【反】disharmonize, rift

【同】accommodate, conciliate, conform, coordinate, harmonize

recondite ** ［ˈrekəndaɪt］ *adj.* 深奥的,难解的

【英】difficult or impossible for one of ordinary understanding or
knowledge to comprehend, deep

【反】easy comprehension, patent, self explain, widely understood

【同】abstruse, esoteric, hermetic, occult, profound

【记】词根：cond(隐藏), 参考 abscond(*v.* 潜逃)

reconnaissance ［rɪˈkɑːnɪsns］ *n.* 调查,侦察

【英】a preliminary survey to gain information, especially, an exploratory
military survey of enemy territory

【记】形近易混词：renaissance(*n.* 文艺复兴)

rectitude ［ˈrektɪtuːd］ *n.* 正直

【英】moral integrity, righteousness

【反】badness, iniquity, sin, villainy, wickedness

【同】morality, probity, righteousness, uprightness, virtue

【记】词根：rect(直), 参考 correctional(*adj.* 矫正的)与 erect(*v.* 树立)

redeem * ［rɪˈdiːm］ *v.* 赎回；履行,实践；补偿

【英】to recover ownership of by paying a specified sum; to fulfill (a
pledge, for example); to pay off (a promissory note, for example)

【反】breach, break, transgress, violate

【记】atone, compensate, redeem 都可以表示"补偿"的意思。atone
与 for 连用,表示"赎,补偿(过失或过错)",只能用于比较严

重的场合。compensate 主要含有"赔偿(损失),酬报(劳役)"等意思。redeem 主要含有"赎回(抵押品),弥补(过错),挽回(荣誉)"等意思。

redemption ［rɪ'dempʃn］ *n.* 救赎,补偿

【英】the act, process, or an instance of redeeming

【记】电影《肖申克的救赎》的英文名:*The Shawshank Redemption*

reductive ［rɪ'dʌktɪv］ *adj.* 还原的;减少的

【英】characterized by or causing diminution or curtailment

redundant ［rɪ'dʌndənt］ *adj.* 多余的

【英】exceeding what is necessary or normal, superfluous

【反】economical

【同】diffuse, prolix, verbose, windy

reenact ［ˌriːɪ'nækt］ *v.* 再扮演

【英】to enact or perform again

referee ［ˌrefə'riː］ *n.* 仲裁人,调解人,裁判员

【英】a person to whom a legal matter is referred for investigation and report or for settlement, a person who reviews a paper and especially a technical paper and recommends that it should or should not be published, a sports official usually having final authority in administering a game

【记】arbitrator, arbiter, judge, referee, umpire 都可指在观点发生冲突或分歧的情况下,有权或授权做出裁决的人。arbitrator 通常单独或与人合作来裁决(尤指劳工方面的)纠纷。arbiter(书面语)常指没有权威或官职而靠自己的权威对非法律问题(如时装、文学等)做出决断或提出乐意遵从准则的人。judge 的本义指主持法院工作并听取证词,对案件做出判决的法官。referee 适用于在技术方面为处理特殊诉讼案件而由官方指定的仲裁人。umpire 是指在重要或错综复杂的论点中,当双方公断人发生意见冲突或僵持不下时,出面进行最终裁决的人。

refractory ** ［rɪ'fræktəri］ *adj.* 难驾驭的,不听话的;(病)难治的

【英】resisting control or authority, stubborn, unmanageable; resistant to treatment or cure

【反】amenable, biddable, compliant, docile, obedient

【同】headstrong, intractable, mulish, stubborn, unyielding

【记】联想：re(再)+ fractory(≈ factory 工厂)→不听话的小孩要送回工厂回炉重造→不听话的

refute *   [rɪ'fjuːt] *v.* 反驳，否定

【英】to prove wrong by argument or evidence，show to be false or erroneous，to deny the truth or accuracy of

【反】acknowledge，admit，allow，confirm，prove

【记】contradict，deny，oppose，refute 都可以表示"否定，反对"的意思。contradict 指肯定地否认、反对或反驳某事，坚持相反的意见。deny 侧重否认意见或言论的真实性，尤指否定他人的指控或责难。oppose 普通的广泛用词，指不作争论或不提出论据而无理由地反对；也指任何温和、有理由的反对或否定。refute 语气较强，强调凭推理或证据驳斥一项主张或言论。

regal   ['riːgl] *adj.* 王者的

【英】belonging to or befitting a supreme ruler

regime   [reɪ'ʒiːm] *n.* 统治；(机构、公司或经济等的)管理方式

【英】the organization that is the governing authority of a political unit；the way that something such as an institution，company，or economy is run，especially when it involves tough or severe action

rehabilitate **   [ˌriːə'bɪlɪteɪt] *v.* 使……康复；使……复职；使……恢复名誉

【英】to restore to good health or useful life，as through therapy and education；to restore the former rank，privileges，or rights of；to reinstate the good name of

【同】reclaim，reconstruct，recover，rejuvenate，restitute

【记】联想：re(再)+ habilit(≈ ability 能力)+ -ate(动词后缀)→能力再一次出现→康复

rehash   ['riːhæʃ] *v.* 换汤不换药重复，老调重弹　*n.* 重复使用

【英】to present or use over，with no or few changes；old material that is slightly reworked and used again

relegate **   ['relɪgeɪt] *v.* 分类；委托；放逐

【英】to assign to an appropriate place or situation on the basis of classification or appraisal；to submit to someone or something for appropriate action；to send to a place of exile

【同】banish，deport，expatriate，transport

【记】commit，confide，consign，entrust，relegate 都可以表示"委托"的意思。commit 泛指委托给别人负责，意思最广泛。confide 表

示"托付、信赖",强调对别人依赖和放心。consign 表示"委托、交付",指比较正式的委托。entrust 表示"委托、托管",强调对别人的信任。relegate 表示"把……委托给",侧重抛弃或摆脱。

relent　　［rɪˈlent］ *v.* 变得慈悲

【英】to become less severe, harsh, or strict usually from reasons of humanity

【反】resist

【记】联想:re(再)＋lent(lend 的过去式)→反复借钱给别人→慈悲

relinquish　　［rɪˈlɪŋkwɪʃ］ *v.* 放弃,撤出,放手

【英】to give up; to withdraw or retreat from, leave behind

【反】cling to, cooperate, procure, reward

【同】abandon, resign, surrender, waive

【记】词根:relinq(＝relic 遗弃物,遗迹)→放弃,遗弃

relish　　［ˈrelɪʃ］ *n.* 喜爱;调味品

【英】an appetite for something, a strong appreciation or liking; a spicy or savory condiment or appetizer, such as chutney or olives

【反】aversion, despise, disfavor, hatred, loathing

【同】favor, fondness, partiality, preference

reminisce　　［ˌremɪˈnɪs］ *v.* 怀旧

【英】to recall the past

remission　　［rɪˈmɪʃn］ *n.* 宽恕,赦免;缓和,减轻

【英】the act or process of remitting; a state or period during which something is remitted

【反】penalty, punishment, retribution

【同】absolution, amnesty, forgiveness, pardon, remittal

remnant　　［ˈremnənt］ *n.* 剩余物

【英】a small part or portion that remains after the main part no longer exists

remorse**　　［rɪˈmɔːrs］ *n.* 懊恼,悔恨

【英】a gnawing distress arising from a sense of guilt

【反】impenitence, remorselessness

【记】regret 和 remorse 都可以表示"懊悔"的意思。regret 多指对已做或没有成功的事表示懊悔或不愉快,有时则指对自己无能为力的事感到懊悔。remorse 多指烦恼或问心有愧的精神折

磨,常含有自责、悔恨之义。

rend　[rend] *v.* 撕裂,猛拉

【英】to split or tear apart or in pieces by violence

【反】unite,mend,repair

【同】cleave,rip,rive,split,tatter

【记】形近易混词:rent(*n.* 租金)

记忆里寄托最初的模样

by 柯南

2000 年 4 月的某一天,寄托诞生在清华的一间学生宿舍里。那年 GRE 实行机考,因为机考的题目会反复出现,所以出现了机经这种东西。寄托诞生之初就是一个简单的机经汇总发布的网站。

ETS 推广机考的轰轰烈烈成就了寄托这个小小网站,越来越多的考生慢慢知道了寄托的存在,大牛们为了显示自己记忆力的强悍,考完后都会把试题回忆出来发在寄托上。真是佩服那些牛人,有些人连阅读文章基本都能八九不离十地默写出来……

机考的年代里,每天到寄托网站下载机经是每个考生必须的功课。为了出国,除了 GRE 还要考托福,还要准备申请材料,所以自然而然的,大家汇聚在寄托的各路网友也开始讨论托福和申请的相关事宜,托福版,申请版,签证版,一个接一个地开设了……

那个时候,考生对机经的需求很大,每天晚上当天机经更新的时候,服务器都要当机好几次,访问量太大。水木 BBS 里最常见的问题都是:"谁知道 Gter 怎么上不去了?"这样的问题。慢慢地,新东方老师也开始公开在课上宣传寄托,寄托的用户开始成倍增长。

"寄托天下"这个名字很好,念起来非常大气,也体现出志在飞跃的飞友们目标远大、志在四方的气概。Gter 这个名字是寄托首创。我觉得寄托从诞生之日起就注定了它与众不同的气质,因为他的成长和众多版主网友的无私奉献分不开。寄托强调的是互助、分享与奉献。很多人奇怪为什么寄托的版主那么无私,不计较所得,却甘愿辛勤为之工作。我以前也不能回答这个问题,但现在我知道,版主们虽然无私地为寄托服务,但寄托也回馈给每一位版主很多,这些都不是用金钱和物质来衡量的。过去的 10 年里,有的版主在这里结交了志同道合的朋友,有的版主找到了生命的另一半,还有的版主找到了自己事业的方向……

我最希望看到的是,100 年后的优秀年轻人还在谈论寄托。

List 20

- renege
- renunciate
- repertoire
- reprobate
- reptile
- repudiate
- repugnant
- repulse
- requisite
- rescind
- resent
- reside
- residue
- resign
- resignation
- respire
- respite
- resplendent
- restitute
- restive
- restrain
- resurgence
- resurrect
- resuscitate
- retard
- reticent
- retrospective
- revelry
- reverberate
- revere
- reverence
- revile
- reverie
- rhetoric
- ribald
- rife
- rift
- ritual
- roil
- rudimentary
- rupture
- rustic
- ruthless
- sabotage
- sacrosanct
- sagacious
- sage
- salient
- salubrious
- salutary
- salvage
- salvo
- sanctimonious
- sanction
- sanguine
- sanitation
- sanity
- sarcasm
- satiate
- satire
- savory
- scale
- scant
- scathe
- schematize
- schism

List 20

renege 　[rɪ'neg] *v.* 食言

【英】to fail to fulfill a promise or obligation

renunciate 　[rɪ'nʌnsɪeɪt] *n.* 托钵婆罗门僧人

【英】someone who has renounced lay life, generally to pursue ordination or monastic life

repertoire ** 　['repərtwɑːr] *n.* 预备上映的剧目列表

【英】a list or supply of dramas, operas, pieces, or parts prepared to perform

reprobate ** 　['reprəbeɪt] *v.* 谴责　*n.* 道德败坏的人

【英】*v.* to condemn strongly as unworthy, unacceptable, or evil; *n.* a morally unprincipledperson

【反】allow, concede, grant, permit

【同】censure, condemn, criticize, denounce, reprehend

【记】词根: re(相反) + prob(赞扬) + -ate(动词后缀)→与赞扬相反→谴责, 指责

reptile 　['reptaɪl] *n.* 爬虫动物; 卑鄙的人

【英】an animal that crawls or moves on its belly (as a snake) or on small short legs (as a lizard); groveling or despised person

【同】bastard, bugger, crumb, rotter, toad

【记】词根: rept(爬), 参考 surreptitious(*adj.* 暗中进行的)

repudiate ** 　[rɪ'pjuːdieɪt] *v.* 拒绝承认, 拒绝接受; 拒付

【英】to refuse to accept, especially to reject as unauthorized or as having no binding force; to refuse to acknowledge or pay

【反】acknowledge, concede, confirm, espouse, uphold

【同】decline, disapprove, refuse, reject, reprobate, spurn

repugnant 　[rɪ'pʌgnənt] *adj.* 令人厌恶的; 不一致的

【英】arousing disgust or aversion, offensive or repulsive; contradictory, inconsistent

【反】innocuous, inoffensive

【同】abhorrent, invidious, obnoxious, repellent, revulsive

repulse

【记】词根：pugn（打），参考 pugilist（n. 拳击家）

[rɪ'pʌls] v. 厌恶；驱逐　　n. 厌恶；驱逐

【英】v. to repel by discourtesy, coldness, or denial; to drive or beat back, repel; n. rebuff, rejection; the action of repelling an attacker

【反】attraction, captivate, court, entrance, open arms

【同】rebuff, rebut, repel, revolt, ward off

requisite

['rekwɪzɪt] adj. 必不可少的，必需的

【英】essential, necessary, required

【反】dispensable, inessential, needless

【记】essential, indispensable, necessary, requisite 都可以表示"必不可少的，必需的"的意思。essential 指对事物本身性质具有决定性的重要性，暗含不可缺少，否则便无法存在。indispensable 语气强，侧重指绝对必要性或不可缺少性。necessary 最常用词，侧重由客观因素决定的某种需要，强调不可避免，但并非绝不可缺少。requisite 特指为实现某一目的或得到某种结果而应有的需要，有时可与 necessary 换用。

rescind **

[rɪ'sɪnd] v. 废除，取消

【英】to take back, cancel

【反】continue, enactment, institute, keep, levy

【同】dismantle, recall, repeal, reverse, revoke

【记】谐音：来新的→旧的不去新的不来，来新的要先废除旧的→废除

resent **

[rɪ'zent] v. 憎恨

【英】to feel bitter and angry

reside

[rɪ'zaɪd] v. 居住；存在

【英】to live in a place permanently or for an extended period; to be inherently present, exist

residue

['rezɪduː] n. 剩余物

【英】something that remains after a part is taken, separated, or designated

【同】debris, remainder, remains, remnant, residual

resign

[rɪ'zaɪn] v. 辞职；服从，接受

【英】to give up one's office, quit; to accept something as inevitable, submit

【同】abdicate, abnegate, relinquish, renounce, surrender

【记】联想：re（再）+ sign（签名）→入职时候第一次签合同，辞职的时候再签一次→辞职

resignation * 　　[ˌrezɪɡˈneɪʃn] *n.* 辞呈;无奈的顺从

【英】a formal statement of your intention to leave a job or position;the acceptance of an unpleasant situation or fact because you realize that you cannot change it

respire ** 　　[rɪˈspaɪər] *v.* 吸入和呼出(空气),呼吸

【英】to inhale and exhale (air);breathe

respite 　　[ˈrespɪt] *n.* 间歇,暂缓

【英】a period of temporary delay,an interval of rest or relief

【记】形近易混词:despite(*prep.* 尽管)

resplendent 　　[rɪˈsplendənt] *adj.* 灿烂的,华丽的

【英】shining brilliantly

【反】lackluster,dull

【同】splendid,glorious,magnificent,sublime,superb

【记】词根:splend(发光),参考 splendid(*adj.* 壮丽的,辉煌的)

restitute ** 　　[ˈrestɪtjuːt] *v.* 复原,归还

【英】to give or bring back

restive 　　[ˈrestɪv] *adj.* 急躁的;倔强的

【英】marked by impatience;stubbornly resisting control

【反】amenable,biddable,calm,contentment,imperturbable

【同】balky,contumacious,incompliant,insubordinate,refractory

【记】联想:rest(休息) + -ive(形容词后缀)→休息不好会让人急躁→急躁的

restrain 　　[rɪˈstreɪn] *v.* 阻止,限制;使……受控制

【英】to prevent from doing, exhibiting, or expressing something; to limit,restrict,or keep under control

【反】release

resurgence 　　[rɪˈsɜːrdʒəns] *n.* 复活,重新活跃,复兴

【英】a rising again into life,activity,or prominence

【反】waning vitally,in decline

【同】rebirth,rejuvenation,renaissance,resurrection,revival

resurrect 　　[ˌrezəˈrekt] *v.* 使……复活;使……复兴

【英】to raise from the dead;to bring to view,attention,or use again

【同】reanimate,recharge,regenerate,rejuvenate,revitalize

resuscitate 　　[rɪˈsʌsɪteɪt] *v.* 使……复活,使……苏醒

【英】to revive from apparent death or from unconsciousness,also revitalize

【反】extinct, enervate

【同】freshen, recreate, refresh, regenerate, rejuvenate

retard * ['rɪtɑːd] *v.* 妨碍

【英】to cause to move or proceed slowly, delay or impede

【反】accelerate, catalyze, expedite, precipitate, speed up

【同】brake, decelerate, slow, slacken

reticent * ['retɪsnt] *adj.* 沉默不语的

【英】inclined to be silent or uncommunicative in speech

【反】communicative, effusive, loquacious, talkative, vociferous

【同】close, closemouthed, reserved, silent, taciturn

【记】形近易混词：reluctant(*adj.* 不情愿的)

retrospective [ˌretrə'spektɪv] *adj.* 回忆的；怀旧的

【英】looking back on, contemplating, or directed to the past; of, relating to, or being a retrospective

【反】anticipatory

【记】联想：retro(向后) + spect(看) + -ive(形容词后缀)→往回看的→回顾的

revelry ['revlri] *n.* 狂欢，喧闹的聚会

【英】noisy partying or merrymaking

【反】mournfulness

【同】conviviality, festivity, gaiety, jollification, rejoicing

【记】形近易混词：cleverly(*adv.* 聪明地)

reverberate [rɪ'vɜːrbəreɪt] *v.* 返回，反射

【英】to become driven back, to become reflected

【同】echo, reecho, resonate, resound

revere [rɪ'vɪr] *v.* 尊敬

【英】to show devoted deferential honor to

【反】disparage, disgrace, despise, irreverent, jape at

【同】adore, glorify, reverence, venerate, worship

【记】形近易混词：reverse(*adj.* 相反的)

reverence ** ['revərəns] *n.* 尊崇

【英】a feeling of great respect

revile [rɪ'vaɪl] *v.* 辱骂，斥责

【英】to subject to verbal abuse, vituperate

【记】形近易混词：unveil(*v.* 揭开)→揭开旧事丑闻来辱骂某人

reverie ['revəri] *n.* 白日梦,幻想

【英】absentminded dreaming while awake

rhetoric ['retərɪk] *n.* 修辞

【英】the art of speaking or writing effectively

【反】inarticulateness

【记】形近易混词:rhinoceri(*n.* 犀牛)

ribald ['rɪbld] *adj.* (举止、言语)粗鲁的

【英】characterized by or indulging in vulgar,lewd humor

【反】decent,seemly,nonobscene,proper,wholesome

【记】联想:rib(肋骨)+ ald(≈bald 光秃的)→露骨的→(言语)粗鲁的

rife [raɪf] *adj.* 流行的;丰富的

【英】prevalent especially to an increasing degree;copiously supplied,abounding

【反】sparse

【同】replete,swarming,teeming,thronged

【记】形近易混词:rile(*v.* 惹怒,使……焦急)

rift [rɪft] *n.* 不和

【英】a break in friendly relations

【反】reconciliation

ritual ['rɪtʃuəl] *n.* 宗教仪式,典礼;习俗

【英】a religious service or other ceremony which involves a series of actions performed in a fixed order;a way of behaving or a series of actions that people regularly carry out in a particular situation,because it is their custom to do so

roil [rɔɪl] *v.* 搅浑;激怒

【英】to make turbid by stirring up the sediment or dregs of;to move turbulently,be in a state of turbulence or agitation

【反】appease,clarify,delight,please,settle

【同】boil,churn,moil,seethe

【记】形近易混词:rail(*n.* 铁轨)→每逢长假买火车票总能让人发怒→激怒

rudimentary [,ru:dɪ'mentri] *adj.* 基础的,原始的;未发展的,早期的

【英】fundamental, of a primitive kind;very imperfectly developed or represented only by a vestige

【反】advanced,full developed,fully realized,evolved

【同】elementary,beginning,elemental,crude,primitive

【记】词根：rudi(＝rude 原始的)，参考 rudiments(*n.* 基础知识)与
erudite(*adj.* 博学的)

rupture　['rʌptʃər] *v.* 打破,打碎

【英】to part by violence,break,burst

【反】remain unbreakable

【同】breach,fissure,fracture,rift,schism

【记】词根：rupt(破裂)，参考 abruptly(*adv.* 突然地)与 corrupt(*adj.*
腐败的)

rustic　['rʌstɪk] *adj.* 乡村的;纯朴的

【英】of,relating to,or suitable for the country,rural;lacking in social
graces or polish

【反】graceful,polished,urbane

【同】awkward,clumsy,gauche,graceless,inelegant

【记】词根：rust(乡村)，参考 rusticate(*v.* 过乡村生活)

ruthless*　['ru:θləs] *adj.* 残酷的

【英】without mercy or pity

sabotage　['sæbətɑ:ʒ] *v.* 妨害,破坏

【英】to practice treacherous action to defeat or hinder a cause or an
endeavor on

【同】subvert,undermine,wreck

【记】来自 sabot(木鞋)，引申为"践踏,妨害,破坏"。参考 saboteur
(*n.* 破坏者)

sacrosanct　['sækrousæŋkt] *adj.* 极神圣的

【英】most sacred or holy

【反】deconsecrated,desacralized,unconsecrated,unhallowed

【同】hallowed,inviolable,sacred,unassailable,untouchable

【记】形近易混词：sanctimonious(*adj.* 假装诚实的;假装虔诚的)

sagacious**　[sə'geɪʃəs] *adj.* 睿智的

【英】of keen and farsighted penetration and judgment

【反】puerile,fatuous,unperceptive

【同】astute,discerning,knowledgeable,shrewd,perspicacious

【记】词根：sag(敏锐)，参考 sage(*adj.* 睿智的;*n.* 圣贤)

sage**　[seɪdʒ] *n.* 鼠尾草;智者　*adj.* 睿智的,精明的

【英】 *n.* a herb used in cooking;a man revered for his profound wisdom; *adj.* profoundly wise or prudent

salient** ['seɪlɪənt] *adj.* 显著的,突出的

【英】 standing out conspicuously

【同】 noticeable,arresting,conspicuous,prominent

salubrious** [sə'luːbrɪəs] *adj.* 有益健康的

【英】 favorable to or promoting health or well-being

【反】 baneful,deleteriousr,morbid,noxious

【同】 healthful,healthy,hygienic,salutary,wholesome

【记】 词根:salu(健康的),参考 salutary(*adj.* 有益的;有益健康的) 与 salutation(*n.* 致敬,打招呼)

salutary** ['sæljəteri] *adj.* 有益的;有益健康的

【英】 producing a beneficial effect,remedial;favorable to health

【反】 deleterious,disadvantageous,unfavorable,unprofitable

【同】 healthy,hygienic,salubrious,wholesome,beneficial

salvage ['sælvɪdʒ] *v.* 抢救

【英】 to rescue or save especially from wreckage or ruin

【反】 abandon

【记】 词根:salv(= save 救),参考 salvable(*adj.* 可抢救的) 与 salve (*v.* 减轻,缓和)

salvo ['sælvoʊ] *n.* 齐鸣

【英】 the firing of several guns or missiles at the same time in a battle or ceremony

sanctimonious [,sæŋktɪ'moʊnɪəs] *adj.* 假装虔诚的

【英】 hypocritically pious or devout

sanction** ['sæŋkʃn] *v.* 批准,许可

【英】 to give effective or authoritative approval or consent to

【反】 dismiss,decline,deny,negative,veto

【记】 approve,confirm,sanction 都可以表示"批准"的意思。approve 普通用词,常指正式的或官方的批准。confirm 强调按法律程序提出确认或批准。sanction 语气最强,多指官方同意或批准,是书面用词。

sanguine ['sæŋgwɪn] *adj.* 红润的;自信的

【英】 of a healthy reddish color;confident,optimistic

【反】 despondent,hopeless,morose,pallid,wan

【记】sanguine(本义"血")引申:血色→满面红光→心情好;参考
sanguinary(*adj.* 血腥的)

sanitation　[ˌsænɪˈteɪʃn] *n.* 卫生,保持卫生

【英】the act or process of making sanitary;the promotion of hygiene and prevention of disease by maintenance of sanitary conditions

【反】noxious

sanity *　[ˈsænəti] *n.* 心智健全,神志正常

【英】the ability to think and behave normally and reasonably

sarcasm *　[ˈsɑːrkæzəm] *n.* 讽刺,挖苦

【英】a sharp and often satirical or ironic utterance designed to cut or give pain

【反】praise

【同】affront,barb,epithet,gird,slur

satiate **　[ˈseɪʃieɪt] *v.* 充分满足

【英】to satisfy fully or to excess

【反】empty,famished,hungry,starved

【同】gorge,jade,sate,stodge,surfeit

【记】词根:sat(满),参考 satiety(*n.* 满足)

satire　[ˈsætaɪər] *n.* 讽刺文学;讽刺

【英】a literary work in which human vice or folly is attacked through irony,derision,or wit;irony,sarcasm,or caustic wit used to attack or expose folly,vice,or stupidity

【同】lampoon,pasquinade

savory *　[ˈseɪvəri] *adj.* 美味的,可口的

【英】appetizing to the taste or smell

【反】fetid,foul,malodorous,noisome,stenchy

【同】ambrosial,aromatic,fragrant,perfumed,redolent

【记】形近易混词:sailor(*n.* 水手)

scale　[skeɪl] *n.* 天平,秤盘;音阶;比例尺

【英】an instrument or machine for weighing;a graduated series of musical tones;a proportion used in determining the dimensional relationship of a representation to that which it represents

scant　[skænt] *adj.* 不足的,缺乏的

【英】barely or scarcely sufficient,especially not quite coming up to a stated measure

【反】abundant, considerable, myriad, profuse, voluminous

【同】deficient, inadequate, insufficient, scanty, scarce

【记】形近易混词:scan(v. 扫描,审视)→审视之后发现不足→不足的

scathe　[skeɪð] v. 损伤,损害

【英】to do harm to

【同】abuse, attack

schematize　['skiːmətaɪz] v. 用计划表达,按计划安排

【英】to form into or arrange in a scheme

schism＊＊　['skɪzəm] n. 分裂,不一致

【英】division, separation, discord, disharmony

【反】accord, agreement, concordance, harmony, peace

【同】conflict, dissonance, friction, strife, variance

让 GRE 为青春做注

by 佚名

GRE 已经过去一个星期,心中却始终放不下那段特殊的日子,仍然感慨这大半年的付出与收获。分数还没有出来,尽管自己发挥得也不是很好,但是我可以说,我已经尽了全力,我对得起自己。有 GRE 的青春,永远无悔。

大半年的备考经历,酸甜苦辣的点滴仍然历历在目。

还记得,要写论证报告的时候,一边复习背单词一边上新东方一边看书改报告的那一个月,不分昼夜地连轴转,那时甚至有想多睡一分钟的念头都是可耻;

还记得,寒假回家在市图书馆自习,周围都是小朋友,还有一个高二的小妹问我:为什么你都上了大学还要自习;

还记得,为了避免双线作战,在家里熬夜写论文的那个寒假;

还记得,12 点宿舍熄灯之后把充电台灯耗到没电,有时候还会去公共浴室借灯把当天的任务完成;

还记得,无数个周末、假期,自己迈着无比沉重的脚步走在去图书馆自习的路上的样子;还记得,自己第一次模考失败后绝望地痛哭……

我记得在寄托上看到草木版主的一句话:"既然想要成为高手,就不要对自己太温柔。"这句话几乎支撑了我最后一个月的复习。当我为自己艰辛的备考生活自怜的时候,我就用这句话激励自己,考 GRE 的人不是我一个,比我刻苦的人也多得是……

这大半年,GRE 几乎是我生活的全部支柱和目标,可以说我是为伊消得人憔悴。我也曾怀疑自己的付出,也曾抱怨为什么自己要过这样的生活,但我还是坚持下来。我想,这一定会成为我这一生中最无悔的事情之一。记得出考场之后,我还给朋友发短信说,我以后再也不想看 GRE 了。可这还没多少天,我就开始怀念那段美好的时光,怀念那些无悔的付出,甚至那种"望断天涯路"的绝望,在此刻看来也是一种带着淡淡忧伤的美丽。

　　虽然我知道,在通往梦想的长长的路上,GRE 只是一个小小的驿站,但我仍然十分感谢有 GRE 的日子,感谢那种付出,感动于我接受的爱和帮助。这段经历虽然短暂,但却是我青春中一个重要的脚注。我希望若干年后,当我发苍苍、齿牙松动,想到 GRE,我还可以坦然地说,在青春年少时,我对得起我自己。

List 21

- scintillate
- scoff
- scorn
- scruple
- scrupulous
- scrutinize
- secluded
- sectarian
- secular
- sedentary
- seditious
- sedulous
- seething
- segregate
- seismic
- seizure
- semantic
- semblance
- sensation
- sensuous
- sentient
- sentiment
- serendipity
- serene
- serum
- servitude
- shackle
- sham
- shaman
- shanty
- shed
- shirk
- shoddy
- shriek
- shun
- shunt
- siege
- sift
- silicate
- simulate
- singularity
- sinistral
- slake
- slander
- slaughtering
- sloth
- sluggish
- sly
- smelt
- snag
- snobbery
- snub
- sodium
- solicitous
- soluble
- solvent
- somatic
- somnolence
- sonority
- soporific
- soprano
- sordid
- sovereign
- sparse
- spawn
- spectacle

List 21

scintillate   ['sɪntɪleɪt] *v.* 发出(火花),闪闪发光,闪烁

【英】to give off (sparks),sparkle,twinkle

scoff *   [skɑːf] *n.* 笑柄,嘲笑   *v.* 嘲笑;狼吞虎咽

【英】*n.* an object of scorn,mockery,or derision; *v.* to treat or address with derision,mock; to eat greedily

scorn   [skɔːrn] *v.* 鄙视,不屑   *n.* 轻蔑

【英】*v.* to reject or dismiss as contemptible or unworthy; *n.* open dislike and disrespect or derision often mixed with indignation

【反】adulate,esteem,favor,regard,venerate

【记】despise,look down upon,scorn 都可以表示"轻视,鄙视"的意思。despise 指由于卑鄙、软弱、渺小或无价值等而被轻视。look down upon 指自视地位优越而蔑视他人或事。scorn 语气较强,指极端的蔑视,常伴有愤怒或恼怒的情感。

scruple   ['skruːpl] *v.* (由于道德原因而感到)迟疑,踌躇

【英】to show reluctance on grounds of conscience

【同】halt,hesitate,stagger,vacillate,waver

【记】形近易混词:sculpture(*n.* 雕塑)

scrupulous   ['skruːpjələs] *adj.* 严谨的,谨慎的

【英】having moral integrity,acting in strict regard for what is considered right or proper;punctiliously exact,painstaking

【反】dishonorable,immoral,unjust,unprincipled,unscrupulous

【同】upright,conscientious,punctilious

scrutinize *   ['skruːtənaɪz] *v.* 仔细检查

【英】to examine closely and minutely

【反】casual glance,gloss over

【同】audit,examine,overlook,review,survey

secluded   [sɪ'kluːdɪd] *adj.* 僻静的;隐居的

【英】screened from view,sequestered;removed or remote from others, solitary

【同】cloistered,hermetic,recluse

【记】联想：se(分开) + clude(关闭)→隔离→隐居的

sectarian ［sek'teriən］*adj.* 派系的

【英】resulting from the differences between different religions

secular * ［'sekjələr］*adj.* 世间的；世俗的，非宗教的

【英】of or relating to the worldly or temporal；not specifically relating to religion or to a religious body

【反】religious，sacred

【同】profane，temporal

sedentary ［'sednteri］*adj.* 习惯久坐的；固定的

【英】accustomed to sitting or to taking little exercise；remaining or living in one area，settled

【反】migratory，peripatetic

【记】联想：sed(=sede 坐) + entary(≈ century)→坐上一个世纪→习惯久坐的

seditious ［sɪ'dɪʃəs］*adj.* (言行或写作)煽动性的

【英】arousing to action or rebellion

sedulous ** ［'sedʒələs］*adj.* 勤勉的

【英】diligent in application or pursuit

【反】careless，lazy，idle，unemployed，unoccupied

【同】assiduous，diligent，engaged，industrious，laborious

【记】联想：sed(=sede 坐) + ulous(形容词后缀，表示"很多")→坐在桌子前很久→勤勉的

seething ［'siːðɪŋ］*adj.* 沸腾的

【英】boiling or foaming as if boiling

segregate * ［'segrɪgeɪt］*v.* 隔离，分开

【英】to parate or isolate (one thing) from another and place in a group apart from others

seismic ［'saɪzmɪk］*adj.* 地震的；地震引起的

【英】caused by or relating to an earthquake

seizure ［'siːʒər］*n.* 疾病突然发作；缴获，没收

【英】a sudden occurrence (or recurrence) of a disease；the taking possession of something by legal process

semantic ［sɪ'mæntɪk］*adj.* 语义的

【英】used to describe things that deal with the meanings of words and sentences

semblance　['sembləns] *n.* 表象,外观

【英】an outward or token appearance or form that is deliberately misleading

sensation　[sen'seɪ∫n] *n.* 感觉,知觉

【英】a mental process (as seeing,hearing,or smelling) resulting from the immediate external stimulation of a sense organ often as distinguished from a conscious awareness of the sensory process

【反】anesthesia,numbness

【记】由 sense(*n.* 感觉)衍生而来的词汇。

sensuous　['sen∫uəs] *adj.* 给人快感的

【英】taking delight in beauty

sentient**　['sentiənt] *adj.* 有感知能力的

【英】endowed with feeling and unstructured consciousness

sentiment　['sentɪmənt] *n.* 观点,感想;感情

【英】an idea or feeling that someone expresses in words;feelings such as pity or love, especially for things in the past, and may be considered exaggerated and foolish

serendipity　[ˌserən'dɪpəti] *n.* 善于发掘新奇事物的能力

【英】the faculty or phenomenon of finding valuable or agreeable things not sought for

serene　[sə'riːn] *adj.* 安静的,安详的

【英】marked by utter calm and unruffled quietude;clear and free of storms or unpleasant change

【同】composed,easygoing,placid,poised,tranquil

【记】形近易混词:siren(*n.* 汽笛,警报)

serum　['sɪrəm] *n.* 血清

【英】the watery,pale yellow part of blood

servitude　['sɜːrvɪtuːd] *n.* 奴役

【英】the condition of being a slave or of being completely under the control of someone else

shackle　['∫ækl] *v.* 束缚

【英】to deprive of freedom especially of action by means of restrictions or handicaps

【反】loose,emancipate

【同】fetter,impede,hamper

sham	［ʃæm］ *v.* 佯装　*n.* 赝品　*adj.* 虚假的
	【英】*v.* to act intentionally so as to give a false impression,feign;*n.* an imitation or counterfeit purporting to be genuine;*adj.* not genuine, false,feigned
	【反】debunk,genuine
	【同】artificial,caricature,counterfeit,fictitious,parody
	【记】形近易混词:shame(*n.* 害羞)→厚脸皮的人最喜欢装害羞
shaman	［'ʃeɪmən］*n.* 萨满;美洲土著居民认为能祛病降魔的人
	【英】a person who is believed to have powers to heal sick people or to remove evil spirits from them
shanty	［'ʃænti］*n.* 棚屋,简陋的小屋;水手号子,船夫曲
	【英】small rough hut which poor people live in,built from tin,cardboard, or other materials that are not very strong;a song which sailors used to sing while they were doing work on a ship
shed	［ʃed］*n.* 棚式建筑　*v.* 落(叶);脱(发);蜕(皮);摆脱
	【英】*n.* a large shelter or building,for example,at a train station,port, or factory;*v.* to cast off hair,skin,horn,or feathers;get rid of
shirk	［ʃɜːrk］*v.* 逃避
	【英】to avoid or neglect
	【反】attend to,remember
	【同】avoid,dodge,elude,eschew,weasel
	【记】形近易混词:shrink(*v.* 收缩)→退缩回来以逃避打击
shoddy	［'ʃɑːdi］*adj.* 劣等的;以次充好的
	【英】hastily or poorly done;cheaply imitative
	【反】excellent,fine,superior
	【同】gimcrack,inferior,mediocre,wretched
shriek**	［ʃriːk］*n.* 尖叫　*v.* 尖叫
	【英】*n.* sharp piercing cry;*v.* to utter a shrill cry
shun*	［ʃʌn］*v.* 躲避,避免
	【英】to avoid deliberately and especially habitually
	【同】avoid,elude,escape,eschew,evade
	【记】谐音:闪→闪开,躲避
shunt	［ʃʌnt］*v.* 使……转轨;把……移走
	【英】to switch (a railroad car,a train,etc.) from one track to another; to move to the side

siege　　　[siːdʒ] *n.* 包围

【英】a military blockade of a city or fortified place to compel it to surrender

sift　　　[sɪft] *v.* 筛；细查

【英】to separate or separate out by or as if by putting through a sieve；examine thoroughly

silicate　　　['sɪlɪkeɪt] *n.* 硅酸盐

【英】a compound of silica which does not dissolve

simulate**　　　['sɪmjuleɪt] *v.* 模仿

【英】to give or assume the appearance or effect of often with the intent to deceive；to move to the side

【同】assume，bluff，counterfeit，dissemble，imitate

【记】形近易混词：stimulate(*v.* 鼓励)

singularity　　　[ˌsɪŋgju'lærəti] *n.* 独特

【英】unusual or distinctive manner or behavior，peculiarity

【同】mannerism，oddity，peculiarity，idiosyncrasy

【记】由 single(*adj.* 单一的)衍生而来的词汇。

sinistral　　　['sɪnɪstrəl] *adj.* 左边的；身体左侧的

【英】of，relating to，or located on the left side，esp the left side of the body

slake**　　　[sleɪk] *v.* 满足，平息

【英】to satisfy，quench

【同】assuage，quench，sate，satiate，satisfy

【记】形近易混词：sake(*n.* 缘故)，slate(*n.* 石板；候选人名单)

slander*　　　['slændər] *n.* 诽谤　*v.* 诋毁

【英】*n.* an untrue spoken statement about someone which is intended to damage their reputation；*v.* to say untrue things about them in order to damage their reputation

slaughtering　　　['slɔːtərɪŋ] *v.* 屠宰，屠杀　*n.* 屠宰，屠杀

【英】*v.* to kill (animals) usually for food consumption；kill (animals) usually for food consumption；*n.* the killing of animals；the savage and excessive killing of many people

sloth　　　[sloʊθ] *n.* 懒惰

【英】spiritual apathy and inactivity

【反】drive，industriousness，industry

【同】idleness,indolence,inertia,slouch,sluggishness

【记】七宗罪(Seven deadly sins):傲慢(Pride),贪婪(Greed),淫欲(Lust),暴怒(Wrath),饕餮(Gluttony),妒忌(Envy),懒惰(Sloth)

sluggish ** 　　['slʌgɪʃ] *adj.* 无精打采的;缓慢的

【英】averse to activity or exertion,indolent and torpid;markedly slow in movement,flow,or growth

【反】alacrity,brisk,meteoric,swift,whirlwind

【同】lethargic,slumberous,stupid,torpid,slow

sly 　　[slaɪ] *adj.* 狡猾的,不坦率的

【英】lacking in straightforwardness and candor,dissembling

【反】artless,ingenuous

smelt 　　[smelt] *v.* 熔炼　　*n.* 胡瓜鱼

【英】*v.* to extract (a metal) from (an ore) by heating;*n.* small trout-like silvery marine or freshwater food fishes of cold northern waters

snag 　　[snæg] *n.* 小问题;小挫折

【英】a small problem or disadvantage

snobbery 　　['snɑ:bəri] *adj.* 势利的

【英】being,characteristic of,or befitting someone who tends to patronize,rebuff,or ignore people regarded as social inferiors and imitate,admire,or seek association with people regarded as social superiors

【同】persnickety

【记】由 snob(*n.* 势利的人)衍生而来的词汇。

snub 　　[snʌb] *v.* 冷落,不理睬

【英】to treat with contempt or neglect

【反】court,honor,respect

【同】cold-shoulder,high-hat,slight

【记】形近易混词:snob(*n.* 势利的人)

sodium 　　['soʊdiəm] *n.* 钠

【英】a silvery white chemical element which combines with other chemicals

solicitous ** 　　[sə'lɪsɪtəs] *adj.* 热切的,挂念的

【英】full of desire,eager

【反】unconcerned,indifference,patient

【同】anxious, ardent, avid, eager, keen

soluble ['sɑːljəbl] *adj.* 可溶解的

【英】capable of being dissolved in some solvent (usually water)

solvent ['sɑːlvənt] *adj.* 有偿付能力的   *n.* 溶剂

【英】*adj.* able to pay all legal debts; *n.* a usually liquid substance capable of dissolving or dispersing one or more other substances

【反】bankrupt, insolvent

【记】由 solve (*v.* 溶化,解决) 衍生而来的词汇。

somatic [səʊ'mætɪk] *adj.* 肉体的

【英】of, relating to, or affecting the body, especially as distinguished from a body part, the mind, or the environment

【反】nonphysical, nonmaterial

【同】bodily, carnal, corporeal, physical

【记】形近易混词:stomatic (*adj.* 嘴的)

somnolence ['sɔmnələns] *n.* 瞌睡

【英】the quality or state of being drowsy

【反】insomnia, sleeplessness, wakefulness

【同】doziness, drowsiness, sleepiness

【记】联想:somn (词根,睡) + olent (词根,多)→睡得很多→瞌睡

sonority** [sə'nɔːrəti] *n.* 响亮度

【英】having the character of a loud deep sound; the quality of being resonant

soporific** [ˌsɑːpə'rɪfɪk] *adj.* 催眠的;昏昏沉沉的   *n.* 安眠药

【英】*adj.* causing or tending to cause sleep; tending to dull awareness or alertness; *n.* a soporific agent

【反】exhilarating, invigorating, stimulant, provocative, vitality

【同】drowsy, opiate, slumberous, somniferous, somnolent

【记】词根:sopor (昏睡),参考 soporous (*adj.* 酣睡的) 与 sopor (*n.* 昏睡)

soprano [sə'prɑːnəʊ] *n.* 女高音,童声高音

【英】a woman, girl, or boy with a high singing voice

sordid ['sɔːdɪd] *adj.* 低贱的,卑鄙的;肮脏的

【英】marked by baseness or grossness, vile; dirty, filthy

【反】immaculate, noble, ultraclean, unstained, wholesome

【同】bedraggled, befouled, begrimed, grimy, nasty

【记】谐音:扫地的

sovereign ['sɑːvrɪn] *adj.*具有独立主权的,至高无上的　*n.* 君主

【英】*adj.* (of political bodies) not controlled by outside forces;greatest in status or authority or power; *n.* a king,queen,or other royal ruler of a country

sparse [spɑːrs] *adj.* 少的,稀疏的

【英】of few and scattered elements

【反】abundant,ample,copious,plenteous,rife

【同】exiguous,meager,poor,scanty,sparing

spawn [spɔːn] *v.* (鱼、蛙等)产卵　　*n.* (鱼、蛙等的)卵

【英】*v.* to produce or deposit (eggs)—used of an aquatic animal; *n.* a soft,jelly-like substance containing the eggs of fish,or of animals such as frogs

spectacle ['spektəkl] *n.* 奇观;盛大的活动;眼镜

【英】a strange or interesting sight;a grand and impressive event or performance;glasses

写给两线、三线、四线乃至六线
作战的同学（诚恳版）

by lian_zhuxi

其实 GRE 的重考带来的影响更多的是精神上的,士气上的,因为它给了你一个心理暗示,一个放弃的理由:"这种百年一遇的倒霉事都让我碰上了,还是放弃吧";但是,如果你能够克服这些,你的原计划还是可以进行下去,或许会推迟上几天。当然,如果是大三或者研二的同学这样做也未尝不可,可以让自己做得更从容一些;但如果是大四或者研三的同学,我建议还是咬紧牙搏一搏,毕竟人生能得几回搏。坚持过了,努力过了,至少不会后悔。有时候,不是一定要做出轰轰烈烈的事情才是英雄。你战胜了自己,一样是英雄。每个人都可以是英雄,只要你迎难而上。

在有限的时间同时做好几件事情,是一种能力,每个成功的人都具有的一种能力。当然,一开始会很不习惯,会很烦。其实楼主也是,下周二要考试,同时另外一门课要交作业(而且这个作业还很复杂,作业涉及的内容,楼主已经连续 5 节课听不懂了……),一个星期后又是另外一门考试,然后第一个学期要结束了,马上要联系下一个学期的实验室,这意味着又要开始研读大量的论文,然后本实验室的事情也没完没了,要小组会议,要讨论论文,还要做实验,实验还不顺利……而且,所有的一切都是以一种我目前还非常不熟悉的语言进行。楼主也很烦。但是烦解决不了任何问题。所以楼主先将事情按照轻重缓急归类,重要的事情先做,相对不重要的事情后做;耗时短的事情夹在耗时长的事情里做。这样,当你完成了一件一件事情,烦躁感越来越少,成就感越来越强,事情最终会完成得很成功。

所以,所有有梦想的人,停止怨天尤人,先行动起来。

List 22

- spectator
- speculate
- spherule
- spontaneous
- sporadic
- spurious
- spurn
- squander
- staggered
- stagnate
- staid
- stain
- stale
- standoffish
- starch
- stasis
- static
- stature
- stave
- stereotype
- sterile
- sterling
- stern
- stifle
- stigma
- stint
- stipulate
- stoicism
- stolid
- stratagem
- stratum
- stringent
- strip
- stronghold
- stub
- stultify
- stun
- stymie
- subdue
- subject
- sublime
- subordinate
- subservient
- subside
- subsume
- subtle
- subvert
- succinct
- succor
- succumb
- suffrage
- sully
- sumptuous
- sunder
- supercilious
- superfluous
- superimpose
- supersede
- supplant
- supplement
- supposition
- suppress
- surfeit
- surgeon
- surreptitious
- susceptible

List **22**

spectator　　［'spekteɪtər］*n.* 观众

【英】someone who watches something, especially a sports event

speculate　　［'spekjuleɪt］*v.* 猜测　　*n.* 投机

【英】*v.* to make guesses about its nature or identity, or about what might happen; *n.* invest at a risk

spherule　　［'sferjuːl］*n.* 小球体

【英】a small sphere

spontaneous＊＊　　［spɑːn'teɪniəs］*adj.* 自发的

【英】developing or occurring without apparent external influence, force, cause, or treatment

【同】automatic, impulsive, instinctive, unmediated, unpremeditated

sporadic＊＊　　［spə'rædɪk］*adj.* 偶尔发生的, 零星发生的

【英】occurring occasionally, singly, or in irregular or random instances

【反】chronic, frequent, habitual, periodic, regular

【同】casual, erratic, infrequent, few, occasional

【记】词根: spor (= sper 分散)→分散的→零星发生的。参考 disperse (*v.* 分散)

spurious　　［'spjʊriəs］*adj.* 假的, 伪造的

【英】outwardly similar or corresponding to something without having its genuine qualities, false; of falsified or erroneously attributed origin, forged

【反】authentic, genuine, real

【同】apocryphal, bogus, counterfeit, inauthentic

【记】形近易混词: spacious (*adj.* 宽敞的)

spurn　　［spɜːrn］*v.* 拒绝, 摈弃

【英】to reject with disdain or contempt, scorn

【反】court, crave, embrace, welcome willingly

【同】decline, disapprove, refuse, reprobate, repudiate

squander＊　　［'skwɑːndər］*v.* 浪费

【英】to spend extravagantly or foolishly, dissipate, waste

【反】conserve，husband

【同】blow，dissipate，lavish，trifle

staggered　['stægərd] *v.* （因生病、醉酒等）摇晃地走；蹒跚；使震惊

【英】to walk very unsteadily，for example because you are ill or drunk；astound or overwhelm，as with shock

stagnate　['stægneɪt] *v.* 停滞不前

【英】to stop changing or progressing

staid　[steɪd] *adj.* 稳重的，沉着的

【英】marked by settled sedateness and often prim self-restraint，sober，grave

【反】facetious，flippant，humorous，jaunty，kittenish

【记】形近易混词：stand（*v.* 站立）→站似一棵松，沉着稳重的

stain　[steɪn] *n.* 污渍　*v.* 留下污渍

【英】*n.* a mark on something that is difficult to remove；*v.* to make dirty or spotty，as by exposure to air；also used metaphorically

stale　[steɪl] *adj.* 不新鲜的；变味的；缺乏新鲜感的

【英】no longer fresh or good to eat；lacking originality or spontaneity；no longer new

standoffish　[ˌstænd'ɔːfɪʃ] *adj.* 不友好的

【英】lacking cordiality；unfriendly

starch　[stɑːrtʃ] *n.* 淀粉；（用于使布料挺直的）浆粉

【英】a substance that is found in foods such as bread，potatoes，pasta，and rice and gives you energy；a substance that is used for making cloth stiffer，especially cotton and linen

stasis　['steɪsɪs] *n.* 停滞

【英】a state of static balance or equilibrium，stagnation

static*　['stætɪk] *adj.* 不变的，静止的

【英】characterized by a lack of movement or change

【同】immobile，stagnant，stationary

【记】形近易混词：tactic（*n.* 战略）→以不变应万变的战略

stature　['stætʃər] *n.* 身高；名望

【英】natural height in an upright position；quality or status gained by growth，development，or achievement

【记】形近易混词：status（*n.* 地位，身份），statute（*n.* 法令，条例）

stave [steɪv] *n.* (尤指用作武器的)棍;棒;五线谱

【英】a strong stick, especially one that is used as a weapon

stereotype ['steriətaɪp] *n.* 模式化的事物

【英】something conforming to a fixed or general pattern, especially a standardized mental picture that is held in common by members of a group and that represents an oversimplified opinion, prejudiced attitude, or uncritical judgment

【同】concept, conception, generality, notion, generalization

【记】词根:stereo(立体的,固体的),参考 stereochemistry(*n.* 立体化学)

sterile ['sterəl] *adj.* 贫瘠的;无菌的

【英】unproductive of vegetation; free from living organisms and especially microorganisms

【反】fertile, fruitful, verdant

【同】barren, impotent, infecund, infertile

sterling ['stɜːrlɪŋ] *adj.* 优秀的   *n.* 英镑(英国货币)

【英】*adj.* very good in quality; used to describe someone's work or character; *n.* the money system of Great Britain

stern＊ [stɜːrn] *adj.* 严厉的,苛刻的

【英】strict bearing or demeanor; forbidding in aspect; severe and unremitting in making demands

stifle ['staɪfl] *v.* 抑制;使窒息,扼杀

【英】to withhold from circulation or expression, repress; to kill by depriving of oxygen

【反】foment, foster

【同】suppress

【记】形近易混词:strife(*n.* 争吵,冲突)

stigma＊＊ ['stɪgmə] *n.* 耻辱,污名

【英】a mark of shame or discredit

【反】mark of esteem

【同】blur, brand, slur, spot, stain

stint [stɪnt] *v.* 吝惜,节省

【英】to be sparing or frugal

【反】lavish

【同】pinch, scrimp, skimp, spare

【记】形近易混词:stink(*n.* 臭味,臭气)

stipulate[*]　['stɪpjuleɪt] *v.* 作为合约的条件规定;合同要求

【英】to lay down as a condition of an agreement;require by contract

【反】tacit requirement

【记】形近易混词:stimulate(*v.* 激励)

stoicism　['stouɪsɪzəm] *n.* 坚忍克己;坦然淡定

【英】an indifference to pleasure or pain

stolid[**]　['stɑːlɪd] *adj.* 无动于衷的,感情麻木的

【英】expressing little or no sensibility,unemotional

【反】demonstrative,expressive,excitable

【同】deadpan,expressionless,impassive,numb,vacant

stratagem[**]　['strætədʒəm] *n.* 谋略,策略

【英】a cleverly contrived trick or scheme for gaining an end

【同】artifice,device,feint,ploy,wile

【记】由 strategy(*n.* 策略)衍生而来的词汇。

stratum　['streɪtəm] *n.* 岩层;社会阶层

【英】different layers of rock;a group of people in it who are similar in their education,income,or social status

stringent　['strɪndʒənt] *adj.* 严厉的;缺钱的

【英】marked by rigor,strictness,or severity especially with regard to rule or standard;marked by money scarcity and credit strictness

【反】flexible,lax,loose,relaxed,slack

【同】draconian,ironhanded,rigorous,rigid,strict

【记】联想:string(线,细绳)+ -ent(形容词后缀)→缺钱吃不饱的时候,勒紧裤带,可以少吃点

strip　[strɪp] *v.* 脱衣服;剥夺

【英】to remove clothing,covering,or surface matter from;to divest of honors,privileges,or functions

【反】bedeck

【同】denude,disrobe,unclothe,undress

【记】形近易混词:stripe(*n.* 条纹,斑纹)

stronghold　['strɔːŋhoʊld] *n.* 要塞,大本营,中心地

【英】a strongly fortified defensive structure

stub　[stʌb] *n.* (香烟或铅笔的)残端;存根　*v.* 不小心踢到

【英】*n.* the small unused part of something (especially the end of a cigarette that is left after smoking) ; a torn part of a ticket returned to the holder as a receipt ; *v.* to strike (one's toe) accidentally against an object

stultify ['stʌltɪfaɪ] *v.* 使……无效, 抑制；使……显得愚蠢

【英】to impair, invalidate, or make ineffective, negate ; to cause to appear or be stupid, foolish, or absurdly illogical

【反】excite, stir

【同】stagnate, stifle, trammel

【记】联想：stult (= stupid 愚蠢的) + -ify (使……) → 使……显得愚蠢

stun [stʌn] *v.* 使震惊；打昏；给人以深刻印象

【英】to make senseless or dizzy, daze

【记】stunning 是很好的用来形容女人漂亮的词汇, 可以对应中文里的"惊艳"。

stymie ['staɪmi] *v.* 阻碍

【英】to present an obstacle to stand in the way of

【反】abet, facilitate, foster, promote

【同】encumber, hinder, impede, inhibit, shackle

subdue [səb'duː] *v.* 征服；压制；减轻

【英】to conquer and bring into subjection, vanquish ; to bring under control especially by an exertion of the will, curb ; to reduce the intensity or degree of, tone down

【反】burgeon, inflame

【同】conquer, crush, defeat, subjugate

【记】联想：sub(下面的) + due(税金) → 在社会底层被压制的人们需要交纳税金 → 压制

subject ['sʌbdʒɪkt] *v.* 受制　*n.* 受支配的对象

【英】*v.* to contingent on or under the influence of some later action ; *n.* one that is placed under authority or control

【反】alien, noncitizen, potentate

【记】熟词僻意, 常见释义：主题

sublime [sə'blaɪm] *adj.* 崇高的, 庄严的

【英】lofty, grand, or exalted in expression or manner

【反】base, despicable, furtive, ridiculous, worthless

【同】awesome, marvelous, superb

subordinate　[sə'bɔːrdɪnət] *adj.* 次要的;顺从的　*v.* 服从

【英】*adj.* placed in or occupying a lower class, rank, or position, inferior; submissive to or controlled by authority; *v.* to make subservient, subdue

【反】major, primary, principal

【同】dependent, junior, minor, secondary

【记】联想:sub(在……之下) +ordin(=order 次序)→顺序排在下面→下级的

subservient　[səb'sɜːrviənt] *adj.* 奉承的,屈从的

【英】obsequiously submissive, truckling

【同】menial, obeisant, obsequious, servile

【记】联想:sub(在……之下) + serv(服务) + -ient(形容词后缀)→在下面服务的→奉承屈从的

subside　[səb'saɪd] *v.* 下降;减弱

【英】to tend downward, descend; to become quiet or less

【反】accumulate, escalate, promote, snowball, wax

【同】abate, die (away or down or out), dwindle, shrink, wane

【记】联想:sub(下面) + side(=sit 坐)→坐下去→下降

subsume**　[səb'suːm] *v.* 包括,归入

【英】to contain or include

subtle*　['sʌtl] *adj.* 不露声色的;精妙的

【英】not immediately obvious or noticeable; pleasantly complex and delicate

subvert*　[səb'vɜːrt] *v.* 颠覆,毁灭

【英】to overturn or overthrow from the foundation, ruin

【反】elevate, ennoble, reinforce, uplift

【同】abase, demean, sabotage, undermine, wreck

【记】联想:sub(在……下面) + vert(转)→在下面翻滚折腾→推翻

succinct*　[sək'sɪŋkt] *adj.* 简明的,简洁的

【英】marked by compact precise expression without wasted words

【反】circuitous, prolix, verbose, voluble, windy

【同】brief, compendious, concise, curt, laconic

succor　['sʌkər] *v.* 救援　*n.* 援助

【英】*v.* to go to the aid of, relieve; *n.* relief, aid, help

【反】aggravate

【记】形近易混词:soccer(*n.* 足球)

succumb * ［səˈkʌm］ *v.* 屈服;灭亡

【英】to yield to superior strength or force or overpowering appeal or desire;to be brought to an end (as death) by the effect of destructive or disruptive forces

【反】resist

【同】capitulate,concede,submit

【记】形近易混词:subsume(*v.* 归纳)

suffrage ［ˈsʌfrɪdʒ］ *n.* 选举权

【英】the right of voting,franchise

【反】disenfranchisement

【记】联想:suffrage ≈ suffer + age→忍到十八岁才能获得的权利

sully ［ˈsʌli］ *v.* 玷污,使……丢脸

【英】to make soiled or tarnished,defile

【同】begrime,grime,smudge,soil,stain

【记】形近易混词:surly(*adj.* 坏脾气的)→在公开场合发脾气,是让人丢脸的事情

sumptuous ** ［ˈsʌmptʃuəs］ *adj.* 豪华的,奢侈的

【英】extremely costly,rich,luxurious,or magnificent

【反】ascetic,austere,frugal,sobriety,Spartan

【同】deluxe,opulent,palatial

sunder ［ˈsʌndər］ *v.* 分裂,分离

【英】to break apart or in two,separate by or as if by violence or by intervening time or space

【反】bond,combine,conjoin,merge,yoke

【同】disassociate,disjoint,disunite,split,separate

【记】谐音:散的→分裂,分离

supercilious ［ˌsuːpərˈsɪliəs］ *adj.* 目中无人的,傲慢的

【英】coolly and patronizingly haughty

【反】groveling,humble,lowly,modest,obsequious

【同】arrogant,disdainful,insolent,overbearing,proud

【记】联想:super + cili(眼皮) + -ous(形容词后缀)→眼界很高的→目中无人的

superfluous * ［suːˈpɜːrfluəs］ *adj.* 多余的,过剩的

【英】exceeding what is sufficient or necessary

【反】integral

【同】excess, extra, redundant, spare, surplus

【记】联想：super(超级的)+ flu(≈flow 流)+ -ous(形容词后缀)→富到流油→过剩的

superimpose　［ˌsuːpərɪmˈpoʊz］ *v.* 置于其他东西之上

【英】to place or lay over or above something

【记】联想：super(在……上面)+ impose(施加,强加)→加上去

supersede* 　［ˌsuːpərˈsiːd］ *v.* 替代,取代

【英】to take the place or position of

【反】displace, replace, substitute, supplant

【记】联想：super(在……上面)+ sede(≈sit 坐)→坐在别人的位子上→取代

supplant**　［səˈplænt］ *v.* 排挤,取代

【英】to supersede (another) especially by force or treachery

【同】displace, relieve, substitute, supersede, usurp

supplement　［ˈsʌplɪmənt］ *n.* 增补,补充

【英】something that completes or makes an addition

【反】abatement, decrement, diminishment, lessening, shrinkage

【记】accessory, addition, appendix, attachment, supplement 都可以表示"补充,附加物"的意思。accessory 作"附件"解时,与 attachment 同义,可互换,但还指增加美观的附属品。addition 仅强调数量的增加。appendix 指书末的附录。attachment 指用于扩大原物用途的附件。supplement 主要指使书、报等正文更完善而额外增加的部分。

supposition　［ˌsʌpəˈzɪʃn］ *n.* 猜想,推测

【英】something that is supposed

【反】certainty

【同】assumption, hypothesis, postulate, premise, presumption

【记】由 suppose(*v.* 猜想)衍生而来的词汇。

suppress　［səˈpres］ *v.* 抑制,压制

【英】to restrain from a usual course or action；to put down by authority or force

【反】stimulate, unrestraint

【记】oppress, repress, suppress 都可以表示"压制"的意思。suppress 和 repress 均可表示"压制某种感情、欲望等",还可表示"平息

或镇压叛乱、反叛等"。suppress 还可指"禁止、扣留等"。oppress 指"反动阶级压迫工人、农民、知识分子等",还可表示"使某人沮丧"。

surfeit

['sɜːrfɪt] *n.* 过量;暴饮暴食

【英】an overabundant supply, excess; an intemperate or immoderate indulgence in something (as food or drink)

【反】deficiency, deprivation, insufficiency

【同】excess, overabundance, overflow, plethora, surplus

【记】形近易混词:surface(*n.* 外表)→暴饮暴食会改变一个人的外表

surgeon

['sɜːrdʒən] *n.* 外科医生

【英】a doctor who is specially trained to perform surgery

surreptitious

[ˌsɜːrəpˈtɪʃəs] *adj.* 偷偷摸摸的,秘密的

【英】acting or doing something clandestinely

【反】aboveboard, barefaced, overt, public

【同】clandestine, covert, furtive, secret, stealthy

susceptible*

[səˈseptəbl] *adj.* 易受……影响的

【英】very likely to be influenced

【反】impervious, invulnerable

【同】receptive, sensitive, open, impressionable, amenable

【记】sus(在……下面)+cept(接受)+ible→在下面接受→容易接受→易受影响的

List 23

- suspend
- sympathy
- syntax
- taciturn
- tangle
- taunt
- tempest
- tenant
- tenet
- terminus
- testify
- toady
- torment
- traduce
- transcend
- transpiration
- trenchant

- swirl
- symposium
- synthesize
- tact
- tantalize
- taut
- tenable
- tendentious
- tentative
- terrestrial
- testimony
- toll
- torpor
- trailblazer
- transgress
- transpose
- trepidation

- sycophant
- synapses
- taboo
- taint
- tantamount
- tawdry
- tenacious
- tendon
- tenuous
- terse
- thaw
- tonic
- tout
- trajectory
- transient
- traverse

- syllogism
- synopsis
- tacit
- tangent
- tarnish
- taxing
- tenacity
- tenement
- tepid
- tertiary
- timorous
- topple
- tractable
- trample
- transmute
- treacherous

List 23

suspend ［sə'spend］ *v.* 暂停，中止；悬浮

【英】to hold in an undetermined or undecided state awaiting further information；to keep from falling or sinking by some invisible support（as buoyancy）

【反】resume，bring forward

【同】hang，hang up，dangle，swing，string up

【记】sus（下面）+pend（挂）→（一颗心）挂着；参考 suspension（悬挂，暂停），suspicion（怀疑）

swirl ［swɜːrl］ *v.*（液态、流动的物质）快速旋流

【英】moves around and around quickly

【同】whirl，twirl，spin，eddy，churn

【记】s+wirl（转），参考 whirl（旋转）

sycophant ［'sɪkəfænt］ *n.* 马屁精，谄媚奉承的人

【英】a servile self-seeking flatterer

【同】brownnoser，flunky，parasite，sycophant，toady

syllogism ［'sɪlədʒɪzəm］ *n.* 三段论法，演绎；诡辩

【英】a deductive scheme of a formal argument consisting of a major and a minor premise and a conclusion；deductive reasoning

【记】亚里士多德的三段论：人都是要死的；苏格拉底是人；所以苏格拉底是要死的。

sympathy ［'sɪmpəθi］ *n.* 同情；赞同，支持

【英】sharing the feelings of others（especially feelings of sorrow or anguish）；an inclination to support or be loyal to or to agree with an opinion

【反】incomprehension

【同】understanding，compassion，kindness，consideration，empathy

【记】sym（=syn 共同）+pathy（感情）→同情

symposium ［sɪm'pəuziəm］ *n.* 专题研讨

【英】a conference in which experts or academics discuss a particular subject

【同】conference，seminar，meeting，convention

synapses

【记】sym(共同)+pos(放)+ium→把问题放在一起讨论→研讨会

[sɪˈnæpsiːz] *n.* (神经元)突触

【英】one of the points in the nervous system at which a signal passes from one nerve cell to another

synopsis

【记】联想:syn(共同)+apses(拱点)→连接处→突触(供参考)

[sɪˈnɒpsɪs] *n.* 提要

【英】a sketchy summary of the main points of an argument or theory

【同】outline,rundown,summing up,summary,summation

【记】syn(共同)+opsis(看)→放在一起看→摘要

syntax

[ˈsɪntæks] *n.* 句法规则;句法

【英】the ways that words can be put together,or are put together,in order to make sentences

【同】grammar,sentence structure,language rules,composition,word order

【记】syn(共同)+tax(＝tact 安排)→(句法)规则

synthesize *

[ˈsɪnθəsaɪz] *v.* 合成

【英】combine so as to form a more complex,product

【反】separate

【同】manufacture,create,make,produce,fuse

【记】syn(共同)+thesize(＝thesis 放)→放在一起→合成;同根词 antithetic(对应的)

taboo

[təˈbuː] *n.* 禁忌　*adj.* 禁止的,忌讳的

【英】*n.* an inhibition or ban resulting from social custom or emotional aversion;*adj.* forbidden to profane use

【反】*adj.* acceptable

【同】*adj.* offensive,unmentionable,unthinkable,forbidden,banned; *n.* ban,prohibition,bar,restriction,proscription

【记】联想:ta(ta)(再见,告别)+boo(不满的嘘声)→讳莫如深(供参考)

tacit *

[ˈtæsɪt] *adj.* 心照不宣的,有默契的;暗示的

【英】expressed or carried on without words or speech;implied or indicated (as by an act or by silence) but not actually expressed

【反】directly expressed,explicit,expressly stated,voiced

【同】implicit,inferred,undeclared,unexpressed,wordless

【记】形近易混词:tactic(*n.* 战略)

taciturn

[ˈtæsɪtɜːrn] *adj.* 沉默寡言的

【英】temperamentally disinclined to talk

【反】expansive, glib, loquacious, prolix, voluble

【同】close, silent, reserved, reticent, uncommunicative

tact　[tækt] *n.* 机敏,圆滑

【英】a keen sense of what to do or say in order to maintain good relations with others or avoid offense

【反】clumsiness, insensitivity, tactlessness

【同】adroitness, acumen, diplomacy, tactfulness

【记】形近易混词:track(*n.* 踪迹)→机敏的狐狸知道如何处理自己踪迹,不会被猎人发现

taint　[teɪnt] *v.* 污染,使……腐败　*n.* 污点

【英】*v.* to contaminate morally, corrupt; *n.* a contaminating mark or influence

【反】decontaminate, purify

【同】blur, smear, smudge, stain, tarnish

【记】形近易混词:stain(*n.* 污点), tint(*v.* 染色)

tangent**　['tændʒənt] *adj.* 离题的,不相关的　*n.* 切线

【英】*adj.* diverging from an original purpose of course, irrelevant; *n.* a straight line that is the limiting position of a secant of a curve through a fixed point and a variable point on the curve as the variable point approaches the fixed point

【反】essential

【同】tangential

【记】三角函数里的正切 $f(x) = \tan x$

tangle　['tæŋgl] *n.* 乱糟糟的一团　*v.* 使纠缠

【英】*n.* something jumbled or confused; *v.* becomes twisted together in a messy way

tantalize　['tæntəlaɪz] *v.* 挑逗

【英】to tease by presenting something desirable to the view but continually keeping it out of reach

【反】alleviate, assuage, console, relieve, satiate

【同】annoy, beleaguer, harass, plague, tease

tantamount　['tæntəmaʊnt] *adj.* 等价的,与……相等的

【英】equivalent in value, significance, or effect

【反】incommensurate

【同】duplicate，equivalent，identical

【记】联想：tant(≈tanto 这样)+ amount(数量)→我的和这些差不
多→与……相等的

tarnish *
[ˈtɑːrnɪʃ] *v.* 失去光泽，晦暗

【英】to dull or destroy the luster of by or as if by air，dust，or dirt

【同】dull，fade，pale，stain

【记】形近易混词：garnish(*n.* 装饰品)，varnish(*v.* 使……光亮)

taunt
[tɔːnt] *v.* 嘲笑，讥笑

【英】to reproach or challenge in a mocking or insulting manner，jeer at

【同】deride，mock，ridicule，scout，tease

【记】形近易混词：daunt(*v.* 恐吓)，flaunt(*v.* 炫耀)，gaunt(*adj.* 憔悴
的)，haunt(*v.* 游荡)，jaunt(*v.* 徒步旅行)，vaunt(*v.* 自夸)

taut
[tɔːt] *adj.* 拉紧的；紧张的；整洁的

【英】pulled or drawn tight，not slack；strained，tense，nerves taut with
anxiety；kept in trim shape，neat and tidy，marked by the efficient，
sparing，or concise use of something，such as language or detail

【同】close，tight，tense

【记】形近易混词：tout(*n.* 兜售货物的人)

tawdry
[ˈtɔːdri] *adj.* 廉价而俗丽的

【英】cheap and gaudy in appearance or quality，ignoble

【反】exquisite

【同】blatant，brazen，garish，gaudy，meretricious

【记】形近易混词：tardy(*adj.* 缓慢的，迟缓的)

taxing **
[ˈtæksɪŋ] *adj.* 繁重的，费力的

【英】onerous，wearing

【反】light，nondemanding，unchallenging，undemanding

【同】burdensome，demanding，grievous，tough

【记】由 tax(*v.* 对……征税)衍生而来的词汇→苛税猛于虎

tempest
[ˈtempɪst] *n.* 暴风雨；风波，暴动

【英】a very violent storm；a situation in which people are very angry
or excited

tenable
[ˈtenəbl] *adj.* 站得住脚的

【英】capable of being held，maintained，or defended

【反】unjustified，unsound

【同】defendable，defensible，reasonable

【记】联想:ten(词根,to hold) + -able(能⋯⋯)→能够 hold 住的→站得住脚的

tenacious　[təˈneɪʃəs] *adj.* 固执的

【英】persistent in maintaining, adhering to, or seeking something valued or desired

【反】negotiable, nonadhesive, vacillation

【同】dogged, pertinacious, stalwart, stout, sturdy

【记】联想:ten(词根,to hold) + -acious(形容词后缀,表示很多次)→能 hold 住很多次的→顽强的

tenacity　[təˈnæsəti] *n.* 韧性,固执,不屈不挠

【英】persistent determination

tenant　[ˈtenənt] *n.* 租户,佃户

【英】someone who pays rent for the place they live in, or for land or buildings that they use

tendentious**　[tenˈdenʃəs] *adj.* 有偏见的,有倾向的

【英】marked by a tendency in favor of a particular point of view

【同】biased, colored, jaundiced, partial, prejudiced

【记】tend(*v.* 倾向)→tendency(*n.* 倾向)→tendentious(*n.* 有倾向性的)

tendon　[ˈtendən] *n.* 腱

【英】a strong cord in a person's or an animal's body which joins a muscle to a bone

tenement　[ˈtenəmənt] *n.* 旧式公寓大楼

【英】a large, old building which is divided into a number of individual apartments

tenet　[ˈtenɪt] *n.* (理论、信仰的)基本原则

【英】a religious doctrine that is proclaimed as true without proof

tentative*　[ˈtentətɪv] *adj.* 试验性的

【英】not fully worked out or developed

【反】independent, unconditional

【同】provisional, experimental

tenuous**　[ˈtenjuəs] *adj.* 纤弱的;内容贫乏的

【英】not thick, slender; having little substance or strength, flimsy, weak

【反】substantial

【记】词根：tenu(薄,细),参考 attenuate(*v.* 削弱)与 extenuate(*v.* 减
轻)

tepid　['tepɪd] *adj.* 微温的,不太热情的

【英】lacking in passion,force,or zest,marked by an absence of enthusiasm
or conviction

【反】ardent,eager,ebullient,feverish,keen

【同】halfhearted,lukewarm,uneager,unenthusiastic

【记】形近易混词：trepid(*adj.* 惊恐的)

terminus　['tɜːrmɪnəs] *n.* 终点,终点站

【英】the final point,the end；either end of a transportation line or
travel route

【反】outset

【同】cease,cessation,conclusion,termination

【记】形近易混词：terminal(*n.* 终点站;终端)

terrestrial　[tə'restriəl] *adj.* 地球的

【英】relating to the planet Earth rather than to some other part of
the universe

terse　[tɜːrs] *adj.* 简洁的,简明的

【英】using few words,devoid of superfluity,also short,brusque

【反】circuitous,lengthy,prolix,rambling,verbose

【同】concise,compendious,curt,laconic,succinct

【记】形近易混词：tease(*v.* 调戏)

tertiary　['tɜːʃəri] *adj.* 第三的

【英】third in order,third in importance,or at a third stage of development

testify　['testɪfaɪ] *v.* (在法庭上) 作证,证明

【英】to give testimony in a court of law；provide evidence for

testimony　['testɪmoʊni] *n.* 证词,声明

【英】a solemn declaration usually made orally by a witness under oath in
response to interrogation by a lawyer or authorized public official

【记】evidence,proof,testimony,witness 都可以表示"证据,见证"的
意思。evidence 在法律上指能起证明作用的,如证明、公证书
以及所有的实物东西等。在生活中指任何一样可证明某一
件事的真实性的东西。proof 指足以直接证明某事为某事实
的依据,侧重于作为充分证据所导致的结果。testimony 指证
据、证词,多系法律用语。witness 指证据或证人,尤指后者,

且有亲眼见到之意。

thaw *　［θɔː］ *v.* 使……变暖；融化

【英】to become free of the effect（as stiffness，numbness，or hardness）of cold as a result of exposure to warmth；to change from a frozen solid to a liquid by gradual warming

【反】harden

【记】dissolve，melt，thaw 都可以表示"融化，溶解"的意思。dissolve 则多指固体在液体中溶解。melt 指由于热的影响而使某一固体软化，失去形状而成为液体，也可指一固体在液体中溶解。thaw 指冰冻的东西解冻成液体或柔软的固体。

timorous　［'tɪmərəs］ *adj.* 胆小的，胆怯的

【英】of a timid disposition，fearful

【反】adventurous，intrepid，scrappy，stalwart，venturous

【同】fearsome，timid，timorsome，tremulous，undaring

toady　［'toʊdi］ *n.* 谄媚者，拍马屁的人

【英】one who flatters in the hope of gaining favors

【同】bootlicker，brownnoser，flunky，lickspittle，sycophant

【记】由 toad（*n.* 癞蛤蟆）衍生而来的词汇→癞蛤蟆一样烦人的人→拍马屁者

toll　［toʊl］ *n.* 通行费；代价；钟声；伤亡人数　*v.* 鸣钟；征税

【英】*n.* a sum of money that you have to pay in order to use a particular bridge or road；value measured by what must be given or done or undergone to obtain something；a total number of deaths，accidents，or disasters that occur in a particular period of time；*v.* to ring slowly；charge a fee for using

tonic　［'tɑːnɪk］ *adj.* 激励的　*n.* 增进健康之物，补品

【英】*adj.* increasing or restoring physical or mental tone，refreshing；*n.* an agent（as a drug）that increases body tone

【反】enfeebling，draining，insalubrious，noxious，unwholesome

【同】animating，exhilarative，invigorating，restorative，stimulative

【记】形近易混词：toxic（*adj.* 有毒的）→吃了 toxic 会死人，吃了 tonic 能进补

topple　［'tɑːpl］ *v.* 倾倒，倒塌

【英】fall down，as if collapsing

torment *　［'tɔːrment；tɔːr'ment］ *n.*（常指精神上的）极度痛苦；烦恼事

v.（精神上）折磨

【英】*n.* extreme suffering, usually mental suffering; something that
causes extreme suffering, usually mental suffering; *v.* treat cruelly

torpor** ['tɔːrpər] *n.* 麻木, 无感觉, 不活泼

【英】a state of mental and motor inactivity with partial or total insensibility

【反】animation, ardor, ebullience, extreme excitability, zeal

【同】lethargy, dullness, languor, lassitude, torpidity

tout [taʊt] *v.* 极力赞扬

【英】to praise or publicize loudly or extravagantly

【反】cast aspersions on, denounce, knock, pan, slam

【同】ballyhoo, blow up, crack up, cry up, glorify, trumpet

【记】形近易混词：taut(*adj.* 拉紧的)

tractable ['træktəbl] *adj.* 容易对付的

【英】capable of being easily led, taught, or controlled

【反】headstrong, insubordinate, intransigent, obstinate, pertinacious

【同】amenable, docile, obedient, pliant

【记】联想：tract(拉) + -able(能……)→能够拉得住的→易驾驭的

traduce [trə'duːs] *v.* 诽谤

【英】to expose to shame or blame by means of falsehood and misre-
presentation

【反】praise

【同】criticize, disparage, malign, run down, defame

【记】tra(=trans 横)+duce(引导)→引到歪里去→诽谤

trailblazer ['treɪlbleɪzər] *n.* 先驱

【英】someone who helps to open up a new line of research or technology
or art

【同】pioneer, leader, innovator, entrepreneur, architect

【记】联想：trail(痕迹, 跟随)+blazer(传播者, 宣传者)→先驱(供
参考)

trajectory [trə'dʒektəri] *n.* 抛物线; 轨迹

【英】the path followed by an object moving through space; a path,
progression, or line of development resembling a physical trajectory

【同】route, course, flight, path, line

【记】tra(横向)+ject(扔)+ory

trample* ['træmpl] *v.* 无视; 踩踏, 踩死

【英】to deliberately ignore; to injure by trampling or as if by trampling

【同】crush, flatten, walk on, stamp on, step on

【记】tramp(踩踏)+le

transcend   [træn'send] *v.* 超越,克服;超过

【英】to triumph over the negative or restrictive aspects of, overcome; to be greater than, as in intensity or power

【记】exceed, excel, outdo, outstrip, surpass, transcend 都可以表示"超过"的意思。exceed 指超出权利、权力的限度或管辖的范围,也指超出规定的时空范围,还指在大小、数量、程度上超过。excel 指在成就或学识上胜过他人。outdo 指有意打破先前的纪录或胜过前人。outstrip 指在竞赛、竞争中超过对手。surpass 指在质量、气力、速度、技术等方面超过对方。transcend 原指超越世俗、物质世界等,暗示高高凌驾于一般事物之上。

transgress   [trænz'gres] *v.* 违规,犯罪

【英】to go beyond limits set or prescribed by

【反】comply (with), conform (to), mind, obey, observe

【同】breach, contravene, infringe, offend, violate

【记】联想:trans(穿过) + gress(≈grass 草地)→横穿草坪是不好的行为→违规

transmute   [trænz'mju:t] *v.* 转化,使……转化

【英】to change or alter in form, appearance, or nature

transpiration   [ˌtrænspɪ'reɪʃn] *n.* 蒸发,散发

【英】the passage of gases through fine tubes because of differences in pressure or temperature

transpose   [træn'spouz] *v.* 转换

【英】to transfer from one place or period to another

traverse   ['trævɜːrs] *v.* 穿越,穿过

【英】to go or travel across or over

【同】cover, pass (over), track, travel

【记】形近易混词:transverse(*adj.* 横向的)

treacherous   ['tretʃərəs] *adj.* 背信弃义的;不靠谱的

【英】characterized by or manifesting treachery, perfidious; likely to betray trust, unreliable

【反】dedicated, devoted, faithful, staunch, steadfast

【同】disloyal, faithless, perfidious, recreant, traitorous

trenchant **　　['trentʃənt] *adj.* 一针见血的，尖锐的

【英】sharply perceptive，penetrating

【反】blunt，dull，obtuse，vague

【同】biting，clear-cut，edged，incisive，penetrating

【记】形近易混词：entrenched(*adj.* 根深蒂固的)

trepidation　　[ˌtrepɪ'deɪʃn] *n.* 恐惧

【英】a nervous or fearful feeling of uncertain agitation

【同】apprehension，consternation，dismay

GRE 是一切的开始

by lingli_xiaoai

出国留学的路可以很短,也可以很长。这条路大多数时候都充满着痛苦和绝望,但是也有很多快乐。我看着周围的人,每个人都有属于自己的故事,挣扎和委屈,都有突然想把书一摔,电脑一关,对自己说:"我不干了,就这样吧。"的时候。结果,过了一天,又不死心地对自己说:"不甘心啊,一定要坚持下去"之类的话。很多人都做着旁人不能理解的事情。还记得新东方老师的话。他说,你们来这里,就是找到自己的战友,然后一起在这条路上坚持下去,最后大家一起异国相见。GRE 好像是一切开始的地方,是最初的,但是很有可能是最有激情的战场。虽然在申请过程中,它可能只是一块砖而已。

希望在这里留下痕迹的人,能跟我一样,五年后回忆起现在,会感激、怀念和快乐;在这里找到的战友,能一起坚持到最终目标实现的那天。

有些时候感觉 GTer 就像一群有梦想但是脆弱的人,因为遇到了彼此而变得坚强,实现了本来自己一个人没有办法做到的事情。

List 24

- tripartite
- troupe
- truancy
- truculent
- truism
- turbid
- turbulent
- turgid
- turmoil
- tussle
- tweak
- typography
- tyranny
- tyro
- ubiquitous
- unanimous
- uncanny
- unctuous
- undercut
- underlie
- undermine
- underscore
- unfathomable
- unfeigned
- unfettered
- unfounded
- unimpeachable
- unionism
- univocal
- unleash
- unprecedented
- unpremeditated
- unpretentious
- unremitting
- unwieldy
- unwitting
- upbraid
- upheaval
- uphold
- upshot
- vacate
- vacillate
- vacuous
- vagary
- vague
- valediction
- valiant
- validate
- valorize
- valorous
- vanish
- vapid
- variable
- varnish
- vascular
- vehement
- venal
- veneer
- venerate
- venial
- veracity
- verbose
- verisimilar
- versatile
- vertebrate
- vestige

List 24

tripartite [traɪ'pɑːrtaɪt] *adj.* 有三部分的；涉及三方的

【英】involving three parties or elements

troupe [truːp] *n.* 剧团

【英】a company or group, especially of touring actors, singers, or dancers

【记】由 troop(*n.* 团队)衍生而来的词汇。

truancy ['truːənsi] *n.* 逃学

【英】failure to attend (especially school)

truculent** ['trʌkjələnt] *adj.* 残酷的，野蛮的

【英】feeling or displaying ferocity, savage

【反】benevolence, genial, meek, placid, tranquility

【同】belligerent, barbarous, cruel, ferocious, inhumane

truism ['truːɪzəm] *n.* 老生常谈

【英】a statement that is generally accepted as obviously true and is repeated so often that it has become boring

turbid ['tɜːrbɪd] *adj.* 混乱的，晦涩难懂的

【英】characterized by or producing obscurity (as of mind or emotions)

【反】limpid

【同】cloudy

【记】形近易混词：torpid(*adj.* 迟缓的)，turgid(*adj.* 浮夸的)

turbulent* ['tɜːrbjələnt] *adj.* 造成骚动的

【英】causing unrest, violence, or disturbance

【反】nonviolent, peaceable, peaceful

【同】boisterous, disorderly, rambunctious, tumultuous, unruly

【记】词根：turb(搅动)，参考 perturb(*v.* 扰乱)与 turbid(*adj.* 混浊的)

turgid** ['tɜːrdʒɪd] *adj.* 浮夸的

【英】excessively embellished in style or language

【反】simple

【同】bombastic, inflated, flatulent, pompous, tumid

【记】形近易混词：torpid(*adj.* 迟缓的)，turbid(*adj.* 混乱的)

turmoil ['tɜːrmɔɪl] *n.* 骚动,混乱

【英】a state or condition of extreme confusion, agitation, or commotion

【反】calm, ease, peace, peacefulness, tranquility

【同】agitation, commotion, confusion, tumult, turbulence

【记】联想:turm(≈turn)+oil→把油弄翻了→混乱

tussle ['tʌsl] *v.* 扭打

【英】to fight or struggle in a confused way at close quarters

tweak [twiːk] *v.* 扭;用力拉

【英】to pinch or squeeze sharply; pull or pull out sharply

typography [taɪˈpɑːɡrəfi] *n.* 印刷术

【英】the way in which written material is arranged and prepared for printing

tyranny[*] ['tɪrəni] *n.* 专制

【英】oppressive power exerted by government

tyro ['taɪroʊ] *n.* 新手

【英】a beginner in learning

【反】expert

【同】amateur, apprentice, novice, neophyte, rookie

【记】形近易混词:typo(*n.* 打字排版错误)→tyro makes typo 新手犯打字错误

ubiquitous [juːˈbɪkwɪtəs] *adj.* 普遍存在的

【英】existing or being everywhere at the same time

【反】extraordinary, infrequent, seldom, unfamiliar, unique

【同】allover, omnipresent, quotidian, universal, widespread

【记】形近易混词:iniquitous(*adj.* 邪恶的)

unanimous [juˈnænɪməs] *adj.* 全体一致的,无异议的

【英】formed with or indicating unanimity, having the agreement and consent of all

【反】discordant, disharmonious, incompatible, inharmonious, uncongenial

【同】agreeable, compatible, united

【记】联想:un(=unus,一个)+animous(想法)→只有一个想法→全体一致的,无异议的

uncanny [ʌnˈkæni] *adj.* 离奇的,奇异的

【英】seeming to have a supernatural character or origin

【反】ordinary

【同】mysterious, eerie, spooky, unearthly, weird

【记】注意, uncanny 与 canny (*adj.* 精明的, 谨慎的) 没有任何关系。canny 的 can 可以理解成 "能" → 能干的, 精明的; uncanny 的 can 谐音为 "看" → 看不出来的 → 离奇的

unctuous [ˈʌŋktʃuəs] *adj.* 虚情假意的, 假装热心的

【英】full of unction, especially revealing or marked by a smug, ingratiating, and false earnestness or spirituality

【反】artless, candid, genuine, honest, sincere

【同】artificial, counterfeit, feigned, hypocritical, phony

【记】词根: unct (油膏), 参考 unction (*n.* 油膏, 安慰物)

undercut [ˌʌndərˈkʌt] *v.* 廉价出售; 切去下部

【英】to sell cheaper than one's competition; cut away the underpart of

underlie [ˌʌndərˈlaɪ] *v.* 成为……的基础

【英】to be at the basis of, form the foundation of

【记】组合词: under + lie → lie under → 放在下面 → 成为……的基础

undermine [ˌʌndərˈmaɪn] *v.* 削弱

【英】to weaken or ruin by degrees

【反】reinforce, undergird

【同】attenuate, blunt, cripple, debilitate, enfeeble

【记】组合词: under + mine (*v.* 采矿) → mine under → 在下面采矿 → 削弱

underscore [ˌʌndərˈskɔːr] *v.* 突出显示, 强调

【英】to draw a line or lines underneath to call attention to

【同】emphasize, stress, highlight

unfathomable ** [ʌnˈfæðəməbl] *adj.* 深不可测的, 难以理解的

【英】so deep as to be unmeasurable; cannot be understood or explained, usually because it is very strange or complicated

unfeigned ** [ʌnˈfeɪnd] *adj.* 真实的, 不虚伪的

【英】not pretended; sincerely felt or expressed

unfettered ** [ʌnˈfetərd] *adj.* 无拘无束的, 被除去脚镣的

【英】not bound by shackles and chains

unfounded [ʌnˈfaʊndɪd] *adj.* 无根据的

【英】wrong and not based on facts or evidence

unimpeachable ** [ˌʌnɪmˈpiːtʃəbl] *adj.* 无可置疑的, 无可指责的

【英】not to be called in question

【反】open to question

【同】adequate, blameless, satisfactory, sufficient

【记】impeach (*v.* 怀疑) → impeachable (*adj.* 可控告的) → unimpeachable(*adj.* 无可置疑的)

unionism ['juːniənɪzəm] *n.* 工会主义, 联合主义

【英】the system or principles and theory of labor unions

univocal [juːˈnɪvəkəl] *adj.* 无歧义的

【英】unambiguous or unmistakable

unleash [ʌnˈliːʃ] *v.* 发泄, 释放

【英】to release or vent

unprecedented [ʌnˈpresɪdentɪd] *adj.* 史无前例的;(质量、数量或规模) 空前的

【英】having no precedent; very great in quality, amount, or scale

unpremeditated [ˌʌnpriːˈmedɪteɪtɪd] *adj.* 非预谋的

【英】not prepared or planned in advance

unpretentious [ˌʌnprɪˈtenʃəs] *adj.* 谦逊的, 不做作的

【英】free from ostentation, elegance, or affectation

【反】assuming, bombastic, dissimulating, insincere, phony

【同】discreet, genuine, modest, plain, unembellished

【记】由 pretend(*v.* 假装)衍生而来的词汇。

unremitting** [ˌʌnrɪˈmɪtɪŋ] *adj.* 不停的, 不减的

【英】uninterrupted in time and indefinitely long continuing

unwieldy [ʌnˈwiːldi] *adj.* 笨重的, 庞大而难以控制的 (体制)

【英】difficult to move or carry because it is so big or heavy; difficult to work or manipulate

unwitting [ʌnˈwɪtɪŋ] *adj.* 未觉察的

【英】not knowing, unaware

【反】conscious, deliberate, intentional, premeditative

【同】ignorant, incognizant, unacquainted, uninformed, unintended

upbraid [ʌpˈbreɪd] *v.* (严厉地)谴责, 责骂

【英】to criticize severely, find fault with

【反】laud, extol

【同】berate, reprimand, revile, scold, vituperate

【记】组合词:up + braid(*n.* 辫子)→怒发冲冠→严厉谴责

upheaval　　［ʌp'hiːvl］ *n.* 动乱

　　【英】a big change which causes a lot of trouble, confusion, and worry

uphold　　　［ʌp'hoʊld］ *v.* 支持,赞成

　　【英】to give support to

　　【反】abrogate, impugn

　　【记】advocate, back, support, sustain, uphold 都可以表示"支持,支援,拥护"的意思。advocate 多指通过写文章或发表演说等来支持或拥护,往往暗示提倡某事或为某事辩护。back 通常指对论点、行动、事业等的强有力支持。support 含义广泛,多指在道义上或物质上支持某人,也可指对某项事业的支持。sustain 侧重指连续不断的支持。uphold 既可指积极努力对陷入困境者的支持,也可指给某人在行动、道义或信仰上的支持。

upshot　　　［'ʌpʃɑːt］ *n.* (意料之外的)结局,要点

　　【英】the final result, usually a surprising result

　　【同】outcome, product, conclusion

vacate　　　［'veɪkeɪt］ *v.* 离开,辞去

　　【英】to leave (a job, post, or position) voluntarily

vacillate　　［'væsəleɪt］ *v.* 犹豫不决

　　【英】to waver in mind, will, or feeling, hesitate in choice of opinions or courses

　　【反】adamant, impetuosity, pertinacity, resolute, resolve

　　【同】falter, halt, stagger, waver

vacuous　　　［'vækjuəs］ *adj.* 愚蠢的,空洞的

　　【英】marked by lack of ideas or intelligence, stupid, inane

　　【反】intelligent, omniscient, plentitude

　　【同】empty, bare, stark, vacant, void

　　【记】词根:vacu(空),参考 vacuum(*n.* 真空;吸尘器)

vagary　　　［'veɪgərɪ］ *adj.* 变幻莫测,反复无常

　　【英】an unexpected and inexplicable change in something (in a situation or a person's behavior, etc.)

vague*　　　［veɪg］ *adj.* 含糊不清的

　　【英】not clearly expressed, stated in indefinite terms

　　【反】clear, explicit, specific, well defined

　　【记】ambiguous, dim, faint, indefinite, obscure, vague 都表示"不明确

的,模糊的"的意思。ambiguous 指文章或讲话中,意思可能有多种理解,令人捉摸不定。dim 侧重指或因光线暗淡,或因年代久远、身体欠佳等因素而产生视觉或察觉方面的困难。faint 指对某事物印象不深,或指声音微弱或希望的渺茫等。indefinite 指无明确定义或限定,重点或总体轮廓不明确。obscure 语气最强,指晦涩难懂。vague 多指因语言不确切,太笼统或因构思含糊、不完善而造成模糊难解。

valediction **　[ˌvælɪ'dɪkʃn] *n.* 告别演说

【英】an act of bidding farewell

【反】greeting

【记】联想:vale(=farewell 告别) + dic(说) + -tion(名词后缀)→告别演说

valiant　['væliənt] *adj.* 勇敢的,英勇的

【英】marked by, exhibiting, or carried out with courage or determination

【反】craven, dastardly, poltroon, pusillanimous, timorous

【同】audacious, heroic, intrepid, undaunted, valorous

validate　['vælɪdeɪt] *v.* 证实

【英】to declare or make legally valid

valorize　['vælə,raɪz] *v.* 规定价格

【英】to fix and maintain an artificial price for (a commodity) by governmental action

valorous　['vælərəs] *adj.* 勇敢的,无畏的

【英】marked by or possessing great personal bravery

【反】craven, dastardly, poltroon, pusillanimous, timorous

【同】audacious, courageous, intrepid, undaunted, valiant

【记】形近易混词:dolorous(*adj.* 忧伤的)

vanish　['vænɪʃ] *v.* 突然消失,神秘失踪;消失

【英】to disappear suddenly or in a way that cannot be explained; cease to exist

vapid **　['væpɪd] *adj.* 乏味的

【英】lacking liveliness, tang, briskness, or force, flat, dull

【反】bracing, piquant, riveting, zesty

【同】insipid, flat, inane, innocuous

【记】形近易混词:tepid(*adj.* 微温的)

variable　['veəriəbl] *n.* 可变因素　*adj.* 多变的

【英】 *n.* a factor that can change in quality, quantity, or size, that you have to take into account in a situation; *adj.* liable to or capable of change

varnish ['vɑ:rnɪʃ] *v.* 使……有光泽

【英】to cover or conceal (as something unpleasant) with something that gives an attractive appearance, gloss

【记】形近易混词: vanish(*v.* 消失)

vascular ['væskjələr] *adj.* 血管的; 维管的

【英】relating to or having vessels that conduct and circulate fluids

vehement ['vi:əmənt] *adj.* (情感)强烈的, 热情洋溢的

【英】intensely emotional, impassioned, fervid

【反】apathetic, languid, lull, tepid, nonassertive

【同】concentrated, desperate, exquisite, fierce, furious

【记】形近易混词: helmet(*n.* 头盔)

venal ['vi:nl] *adj.* 可用钱收买的, 贪污受贿的

【英】originating in, characterized by, or associated with corrupt bribery

【反】unsusceptible of bribery, incorruptible

【同】bribable, corruptible, mercenary, purchasable

【记】形近易混词: veinal(*adj.* 静脉的), venial(*adj.* 可宽恕的)

veneer [və'nɪr] *n.* 镶饰; 虚伪的外表

【英】a protective or ornamental facing; a superficial or deceptively attractive appearance, display, or effect

【反】inside, interior

【同】cover, disguise, facade, mask, veil

【记】形近易混词: veer(*v.* 转向)

venerate ** ['venəreɪt] *v.* 尊敬, 崇拜

【英】to regard with reverential respect or with admiring deference

【反】derision, disdain, despise, scorn

【同】adore, deify, glorify, revere, worship

【记】形近易混词: enervate(*v.* 使……失去活力)

venial ['vi:niəl] *adj.* 可宽恕的

【英】of a kind that can be remitted, also, meriting no particular censure or notice

【反】indefensible, inexcusable, mortal, unjustifiable, unpardonable

【同】condonable, excusable, forgivable, pardonable, remittable

【记】形近易混词:veinal(*adj.* 静脉的),venal(*adj.* 可用钱收买的)

veracity　[vəˈræsəti] *n.* 真实;诚实

【英】the quality of being true or the habit of telling the truth

verbose **　[vɜːrˈboʊs] *adj.* 冗长的,啰唆的

【英】containing more words than necessary

【反】concise,laconism,pithy,succinct,terse

【同】diffuse,prolix,redundant,windy,wordy

verisimilar **　[ˌverəˈsɪmələr] *adj.* 貌似真实的

【英】having the appearance of truth,probable

【反】implausible

【记】联想:veri(≈very) + similar→非常像→貌似真实的

versatile *　[ˈvɜːrsətl] *adj.* 多用的,通用的

【英】having many uses or applications

【反】having limited application,unchangeable

【同】adaptable,ambidextrous,mobile,myriad-minded

【记】词根:vers(旋转)→各领域都玩得转的→通用的

vertebrate　[ˈvɜːrtɪbrət] *n.* 脊椎动物

【英】a creature that has a spine

vestige **　[ˈvestɪdʒ] *n.* 遗迹,痕迹

【英】a trace,mark,or visible sign left by something (as an ancient city or a condition or practice) vanished or lost

【反】fully developed

【同】memento,relic,shadow,trace

【记】形近易混词:prestige(*n.* 声望)

为什么要考 GRE?

by 25697506

　　请大家先想一想自己为什么会考 GRE？我的答案是：我想走自己的道路。我也可以和身边很多同学一样,选择考研,选择找工作,虽然都要付出艰苦的努力,但稳定、踏实,机会也不止一次。为什么 GPA 不高的我要选择这条很可能会失败的道路呢?

　　因为,我觉得我的生活不该是这样的,我的生活应该充满挑战,应该是有着更高的追求和目标。虽然很痛苦,虽然很难过,但是我要一直走下去,永远都不认输,永远都握着那把剑,努力地斩断弱小的自己。我喜欢烟火,虽然它在绽放之前只是留下暗淡的轨迹,绽放后也消逝不见,绚烂的烟花却深深地印在观众的脑海里。这就好比我的选择,我宁愿付出所有的艰辛和努力,换来那闪耀的一瞬,那么,前面的所有平淡和孤寂都是可以忍受的。看起来有点儿年少轻狂,但我想,能轻狂的也就是那么几年,错过了,这辈子还能有机会像现在这样不顾忌地去闯荡吗?

List 25

- vex
- vexatious
- viable
- vibrate
- vicarious
- vicinity
- vicious
- vigilant
- vigor
- vilify
- vindicate
- vindictive
- virtuous
- virulent
- viscous
- vitiate
- vitriol
- vivacious
- volatile
- volley
- voluble
- voluptuous
- voyeur
- vulgarization
- vulnerable
- waggish
- wanderlust
- warble
- warrant
- wary
- waver
- wearisome
- weasel
- welter
- whet
- whimsical
- wicked
- wilt
- winnow
- wistful
- wobble
- wretched
- wrought
- wry
- xenolith
- xenophobic
- yoke
- yokel
- zeal
- zealot
- zesty

List 25

vex **
[veks] *v.* 使……烦恼,使……恼怒
【英】to bring trouble, distress, or agitation to
【反】appease, conciliate, mollify, pacify, placate

vexatious
[vek'seɪʃəs] *adj.* 烦恼的,令人烦恼的
【英】causing irritation or annoyance

viable *
['vaɪəbl] *adj.* 能独立存在和发展的
【英】capable of existence and development as an independent unit
【反】impracticable, infeasible, unattainable, unfeasible, unviable
【同】achievable, attainable, feasible, practicable, workable
【记】形近易混词:variable(*adj.* 易变的)

vibrate
['vaɪbreɪt] *v.* 使颤动,颤动
【英】to shake with repeated small, quick movements

vicarious
[vaɪ'keriəs] *adj.* 替代的
【英】performed or suffered by one person as a substitute for another or to the benefit or advantage of another, substitutionary
【记】形近易混词:various(*adj.* 不同的)

vicinity
[və'sɪnəti] *n.* 邻近,附近
【英】a surrounding or nearby region

vicious
['vɪʃəs] *adj.* 恶毒的
【英】spiteful and malicious
【反】benignant, moderate
【同】acute, iniquitous, reprobate, sinful, wicked
【记】形近易混词:viscous(*adj.* 黏性的)

vigilant
['vɪdʒɪlənt] *adj.* 警醒的,警惕的
【英】alertly watchful especially to avoid danger
【反】entrapped, waylaid, negligible, oblivious, supine
【同】attentive, awake, observant, alert, watchful

vigor
['vɪgər] *n.* 讽刺
【英】physical or mental energy and enthusiasm

vilify **
['vɪlɪfaɪ] *v.* 诽谤,辱骂
【英】to utter slanderous and abusive statements against

　　【反】extol,honor,beautification

　　【同】calumniate,defame,libel,malign,smear,slander

　　【记】形近易混词:verify(*v.* 证实),vitrify(*v.* 使……成玻璃状)

vindicate**　　['vɪndɪkeɪt] *v.* 为……平反,为……辩护

　　【英】to free from allegation or blame

　　【反】confirm guilt,calumniate,criminate,incriminate,impugn

　　【同】absolve,acquit,exonerate,exculpate

　　【记】形近易混词:indicate(*v.* 指出)

vindictive**　　[vɪn'dɪktɪv] *adj.* 复仇的(有寻仇倾向的)

　　【英】disposed to seek revenge,vengeful

　　【反】benevolent,compassionate,magnanimous,philanthropic,sympathetic

　　【同】revengeful,vengeful

virtuous　　['vɜːrtʃuəs] *adj.* 品德高尚的,正直的

　　【英】morally excellent,righteous

　　【反】base,immoral,nefarious,unethical,wicked

　　【同】decent,ethical,righteous,upright,virtuous

　　【记】形近易混词:vicious(*adj.* 恶性的)→一组反义词

virulent　　['vɪrələnt] *adj.* 有害的,充满恶意的

　　【英】full of malice,malignant

　　【反】benevolent,benign,benignant,salubrious

　　【同】despiteful,malevolent,malicious,malignant,spiteful

　　【记】由 virus(*n.* 病毒)衍生而来的词汇。

viscous　　['vɪskəs] *adj.* 黏性的

　　【英】having a glutinous consistency

　　【反】runny,slick,soupy,thin,watery

　　【同】glutinous,syrupy,thick,viscid

　　【记】形近易混词:vicious(*adj.* 恶毒的)

vitiate**　　['vɪʃieɪt] *v.* 削弱,损害

　　【英】to make faulty or defective,impair

　　【反】fortify,recondition,reconstruct,renovate,strengthen

　　【同】debased,corrupted,depraved,perverted

　　【记】形近易混词:vitalize(*v.* 赋予生命)

vitriol　　['vɪtriəl] *n.* 活力

　　【英】something felt to resemble vitriol especially in caustic quality,
　　　　especially virulence of feeling or of speech

【反】smoothness

【同】acrimony, asperity, cattiness, mordancy, virulence

vivacious ［vɪ'veɪʃəs］ *adj.* 活泼的, 快活的

【英】lively in temper, conduct, or spirit

【反】inanimate, languid, listless, phlegmatic, vapid

【同】animate, frisky, mettlesome, sprightly, vital

【记】由 vivid(*adj.* 生动的)衍生而来的词汇。

volatile ［'vɑːlətl］ *adj.* 变化无常的; 易挥发的

【英】likely to change suddenly and unexpectedly; evaporating readily at normal temperatures and pressures

volley ［'vɑːli］ *v.* 截击 *n.* (炮火的) 齐发; 截击空中球

【英】*v.* to hit before it touches the ground; *n.* a tennis return made by hitting the ball before it bounces; *n.* rapid simultaneous discharge of firearms

voluble ［'vɑːljəbl］ *adj.* 健谈的

【英】characterized by ready or rapid speech

【反】laconic, reticent, succinct, taciturn, terse

【同】glib, fluent, talkative, vocative

【记】形近易混词: soluble(*adj.* 可解决的)

voluptuous ［və'lʌptʃuəs］ *adj.* 奢侈淫逸的

【英】given to or spent in enjoyments of luxury, pleasure, or sensual gratifications

【反】Spartan, self-constrained, ascetic

【同】sensuous, epicurean, luscious, luxurious, sensual

voyeur ［vwaɪ'ɜːr］ *n.* 偷看下流场面的人; 窥淫狂

【英】someone who gets sexual pleasure from secretly watching other people having sex or taking their clothes off

vulgarization ［ˌvʌlɡərə'zeɪʃn］ *adj.* 粗俗的

【英】lacking in cultivation, perception, or taste, coarse

【反】aristocratic, genteel, gentle, highbred, noble

【记】coarse, crude, gross, vulgar 都可以表示"粗鲁的, 粗俗的"的意思。coarse 指缺乏教养, 言谈粗俗, 举止粗野, 可与 vulgar 换用。crude 与 vulgar 同义, 也指言谈举止粗俗, 不文雅, 缺乏教养。gross 语气强烈, 指粗鲁、无礼貌、令人讨厌。vulgar 侧重指对听者的冒犯, 往往强调粗野, 言行、趣味不高, 缺乏教养。

vulnerable	['vʌlnərəbl] *adj.* 易受攻击的,易受责难的
	【英】open to attack or damage,assailable
	【反】insusceptible,invulnerable,unexposed,unsusceptible
	【同】endangered,sensitive,subject(to),susceptible,liable
waggish	['wægɪʃ] *adj.* 诙谐的,滑稽的
	【英】witty or joking
wanderlust	['wɑːndərlʌst] *n.* 旅行癖
	【英】strong longing for or impulse toward wandering
	【记】组合词:wander(漫步,徘徊) + lust(渴望)→喜欢到处闲逛→旅行癖
warble	['wɔːrbl] *v.* 用颤音高唱;(鸟)鸣啭,啁啾
	【英】to sing in a high-pitched,rather unsteady voice;(bird)to sing pleasantly
warrant	['wɔːrənt] *v.* 保证,使……有正当理由
	【英】to declare or maintain with certainty
	【反】decline,disapprove,negative,reject,veto
	【同】guarantee,merit
wary *	['weri] *adj.* 小心谨慎的,机警的
	【英】marked by keen caution,cunning,and watchfulness especially in detecting and escaping danger
	【反】careless,heedless,incautious,remiss,unguarded
	【同】alert,cautious,circumspect,conservative,scrupulous
	【记】形近易混词:worry(*v.* 担心)
waver	['weɪvər] *v.* 犹豫不决,踌躇;摇摆
	【英】cannot decide about something or consider changing mind about something;to shake with very slight movements or changes
wearisome	['wɪrɪsəm] *adj.* 令人厌倦的
	【英】very tiring and boring or frustrating
weasel	['wiːzl] *n.* 鼬
	【英】small carnivorous mammal with short legs and elongated body and neck
welter	['weltər] *n.* 混乱
	【英】a chaotic mass or jumble
	【反】orderly arrangement
	【记】形近易混词:water(*n.* 水)

whet　　　　　　［wet］*v.* 使……兴奋,刺激

【英】to make keen or more acute

【反】blunt,dull

【同】edge,excite,hone,sharp,stimulate

【记】形近易混词:wheat(*n.* 小麦)

whimsical　　　［'wɪmzɪkl］*adj.* 反复无常的,异想天开的

【英】resulting from or characterized by whim or caprice, especially lightly fanciful

【反】arbitrary,capricious,erratic,vagarious

【同】capricious,freakish,impulsive

【记】由 whim(*n.* 一时的兴致,奇想)衍生而来的词汇。

wicked　　　　　［'wɪkɪd］*adj.* 邪恶的

【英】very bad and deliberately harmful to people

wilt　　　　　　［wɪlt］*v.* 枯萎,凋,萎靡不振

【英】to lose vigor from lack of warter

【同】wither,shrivel

winnow　　　　　［'wɪnoʊ］*v.* 把(谷壳)吹掉,扬去

【英】to remove (as chaff) by a current of air

【记】形近易混词:minnow(*n.* 小鱼)

wistful　　　　　［'wɪstfl］*adj.* 幽怨却期待着的

【英】full of yearning or desire tinged with melancholy

wobble　　　　　［'wɑːbl］*v.* 动摇,犹豫

【英】to waver,vacillate

【反】dive (in),plunge (in),stabilize

【记】形近易混词:babble(*v.* 含糊不清地说),gabble(*v.* 急促而不清楚地说),gobble(*v.* 狼吞虎咽),hobble(*v.* 蹒跚),nibble(*v.* 轻咬),pebble(*n.* 小鹅卵石),rabble(*n.* 乌合之众)

wretched　　　　［'retʃɪd］*adj.* 可怜的

【英】very poor in quality or ability,inferior

【反】elation,marvelous

【记】miserable,sorry,unhappy,wretched 都可以表示"不幸的"意思。miserable 指因贫穷、不幸或屈辱等外部因素给人造成精神痛苦、烦恼或肉体折磨,令人同情和可怜。sorry 常作礼貌用词,表遗憾、惋惜;也指说话人表示同情、悲哀等,感情色彩较强。unhappy 侧重指精神上的不快或失望。wretched 多指由于疾

病、担忧、忧伤等造成的不幸和痛苦,在外表上显得沮丧、可
怜、失望,语气比 miserable 强。

wrought	[rɔːt] *adj.* 精心制作的
	【英】worked into shape by artistry or effort
	【记】形近易混词:through(*adv.* 从头到尾)
wry	[raɪ] *adj.* 讽刺的
	【英】dryly humorous,often with a touch of irony
	【记】形近易混词:worry(*n.* 烦恼)
xenolith	['zenəlɪθ] *n.* 捕虏岩
	【英】a fragment of rock differing in origin,composition,structure,etc, from the igneous rock enclosing it
xenophobic	[,zenə'foʊbɪk] *adj.* 排外的;有恐外症的
	【英】having abnormal fear or hatred of the strange or foreign
yoke	[joʊk] *v.* 结合,联系
	【英】to join securely as if with a yoke,bind
	【反】disconnect,disjoin,separate,sunder,unchain
	【同】concatenate,conjugate,hitch,hook
yokel	['joʊkl] *n.* 乡下人
	【英】a naive or gullible inhabitant of a rural area or small town
zeal	[ziːl] *n.* 热情
	【英】eagerness and ardent interest in pursuit of something
	【反】torpor,indifference,lack of fervor
	【记】enthusiasm 和 zeal 都可以表示"热情"的意思。enthusiasm 侧重指比较理智的热情,如对人和事的钦佩或为了事业或目的等所表现出的追求与忠诚。zeal 通常指为实现向往的事业或为达到所追求的目标而积极投身到实践活动中所表现出来的热情。
zealot*	['zelət] *n.* 狂热者
	【英】a zealous person,especially a fanatical partisan
	【记】联想:zeal + lot→有很多热情→狂热者
zesty	['zesti] *adj.* 兴致很高的
	【英】having or characterized by keen enjoyment
	【反】bland,insipid,vapid
	【同】peppery,piquant,poignant,pungent,snappy
	【记】形近易混词:testy(*adj.* 暴躁的)

走向你的成功

by tracywlz

你现在所做的一切，都有很多人在陪你。如果你想去 MIT 或者 Princeton，必须付出值得去那里的努力。你没有好的出身，没有财团的支持。你所拥有的，只有始终支持你的父母，还有坚强的心。感觉到累了，想找个人陪，如果找高中同学，要忍受思念的痛苦。如果找大学同学，你得因别人而改变。那样，你还会有如此多的时间来学习吗？你得考虑别人的感受，别人的心情，得到一份关心的同时，也要付出吧。坚持，GPA 是王道！让自己的情在阳光下暴晒！

无论如何，这是一条花着父母血汗钱的道路，如果你还享受着闲适，而你的父母却在为生计奔波，你过意得去吗？实现你的承诺，就要努力付出；唯有坚持，才是王道。北大有凌晨 3 点睡的女生，你只要晚上 12 点 30 停止学习，为什么不行？

你知道什么是成功吗？就是坚持住一个人的孤独。所有的人也罢，所有的物也罢，终究逝去。你所能掌握的只有自己。守护好自己的身体，你还得靠它过几十年。坚持，坚持，坚持，坚持。无论如何不能放弃。

只有自己的 GRE，加油！走向自己的成功，走向你的命运。

八十天倒计时。

现在所做的一切，都为了未来的自己。为了曾经的骄傲，为了你的梦想，为了找到自己更好的归宿。即使今天会很辛苦，但是你的极限还远远没达到。加油！

第2章

抽检 GRE 巅峰词汇

placid[*]	*adj.* 温和的;平静的
foliage	*n.* 树叶;一簇叶子
vulgarization	*adj.* 粗俗的
euphemism	*n.* 委婉的说法
articulate	*v.* 清晰表达 *adj.* 发音清晰的
helium	*n.* 氦
peculiar	*adj.* 不寻常的,古怪的;独特的
jubilant	*adj.* (因成功而)欢腾的,喜悦的
opaque[*]	*adj.* 不透明的;难懂的
hidebound	*adj.* 顽固的
perforce	*adv.* 必然地
improvise[*]	*v.* 即兴创作
imperturbable	*adj.* 沉着冷静的,镇静的
derivative	*adj.* 衍生的;非独创的
reminisce	*v.* 怀旧
fracas	*n.* 喧闹的吵架
blight	*v.* 破坏;使……枯萎
legislate	*v.* 立法,制定法律
flummox[**]	*v.* 使困惑
spurn	*v.* 拒绝,摈弃
stereotype	*n.* 模式化的事物
fray	*n.* 打架,争吵 *v.* 磨损

cumbersome**	*adj.* 笨拙的, 累赘的
strip	*v.* 脱衣服; 剥夺
fresco	*n.* 壁画
lugubrious	*adj.* 悲哀的(尤指装出来的)
fallacy**	*n.* 谬论
aberrant**	*adj.* 异常的, 非常规的
cordial*	*adj.* 友善的
vacillate	*v.* 犹豫不决
impale	*v.* 刺入
galactic	*adj.* 银河的
ineptitude	*n.* 不合适; 无能, 笨拙
charter	*v.* 包租; 发特许执照　　*n.* 宪章
recalcitrant**	*adj.* 反抗的, 倔强的
ignoble	*adj.* 卑鄙可耻的, 不光彩的
indiscretion	*n.* 轻率, 言行失检
delimit	*v.* 定界限
prophetic	*adj.* 预言的, 预示的
outcrop	*n.* 露出地面的岩层
stature	*n.* 身高; 名望
nullify	*v.* 使……无效, 废除
concomitant**	*adj.* 随之而来的, 相伴的　　*n.* 伴随物
perspicuity	*n.* 明晰, 简明
fanatic**	*n.* 狂热者, 盲信者　　*adj.* 狂热的, 盲信的
amorphous**	*adj.* 无固定形状的; 杂乱的
congenial	*adj.* 兴趣相投的
elicit*	*v.* 引出, 引起
flipper	*n.* 鳍状肢, 蹼
hostility	*n.* 敌意, 敌对
ostentation**	*n.* 虚饰; 卖弄
validate	*v.* 证实
obstacle	*n.* 妨碍, 干扰, 障碍物

zealot *	*n.* 狂热者
languid	*adj.* 没精打采的,怠倦的
arsenic	*n.* 砒霜
accentuate **	*v.* 强调,着重
ebullient **	*adj.* 热情奔放的
conducive	*adj.* 有益的,有促进的
inure	*v.* 使……习惯
scoff *	*n.* 笑柄,嘲笑　*v.* 嘲笑;狼吞虎咽
lurch	*v.* 蹒跚而行
entice	*v.* 诱使
snub	*v.* 冷落,不理睬
allusion	*n.* 暗指,间接提及
adulate **	*v.* 谄媚,奉承
intimidate	*v.* 威逼,胁迫
virulent	*adj.* 有害的,充满恶意的
discrete	*adj.* 分离的,不连续的
tenant	*n.* 租户,佃户
ration **	*n.* 定额,定量;配给
pristine **	*adj.* 原始的
restrain	*v.* 阻止,限制;使……受控制
stratum	*n.* 岩层;社会阶层
portend	*v.* 预示,预兆
prosaic	*adj.* 单调的,无趣的
arduous	*adj.* 费劲的
covenant **	*n.* 契约,公约
segregate *	*v.* 隔离,分开
patronize	*v.* 以高人一等的态度对待;资助,赞助
equivocate	*v.* 模棱两可地说
bewail	*v.* 为……悲伤
static *	*adj.* 不变的,静止的
recapitulate	*v.* 概括

auxiliary	*adj.* 后备的;辅助的
plasma	*n.* 等离子体;血浆
conservative	*adj.* 保守的　*n.* 保守的人
perfunctory**	*adj.* 例行公事的,敷衍的;缺少兴趣或热情的
consternation	*n.* 惊愕;呆若木鸡
subservient	*adj.* 奉承的,屈从的
desiccate**	*v.* 使……干燥,使……脱水;使……无生气
convulse	*v.* 抽搐
lump	*n.* 块,肿块　*v.* 结块,成团;容忍,忍耐
opportune**	*adj.* 合适的,适当的
modulate	*v.* 调节(音量、音高、音调等);调整,改变
apropos	*adj.* 恰当的,合适的
implode	*v.* 崩溃
standoffish	*adj.* 不友好的
fraudulent	*adj.* 欺诈的
copious	*adj.* 丰富的
inimical**	*adj.* 敌意的
antidote	*n.* 解毒剂,解毒药
interrogate	*v.* 质问,讯问,审问
prolix**	*adj.* 啰唆的,冗长的
impunity**	*n.* 不受惩罚,无患
enlighten	*v.* 启发,教导,照亮
resignation*	*n.* 辞呈;无奈的顺从
incense	*n.* 香　*v.* 薰香;激怒
credulous	*adj.* 轻信的,易受骗的
immanent	*adj.* 内在的
autocracy	*n.* 独裁政体
bolt	*n.* 螺栓;(门窗的)闩
crepuscular	*adj.* 暮色的;黄昏的
provoke	*v.* 激怒
erode	*v.* 使……腐蚀,使……侵蚀

blazon	*n.* 卖弄　*v.* 刻纹章
enterprise	*n.* 事业;公司,企业;开创精神
nebula	*n.* 星云
patois	*n.* 行话;(尤指法语的)方言
inveterate**	*adj.* 根深蒂固的;习惯的
onerous	*adj.* 繁重的,费力的
iconoclast**	*n.* 打破旧习的人
acrimony**	*n.* 尖刻,讥讽
impeccable**	*adj.* 没缺点的,正直的
loquacious	*adj.* 多嘴的;饶舌的
mob	*n.* 一大群乱民;犯罪团伙　*v.* 成群围住
fastidious**	*adj.* 难取悦的;挑剔的
adolescent	*adj.* 青春期的　*n.* 青少年
tarnish*	*v.* 失去光泽,晦暗
ineluctable	*adj.* 无法逃避的
paltry**	*adj.* 无价值的;可鄙的
sinistral	*adj.* 左边的;身体左侧的
amateur	*n.* 业余爱好者
gross	*adj.* 粗俗的;严重的
obtrude	*v.* 强加于人
sully	*v.* 玷污,使……丢脸
pertinent**	*adj.* 准确关联的
decimation	*n.* 大批杀害,大量毁灭
parity	*n.* 同等,平等
pigment	*n.* 颜料　*v.* 染色
soporific**	*adj.* 催眠的;昏昏沉沉的　*n.* 安眠药
meson	*n.* 介子
outstrip	*v.* 超过,胜出
metrical	*adj.* 韵律的;度量的
quixotic	*adj.* 不切实际的
acquiesce	*v.* 默许,勉强同意

opprobrium	*n.* 公开指责,公开反对
acolyte	*n.* 侍僧;助手
uncanny	*adj.* 离奇的,奇异的
foolhardy	*adj.* 有勇无谋的,蛮干的
inroad	*n.* 侵袭,袭击
xenolith	*n.* 捕房岩
entrant	*n.* 参赛者;新成员
babble	*v.* 胡言乱语
collateral	*n.* 担保金,抵押品
inept*	*adj.* 不适当的;无能的,笨拙的
labyrinth	*n.* 迷宫;难解的事物
deleterious**	*adj.* 有害的,有毒的
combustible	*adj.* 可燃的
posthumous	*adj.* 死后的,身后的
mutate	*v.* 改变
sanction**	*v.* 批准,许可
adulterate	*v.* 掺杂,掺假
tepid	*adj.* 微温的,不太热情的
stymie	*v.* 阻碍
ravage	*v.* 使……荒芜;严重破坏;劫掠
topple	*v.* 倾倒,倒塌
warble	*v.* 用颤音高唱;(鸟)鸣啭,啁啾
pinpoint	*v.* 精确定位
coeval	*adj.* 同时代的
upheaval	*n.* 动乱
viscous	*adj.* 黏性的
vex**	*v.* 使……烦恼,使……恼怒
penchant**	*n.* 强烈嗜好,倾向
circumspect	*adj.* 慎重的,小心的
inexorable**	*adj.* 无情的,无法说服的
piquant	*adj.* 辛辣的,开胃的

cantankerous **	*adj.* 脾气坏的,爱找碴的,难相处的
egalitarian **	*adj.* 平等主义的 *n.* 平等主义者
meager	*adj.* 贫乏的,稀少的
ensue	*v.* 随之而来
devastate	*v.* 毁坏
plagiarize	*v.* 剽窃,抄袭
deride	*v.* 嘲笑
venerate **	*v.* 尊敬,崇拜
insurgent	*adj.* 叛乱的 *n.* 叛乱分子
stasis	*n.* 停滞
chauvinistic	*adj.* 沙文主义的;爱国主义的
felicitous **	*adj.* 恰当的;幸福的
acquisitive	*adj.* 贪得无厌的
plight	*n.* 困境
propitious	*adj.* 适合的;吉祥的
presage	*n.* 预示,预言 *v.* 预示,预言
winnow	*v.* 把(谷壳)吹掉,扬去
reconnaissance	*n.* 调查,侦察
execute	*v.* 处死;执行
profuse	*adj.* 丰富的,大量的
pretext	*n.* 托词
avarice	*n.* 贪财,贪婪
inchoate	*adj.* 刚开始的,未完全发展的
intuitive	*adj.* 直觉的
deprive	*v.* 剥夺;使不能有
genteel **	*adj.* 有教养的,文雅的;时髦的
oligarch	*n.* 寡头政治执政者
debonair	*adj.* 温文尔雅的
disregard	*v.* 不重视,漠视
concede *	*v.* 承认;让步
impostor	*n.* 冒名顶替者

martinet	*n.* 纪律严明之人
exhilarate	*v.* 使……振奋,使……兴奋
posit	*v.* 假设,假定
dossier	*n.* 卷宗
drab **	*adj.* 土褐色的;单调的
abet	*v.* 教唆,支持
acclimate	*v.* 适应
lactic	*adj.* 乳汁的,来自乳汁的
bogus	*adj.* 假冒的,伪造的
subside	*v.* 下降;减弱
archaic	*adj.* 过时的,古老的
prevaricate	*v.* 撒谎
chicanery **	*n.* 诡计多端,欺骗
unpretentious	*adj.* 谦逊的,不做作的
ignominy	*n.* 耻辱
eradicate	*v.* 根除
adamant **	*adj.* 坚定的,不动摇的
seizure	*n.* 疾病突然发作;缴获,没收
precarious *	*adj.* 缺乏安全感的;不靠谱的
austere **	*adj.* 朴素的
galvanize	*v.* 电镀;激励
evince **	*v.* 表明,表示
invoke **	*v.* 恳求;调用(程序等),实施
petulant	*adj.* 粗鲁的,坏脾气的
abate **	*v.* 减轻,降低
disjunction	*n.* 分离
boor	*n.* 迟钝的人,粗野的人
rapacious	*adj.* 强抢的;贪婪的
blatant	*adj.* 喧哗的;非常明显的
franchise	*n.* 特许经营权;出售……的特许经营权
diverge	*v.* 偏离;分歧

testify	v.（在法庭上）作证,证明
pretentious *	adj. 做作的
apothegm	n. 箴言
proposition	n. 主张,观点;提案
oblivious	adj. 未注意的
exploit *	v. 开发;剥削　n. 英雄事迹
derelict	adj. 玩忽职守的
effete	adj. 衰老的;疲惫的
varnish	v. 使……有光泽
gluon	n. 胶子
overture	n. 前奏曲,序曲
adorn	v. 装饰,装扮
remission	n. 宽恕,赦免;缓和,减轻
ingenious *	adj. 聪明的,有独创性的
deliberate *	v. 深思熟虑
mutiny	n. 造反,哗变
stern *	adj. 严厉的,苛刻的
anomalous *	adj. 不规则的;反常的
perpetuate **	v. 犯(罪),做(恶)
valorous	adj. 勇敢的,无畏的
contumely	n. 侮辱,傲慢
negligible **	adj. 可以忽略的,微不足道的
convex	adj. 凸起的,凸面的
avert	v. 防止,避免;转移(目光等)
ludicrous **	adj. 荒谬的
igneous **	adj. 火成的,火熔的
hodgepodge **	n. 大杂烩
spontaneous **	adj. 自发的
referee	n. 仲裁人,调解人,裁判员
recipient	n. 接受者
swirl	v.（液态、流动的物质）快速旋流

infatuate **	v. 使糊涂,使冲昏头脑;使……迷恋
insidious	adj. 潜伏的,暗中为害的
troupe	n. 剧团
intensify	v. 加强
croon	v. 低声歌唱,低吟
adversarial	adj. 对立的,敌对的
imperative	adj. 命令式的,强制的
absolve	v. 赦免,宣告……无罪
elliptical	adj. 椭圆的;省略的;含糊的
alternate	v. 交替,轮流
beatitude	n. 祝福
fervent **	adj. 热情的,热烈的
stint	v. 吝惜,节省
approbation **	n. 认可;嘉许
conspicuous	adj. 显著的,显而易见的
delineate *	v. 描述;描绘;划定界限
adage	n. 谚语
sunder	v. 分裂,分离
respite	n. 间歇,暂缓
quackery	n. 庸医的骗术
condole	v. 表达同情或悲伤
guile	n. 狡猾,狡诈
elastic	adj. 有弹性的
minuscule	adj. 极小的
fickle *	adj. (感情等)易变的,薄情的
foil *	v. 挫败 n. 金属薄片
tawdry	adj. 廉价而俗丽的
sanity *	n. 心智健全,神志正常
extrapolate	v. 推断
chorale	n. 赞美诗;唱诗班
demur **	v. 表示异议,反对

jurisdiction	*n.* 司法权;管辖范围
conscientious **	*adj.* 厚道的;勤奋认真的
testimony	*n.* 证词,声明
terminus	*n.* 终点,终点站
vascular	*adj.* 血管的;维管的
piety	*n.* 虔诚
forswear	*v.* 发誓放弃
prolific *	*adj.* (作家、艺术家或作曲家) 多产的
rally	*n.* 集会　*v.* 召集
wobble	*v.* 动摇,犹豫
sympathy	*n.* 同情;赞同,支持
ossify	*v.* 硬化,僵化
curtail *	*v.* 缩短,削减
abase	*v.* 贬低,降低(地位、威望或尊严)
paleontology	*n.* 古生物学
barbaric	*adj.* 残酷的;野蛮的
pundit	*n.* 权威人士;专家
pious *	*adj.* 虔诚的
arresting	*adj.* 引人注目的,吸引人的
reclaim *	*v.* 拿回,收回;开垦,改造
inscrutable **	*adj.* 不可理解的,不可思议的
vestige **	*n.* 遗迹,痕迹
moratorium	*n.* 延期,暂缓施行
equivocal **	*adj.* 模棱两可的
ingrate	*n.* 忘恩负义者　*adj.* 不知恩的,忘恩的
obfuscate	*v.* 使……困惑
libertine	*n.* 放荡不羁者
intimate *	*adj.* 亲密的　*n.* 密友　*v.* 宣布
intercede	*v.* 仲裁,调解
anecdote *	*n.* 轶事,趣闻
malign *	*adj.* 有恶意的　*v.* 诽谤

undercut	*v.* 廉价出售;切去下部
malfeasance	*n.* 渎职,违法行为
valiant	*adj.* 勇敢的,英勇的
tripartite	*adj.* 有三部分的;涉及三方的
vague *	*adj.* 含糊不清的
semantic	*adj.* 语义的
ennui	*n.* 倦怠,厌倦
pith	*n.* 橙或相似水果的果皮下的白皮;植物茎中的髓
tenacious	*adj.* 固执的
shoddy	*adj.* 劣等的;以次充好的
unanimous	*adj.* 全体一致的,无异议的
metaphysical	*adj.* 玄学的,形而上学的
comely	*adj.* 美丽的
obsolete *	*adj.* 废弃的,淘汰的;过时的,老式的
susceptible *	*adj.* 易受……影响的
erudite	*adj.* 博学的
embellish **	*v.* 修饰,装饰;渲染
lethal	*adj.* 致命的
percolate	*v.* 缓慢传开;渗透
phenomenal	*adj.* 显著的,非凡的
detest *	*v.* 厌恶,憎恨
metaphor	*n.* 隐喻,暗喻
reside	*v.* 居住;存在
cloister	*n.* (修道院或大教堂广场周围)有顶的地区
elegy	*n.* 哀歌(诗),挽歌(诗)
preclude **	*v.* 预防,阻止
imminent *	*adj.* 即将来临的,急迫近的
devoid	*adj.* 全无的,缺乏的
commingle	*v.* 混合
underscore	*v.* 突出显示,强调
pithy	*adj.* 简洁的;精髓的

cozen	*v.* 欺骗
gorge**	*n.* 峡谷　*v.* 狼吞虎咽
condign	*adj.* 应得的,恰当的
deadpan	*adj.* 面无表情的,冷漠的
turbid	*adj.* 混乱的,晦涩难懂的
polemic**	*adj.* 争论的
pertain*	*v.* 属于,有关联
abjure	*v.* 声明放弃
convivial	*adj.* 快活的
bumble	*v.* 弄糟,犯错;咕咕哝哝;笨手笨脚
lurk	*v.* 潜藏,潜伏
snag	*n.* 小问题;小挫折
aver	*v.* 断言;证明
flout**	*n.* 蔑视　*v.* 蔑视
exonerate	*v.* 免除责任,确定无罪
expatiate**	*v.* 细说;阐述(主题、话题等)
satiate**	*v.* 充分满足
contour	*n.* 轮廓线;等高线
agitate	*v.* 煽动;使……不安,使……焦虑
annex	*v.* 吞并
truancy	*n.* 逃学
indigent**	*adj.* 贫穷的
circumvent**	*v.* 绕过;智取
conundrum	*n.* 难题,谜
nonplus**	*v.* 使……困惑
gratify*	*v.* 使……满足
shunt	*v.* 使……转轨;把……移走
extravagant*	*adj.* 奢侈的,无节制的
belligerent**	*adj.* 好斗的
limpid	*adj.* 透明的,清澈的
quaint*	*adj.* 古雅的

staid	*adj.* 稳重的,沉着的
penetrate	*v.* 进入,穿透
renege	*v.* 食言
regime	*n.* 统治;(机构、公司或经济等的)管理方式
heir	*n.* 继承人
taint	*v.* 污染,使……腐败　*n.* 污点
feign	*v.* 假装;伪造
underlie	*v.* 成为……的基础
surgeon	*n.* 外科医生
baroque	*adj.* 装饰夸张奢华的
valorize	*v.* 规定价格
epithet	*n.* 绰号;修饰词
adumbrate**	*v.* 约略显示,勾画轮廓
mockery	*n.* 嘲弄
squander*	*v.* 浪费
inevitable	*adj.* 不可避免的,必然的
toll	*n.* 通行费;代价;钟声;伤亡人数　*v.* 鸣钟;征税
admonish	*v.* 提醒,劝告,责备
upbraid	*v.* (严厉地)谴责,责骂
erratic	*adj.* 不稳定的;古怪的
debilitate	*v.* 使……衰弱
lackey	*n.* 唯命是从之徒,应声虫
contentment	*n.* 满足
spherule	*n.* 小球体
jovial	*adj.* 快活的
argot	*n.* 暗语;黑话,行话
dislodge	*v.* 拿开;解除职务
disarm	*v.* 解除武装,缓和,消除敌意
rife	*adj.* 流行的;丰富的
cluster	*v.* 聚集,成群结队　*n.* 集群,簇,丛
sensation	*n.* 感觉,知觉

craven**	*adj.* 胆小的,懦弱的
deploy	*v.* (有策略性地)展开,调度
halcyon	*adj.* 平静的;幸福的
bourgeois	*adj.* (思想保守、追求物质的)中产阶级的;资本主义的
scintillate	*v.* 发出(火花),闪闪发光,闪烁
impervious	*adj.* 透不过的;不会被损害的
warrant	*v.* 保证,使……有正当理由
conjure	*v.* 祈求;召唤;变幻出
voluptuous	*adj.* 奢侈淫逸的
clamor	*n.* 喧嚷　*v.* 吵闹
proclaim	*v.* 宣告
predominate	*v.* 支配,主宰,在……中占优势
grouchy	*adj.* 不满的,爱抱怨的
grimy	*adj.* 肮脏的
voyeur	*n.* 偷看下流场面的人;窥淫狂
convoluted	*adj.* 复杂的,费解的
berate	*v.* 严责,训斥
harrow	*v.* 折磨　*n.* 耙
somatic	*adj.* 肉体的
parameter	*n.* 参数;界限
ethos	*n.* (某一团体或某类活动的) 理念
tussle	*v.* 扭打
relent	*v.* 变得慈悲
coalesce**	*v.* 合并,融合
controversy	*n.* 论战
sectarian	*adj.* 派系的
inferno**	*n.* 地狱;火海
synapses	*n.* (神经元)突触
anatomy	*n.* 解剖学
pushover	*n.* 易于征服或控制的人;容易做的事情

celestial	*adj.* 天上的,天堂的
precursor**	*n.* 先驱者,先导
hapless	*adj.* 运气不好的,倒霉的
emanate**	*v.* 发出;散发(气味)
melodrama**	*n.* 情节剧
spurious	*adj.* 假的,伪造的
wicked	*adj.* 邪恶的
shanty	*n.* 棚屋,简陋的小屋;水手号子,船夫曲
iniquity	*n.* 邪恶,不公正
rehash	*v.* 换汤不换药重复,老调重弹 *n.* 重复使用
factitious	*adj.* 人工的;做作的,虚假的
delicacy	*n.* 精致;佳肴
salutary**	*adj.* 有益的;有益健康的
gluttony**	*n.* 贪食;贪婪
compendium	*n.* 概略
bashful	*adj.* 羞怯的
coddle	*v.* 溺爱;用文火煮
transcend	*v.* 超越,克服;超过
hazard	*n.* 危险;风险
univocal	*adj.* 无歧义的
anarchist	*n.* 无政府主义者
interregnum	*n.* 过渡期政府或统治
pathology**	*n.* 病理学;病状
insulate	*v.* 使……绝缘,使……隔离
converse	*v.* 交谈 *n.* 相反的说法
assuage**	*v.* 缓和,减轻
coagulate**	*n.* 凝结剂
apposite	*adj.* 适当的,贴切的
misogyny	*n.* 厌女症
earthly	*adj.* 尘世的
corollary	*n.* 必然的结果;推论

recompense	*n.* 赔偿　*v.* 报酬,赔偿
amicable	*adj.* 友善的,心平气和的
canvas	*n.* 画布
disavow	*v.* 否认,抵赖,不想承担责任
fortify *	*v.* 增强
apocryphal	*adj.* 虚构的
endorse	*v.* 背书;签署;支持
voluble	*adj.* 健谈的
kaleidoscope	*n.* 万花筒
insinuate	*v.* 暗示;使……潜入
ideology	*n.* 意识形态
latent	*adj.* 潜伏的,隐藏的
reenact	*v.* 再扮演
diffuse *	*v.* 扩散,传播　*adj.* 冗长的;散漫的
suspend	*v.* 暂停,中止;悬浮
nettle	*v.* 惹火,激怒
hasten	*v.* 催促,加速
influx	*n.* 涌入
delinquent	*adj.* 失职的,有过失的　*n.* 失职者
repulse	*v.* 厌恶;驱逐　*n.* 厌恶;驱逐
airborne	*adj.* 空气传播的;空运的
collude	*v.* 串通,勾结
extract	*n.* 榨出物;摘录　*v.* 榨取;摘录
clam	*n.* 蛤;沉默寡言的人
precipitous	*adj.* (增加或减少)非常快的
finicky	*adj.* 过分讲究的;烦琐的
venal	*adj.* 可用钱收买的,贪污受贿的
refractory **	*adj.* 难驾驭的,不听话的;(病)难治的
lukewarm **	*adj.* 微温的;不感兴趣的,不热情的
amnesia	*n.* 健忘症
obstinate **	*adj.* 固执的,倔强的

tenement	*n.* 旧式公寓大楼
deuterium **	*n.* 氘;重氢
symposium	*n.* 专题研讨
arbitrate	*v.* 仲裁,做出公断
wretched	*adj.* 可怜的
pulsate	*v.* 有节奏地跳动
recant **	*v.* 放弃信仰,公开认错
burgeon	*v.* 迅速成长
camaraderie	*n.* 友情
endow	*v.* 天生赋予;资助
impend	*v.* 即将发生
meddle	*v.* 干涉,管闲事
interim	*n.* 中间时期,过渡时期　*adj.* 暂时的
enigma	*n.* 谜语;费解的事物
assault	*n.* 攻击,袭击　*v.* 袭击
cynical *	*adj.* 持人皆自私论的,愤世嫉俗的
taut	*adj.* 拉紧的;紧张的;整洁的
indelible	*adj.* 擦拭不掉的,不可磨灭的
rampant	*adj.* 猖獗的,泛滥的
antiquarian	*n.* 古董商;古玩家　*adj.* 古董的
ribald	*adj.* (举止、言语)粗鲁的
haughty	*adj.* 傲慢的,自大的
abscond	*v.* 潜逃
disseminate **	*v.* 广泛散播,传播
grouse	*n.* 松鸡
restive	*adj.* 急躁的;倔强的
atrocity **	*n.* 暴行
enervate **	*v.* 使……衰弱
mirth **	*n.* 欢乐,欢笑
irascible **	*adj.* 易发怒的
seismic	*adj.* 地震的;地震引起的

incessant *	*adj.* 不断的, 无尽的
provisional	*adj.* 暂时的, 临时的
altruism *	*n.* 利他主义
typography	*n.* 印刷术
fragile	*adj.* 易碎的; 脆弱的
brisk	*adj.* 活泼的, 敏捷的
buttress **	*n.* 支柱　*v.* 支持
mandatory	*adj.* 命令的, 强制的
obtuse	*adj.* 愚笨的; 不锐利的
hedonism	*n.* 享乐主义
oblige	*v.* 迫使; 帮助
semblance	*n.* 表象, 外观
succinct *	*adj.* 简明的, 简洁的
acquaint	*v.* 使……熟知, 通知
espouse **	*v.* 支持, 拥护; 结婚
deadlock	*n.* 僵局
suffrage	*n.* 选举权
reciprocal **	*adj.* 相互的, 互惠的
comply	*v.* 顺从, 答应
beckon	*v.* 示意, 召唤
serene	*adj.* 安静的, 安详的
tangent **	*adj.* 离题的, 不相关的　*n.* 切线
inveigle	*v.* 诱骗, 诱使
unctuous	*adj.* 虚情假意的, 假装热心的
malinger	*v.* 假装不适以逃避工作
indigenous	*adj.* 本地的; 天生的
charismatic	*adj.* 有超凡魅力的
cliche **	*n.* 陈词滥调
poach *	*v.* 偷猎; 水煮
mitigate *	*v.* 减轻, 使缓和
rarefy	*v.* 使……稀薄

disparage**	v. 贬低,轻视
cordon	n. 警戒线
constitutional	adj. 宪法的
compelling	adj. 强制性的;迫切的
upshot	n.(意料之外的)结局,要点
founder**	v. 完败 n. 奠基者
imbue*	v. 感染
morbid	adj. 疾病的,病态的
impede*	v. 妨碍,阻挡
molt	v. 脱毛,换皮 n. 脱毛,换皮
subordinate	adj. 次要的;顺从的 v. 服从
gridlock	n. 全面拥堵
assail**	v. 猛烈攻击,言语抨击
carnal**	adj. 肉体的;物质的
mendacious	adj. 虚假的,说谎的
esoteric**	adj. 秘传的
coerce*	v. 强制,强迫
euphoric	adj. 狂喜的,极度兴奋的
tact	n. 机敏,圆滑
tractable	adj. 容易对付的
lesion	n. 损伤,伤口
unimpeachable**	adj. 无可置疑的,无可指责的
surreptitious	adj. 偷偷摸摸的,秘密的
tacit*	adj. 心照不宣的,有默契的;暗示的
disenchanted	adj. 不再着迷的,不再抱幻想的,感到幻灭的
hallucinate	v. 产生幻觉
grandstand	v. 哗众取宠地表演
dread*	n. 焦虑,恐惧 v. 害怕,担忧
contemplate	v. 沉思
supposition	n. 猜想,推测
dirge	n. 挽歌

stratagem**	*n.* 谋略,策略
equipoise	*n.* 平衡
trepidation	*n.* 恐惧
retrospective	*adj.* 回忆的;怀旧的
axiom**	*n.* 公理
abeyance**	*n.* 暂时中止,暂缓,搁置
serendipity	*n.* 善于发掘新奇事物的能力
adjacent	*adj.* 邻近的,接近的,毗邻的
rancor**	*n.* 敌意,怨恨
weasel	*n.* 鼬
entrenched	*adj.* 确立的,不容易改的(风俗习惯)
acute	*adj.* 敏锐的;急性的;激烈的
banal	*adj.* 平凡的;陈腐的
disparate	*adj.* 截然不同的,不相关的
devious	狡诈的;歪曲的,不光明正大的
provocative**	*adj.* 挑衅的
frantic	*adj.* 狂乱的;疯狂的
exacerbate**	*v.* 加剧
stale	*adj.* 不新鲜的;变味的;缺乏新鲜感的
contravene	*v.* 违反,反驳
vacate	*v.* 离开,辞去
expediency	*n.* 适合;权宜之计
elude*	*v.* 逃避,躲避
debacle	*n.* 崩溃,溃败
preoccupation	*n.* 全神贯注,当务之急
dwindle*	*v.* 逐渐缩小
discourteous	*adj.* 粗鲁的
schism**	*n.* 分裂,不一致
retard*	*v.* 妨碍
invert*	*v.* 反转,颠倒
meretricious	*adj.* 华而不实的,俗艳的

meteorite	*n.* 陨石,流星
ingrain	*v.* 把……深深地印在头脑中;渗入
elate *	*adj.* 兴高采烈的 *v.* 使……兴奋
undermine	*v.* 削弱
reticent *	*adj.* 沉默不语的
obscure	*adj.* 模糊的 *v.* 使……模糊
dilatory	*adj.* 拖延的
fluorescence	*n.* 荧光性
inextricably	*adj.* 逃脱不掉的;解不开的
aristocratic	*adj.* 贵族的
conciliate	*v.* 安抚;调和
forfeit	*v.* 丧失,没收
traverse	*v.* 穿越,穿过
eschew **	*v.* 避开,戒绝
clannish	*adj.* 宗族的,排外的
fissure	*n.* 裂缝 *v.* 产生裂缝
clandestine **	*adj.* 秘密的
timorous	*adj.* 胆小的,胆怯的
wary *	*adj.* 小心谨慎的,机警的
humdrum	*adj.* 平凡的;单调乏味的;令人厌烦的
antitheses	*n.* 对立面
languor	*n.* 衰弱无力
sedentary	*adj.* 习惯久坐的;固定的
pervade	*v.* 充满,弥漫
aseptic	*adj.* 无菌的,洁净的
chimerical	*adj.* 荒诞的;虚幻的
outlandish	*adj.* 古怪的,奇异的
slaughtering	*v.* 屠宰,屠杀 *n.* 屠宰,屠杀
lurid	*adj.* 耸人听闻的;华丽艳俗的
annoy	*v.* 使……苦恼;骚扰
neophyte	*n.* 初学者,新的信徒

insipid**	*adj.* 平淡的；难吃的
pseudonym	*n.* 假名；笔名
shackle	*v.* 束缚
requisite	*adj.* 必不可少的，必需的
coda	*n.* 乐章结尾
intrepid**	*adj.* 无畏的，刚毅的
exogamy	*n.* 外族通婚
sycophant	*n.* 马屁精，谄媚奉承的人
conjecture**	*v.* 推测，猜测　*n.* 推测，猜测
impart*	*v.* 传授(知识)；给予特定品质
prevail	*v.* 获胜，成功；流行，占优势
inert	*adj.* 惰性的，行动迟钝的
nepotism	*n.* 裙带关系，任人唯亲
facetious**	*adj.* 爱开玩笑的
lavish*	*adj.* 浪费的，过度的　*v.* 浪费
dispersal	*n.* 喷散，(对人群的)驱散
astringent	*n.* 收敛剂　*adj.* 严厉的
mite	*n.* 微生物，螨虫；极小的量
diminution	*n.* 减小，减弱
excursion	*n.* 远足，短程旅行；离题
callow	*adj.* 未成熟的
flaunt	*v.* 炫耀，招摇
tangle	*n.* 乱糟糟的一团　*v.* 使纠缠
eclipse*	*n.* 日月蚀　*v.* 使……黯然失色
idolatrize	*v.* 盲目崇拜
flamboyant	*adj.* 绚丽的；浮夸的
bigot	*n.* 固执己见者
prodigal**	*adj.* 丰富的；浪费的
elucidate**	*v.* 阐明，说明
unpremeditated	*adj.* 非预谋的
residue	*n.* 剩余物

judicious	*adj.* 明智的
credence**	*n.* 真实性
provincial	*adj.* 狭隘的,守旧的
deplore	*v.* 深表遗憾;反对
overblow	*v.* 吹散;夸张,渲染
gracious*	*adj.* 和蔼可亲的
florid**	*adj.* 华丽的
conformation	*n.* 构象;构造
toady	*n.* 谄媚者,拍马屁的人
fathom	*n.* 寻(深度单位) *v.* 理解;测量
bombast**	*n.* 夸大的言辞
barren*	*adj.* 不育的;贫瘠的
epitome**	*n.* 摘要;典型
spectator	*n.* 观众
scant	*adj.* 不足的,缺乏的
pompous**	*adj.* 傲慢的,自大的
tantamount	*adj.* 等价的,与……相等的
relinquish	*v.* 放弃,撤出,放手
cowardice	*n.* 懦弱
refute*	*v.* 反驳,否定
monarchy	*n.* 君主制;王室;君主国
caustic	*adj.* 刻薄的;腐蚀性的
succumb*	*v.* 屈服;灭亡
mangle	*v.* 破坏,毁损
hoard**	*n.* 贮藏 *v.* 囤积
sanguine	*adj.* 红润的;自信的
beguile	*v.* 欺骗;使着迷
intangible	*adj.* 说不出的,无形的
soluble	*adj.* 可溶解的
regal	*adj.* 王者的
decorum**	*n.* 礼仪

resplendent	*adj.* 灿烂的, 华丽的
illuminant	*n.* 光源　*adj.* 发光的
waver	*v.* 犹豫不决, 踌躇; 摇摆
enamour	*v.* 吸引, 使迷恋
bolster**	*n.* 长枕　*v.* 支持
secluded	*adj.* 僻静的; 隐居的
descry	*v.* 看到, 发现
scorn	*v.* 鄙视, 不屑　*n.* 轻蔑
turmoil**	*n.* 骚动, 混乱
parochialism**	*n.* 偏狭, 眼界狭小
harry	*v.* 掠夺, 骚扰
stifle	*v.* 抑制; 使窒息, 扼杀
comity	*n.* 礼仪
apparition	*n.* 幻影, 幽灵; (特异景象的)显现
dilemma	*n.* 困境, 进退两难
quiescent**	*adj.* 静止的, 安静的
flippancy	*n.* 无礼, 言语尖刻
dupe	*n.* 傻瓜, 易受骗的人　*v.* 欺骗
poll	*n.* 投票; 民意测验
collate	*v.* 校对, 核对
exigent	*adj.* 紧急的, 急需的
shaman	*n.* 萨满; 美洲土著居民认为能祛病降魔的人
provident	*adj.* 深谋远虑的; 节俭的
inane	*adj.* 空洞的
belie**	*v.* 掩饰; 证明(某事)错误
denigrate**	*v.* 玷污, 诋毁
ordeal	*n.* 严酷的考验
cunning*	*adj.* 狡猾的
exquisite	*adj.* 精美的
volley	*v.* 截击　*n.* (炮火的)齐发; 截击空中球
preempt	*v.* 以先买权取得, 取代

malleable	*adj.* 可塑的，易改变的
compound	*v.* 混合 *adj.* 复合的
stagnate	*v.* 停滞不前
arrogance＊	*n.* 傲慢，自大
preciosity	*n.* （谈吐、文笔等）矫揉造作；（语言等）过分讲究
simulate＊＊	*v.* 模仿
emulate	*v.* 努力赶上；仿效
dabble	*n.* 浅尝辄止者
cumulative	*adj.* 累积的
prune	*v.* 修剪
hew	*v.* 砍伐；遵守
imposture	*n.* （冒牌顶替）欺诈的行为
plume	*n.* 一缕（烟雾、尘土等），一股（水柱），一道（火光）；大而柔的羽毛
assimilate＊	*v.* 吸收；同化
deify	*v.* 神化
abrogate	*v.* 废除（法令等），取消
shun＊	*v.* 躲避，避免
haphazard＊	*adj.* 杂乱的，无序的
deference＊	*n.* 敬意，尊重
circumscribe＊＊	*v.* 限制
shriek＊＊	*n.* 尖叫 *v.* 尖叫
bracing	*adj.* 令人振奋的
expound	*v.* 阐释
figment	*n.* 虚构的事
pander	*v.* 迎合
ambiguous＊	*adj.* 含糊的，不明确的
contrite＊＊	*adj.* 后悔的
precedent	*adj.* 先前的 *n.* 先例
seditious	*adj.* （言行或写作）煽动性的
prefatory	*adj.* 前言的，序文的

resuscitate	*v.* 使……复活,使……苏醒
torpor**	*n.* 麻木,无感觉,不活泼
taboo	*n.* 禁忌　*adj.* 禁止的,忌讳的
plunder	*n.* 战利品;掠夺
ubiquitous**	*adj.* 普遍存在的
sporadic**	*adj.* 偶尔发生的,零星发生的
vivacious	*adj.* 活泼的,快活的
occult	*adj.* 不可思议的;神秘的
arrogate	*v.* 冒称;擅取
inadvertent	*adj.* 不注意的,疏忽的
enfranchise	*v.* 给予选举权;解放
complaisant	*adj.* 殷勤的;礼貌的
versatile*	*adj.* 多用的,通用的
diatribe**	*n.* 谩骂
terrestrial	*adj.* 地球的
ligament	*n.* 韧带
sodium	*n.* 钠
morass	*n.* 沼泽;困境
indemnify	*v.* 保障;保证赔偿
conscript	*n.* 被强迫征招入伍的士兵　*v.* 征募
fiat	*n.* 命令,法令
tout	*v.* 极力赞扬
mellifluous	*adj.* 曲调优美的
plausible	*adj.* 貌似可靠的
indolent	*adj.* 懒惰的
prig	*n.* 一本正经的人
veneer	*n.* 镶饰;虚伪的外表
harangue**	*v.* 长篇大论
evanescent	*adj.* 短暂的,逐渐消失的
revile	*v.* 辱骂,斥责
inquisitive	*adj.* 过分好奇的

facet	*n.* 方面;刻面
hiatus	*n.* 空隙
pejorative**	*adj.* 轻蔑的,贬低的
kinetic	*adj.* 动力的
paradox	*n.* 似是而非的论点,自相矛盾的话
declamatory	*adj.* 慷慨陈词的
lunatic	*n.* 疯子　*adj.* 疯狂的,极端愚蠢的
frivolous**	*adj.* 轻浮的;不重要的
fusion	*n.* 核聚变;融合
bifurcate	*v.* 使……分成两部分,分叉
insulin	*n.* 胰岛素
plague*	*n.* 瘟疫
formidable*	*adj.* 可怕的;吸引人的
wearisome	*adj.* 令人厌倦的
distend	*v.* 扩大,膨胀
ebb*	*v.* 退潮;衰退
virtuous	*adj.* 品德高尚的,正直的
discrepancy	*n.* 差异,矛盾
endemic	*adj.* 地方性的
servitude	*n.* 奴役
preeminent	*adj.* 优秀的,卓越的
vicinity	*n.* 邻近,附近
immutable**	*adj.* 不可变的
mollify**	*v.* 平息,缓和
sacrosanct	*adj.* 极神圣的
beleaguer	*v.* 使……困扰,使……烦恼;围攻
frail*	*adj.* 脆弱的;身体虚弱的;内心弱小的
clement	*adj.* 仁慈的,温和的
fluctuate	*v.* 波动,动摇
orthodox*	*adj.* 东正教的;正规的,传统的
cornucopia	*n.* 象征丰收的羊角

propagate	*v.* 繁殖;传播,普及
peripheral*	*adj.* 边缘的,不重要的
phantom	*adj.* 显著的,非凡的　*n.* 幽灵
dilate*	*v.* 扩大;详述
narrative	*n.* 故事,叙事
sly	*adj.* 狡猾的,不坦率的
remnant	*n.* 剩余物
purport**	*n.* 意图　*v.* 声称
noxious	*adj.* 有害的,有毒的
herculean	*adj.* 力大无比的;困难的,艰巨的
oblique	*adj.* 倾斜的;间接的
quench**	*v.* 结束;熄灭
confiscate	*v.* 没收,充公
affable**	*adj.* 友善的
sedulous**	*adj.* 勤勉的
graft	*v.* 嫁接;移植
quell*	*v.* 压制;平息,减轻
delegate*	*n.* 代表　*v.* 授权,委托;委派
roil	*v.* 搅浑;激怒
provision*	*n.* 供给;规定
unprecedented	*adj.* 史无前例的;(质量、数量或规模)空前的
unfeigned**	*adj.* 真实的,不虚伪的
trample*	*v.* 无视;踩踏,踩死
rescind**	*v.* 废除,取消
sentiment	*n.* 观点,感想;感情
rebuke	*n.* 谴责　*v.* 谴责
aphorism**	*n.* 格言
vindictive**	*adj.* 复仇的(有寻仇倾向的)
unionism	*n.* 工会主义,联合主义
ingenuous**	*adj.* 直率的,单纯的
belch	*v.* 打嗝;喷出

antagonize	v. 使……产生敌意,敌对;反对
terse	adj. 简洁的,简明的
welter	n. 混乱
gripping	adj. 吸引人的
lethargic**	adj. 昏睡的,没精打采的
caricature	n. 讽刺漫画;滑稽模仿
resurgence	n. 复活,重新活跃,复兴
bale	n. 邪恶,灾难;痛苦,悲哀
indict	v. 起诉,控告
prosecute	v. 起诉,告发
consensus	n. 一致,团结
prerogative**	n. 特权
helix	n. 螺旋形
heretofore	adv. 此前,迄今
probity**	n. 正直
zesty	adj. 兴致很高的
blithe	adj. 愉快的
encumber*	v. 阻碍,妨碍
monotone*	adj. 单调的
efficacy**	n. 功效
wanderlust	n. 旅行癖
frenzy	n. 疯狂 v. 使……发狂
composure**	n. 镇静,沉着
infiltrate	v. 渗透,秘密潜入
vapid**	adj. 乏味的
attest**	v. 证明
artless	adj. 朴质的,率直的
configuration	n. 布局,排列;配置
agglomerate	v. 使……成团,使……成块 adj. 成块的,凝聚的 n. 大团,大块
slake**	v. 满足,平息

impinge	*v.* 冲击;影响
recoil	*v.* 畏缩;撤退
idiosyncratic**	*n.* 特质,特性
desultory	*adj.* 散漫的;跳跃的;随机的
milieu	*n.* 环境,周围;出身背景
imperious	*adj.* 傲慢的,专横的
reconcile*	*v.* 使……和解,调停
ascetic	*n.* 苦行者 *adj.* 禁欲的
occlude	*v.* 阻塞,闭塞
sovereign	*adj.* 具有独立主权的,至高无上的 *n.* 君主
notation	*n.* 符号
defy	*v.* 公然反抗,违抗
emblematic	*adj.* 象征的;典型的
stun	*v.* 使震惊;打昏;给人以深刻印象
diaphanous	*adj.* 透明的,薄如蝉翼的;精致的
reptile	*n.* 爬虫动物;卑鄙的人
digress	*v.* 离题
turgid**	*adj.* 浮夸的
spectacle	*n.* 奇观;盛大的活动;眼镜
ascribe*	*v.* 将……归因于,归属于
dubious*	*adj.* 可疑的;不确定的
abound	*v.* 大量存在
override	*v.* 凌驾;不理会,撤销
repugnant	*adj.* 令人厌恶的;不一致的
spawn	*v.* (鱼、蛙等)产卵 *n.* (鱼、蛙等的)卵
reckless	*adj.* 鲁莽的,不顾后果的
exude	*v.* 充分显露,洋溢;渗出,散发出
sublime	*adj.* 崇高的,庄严的
bespeak	*v.* 显示;证明
insurrection	*n.* 叛乱
scathe	*v.* 损伤,损害

yokel	*n.* 乡下人
unleash	*v.* 发泄,释放
quash	*v.* 撤销;镇压
cower	*v.* 萎缩,蜷缩
sparse	*adj.* 少的,稀疏的
hortatory	*adj.* 激励的,劝告的
fission	*n.* 核裂变
remorse**	*n.* 懊恼,悔恨
alacrity	*n.* 欣然,乐意
quirk	*n.* 特点;遁词
soprano	*n.* 女高音,童声高音
inaugurate	*v.* 举行就职典礼
incipient	*adj.* 初期的,未完全发展的
impetuous**	*adj.* 冲动的,急躁的
ramble	*v.* 漫步,漫游
stain	*n.* 污渍　*v.* 留下污渍
instructive	*adj.* 增长知识的;有启发性的
sterile	*adj.* 贫瘠的;无菌的
resent**	*v.* 憎恨
absolute	*adj.* 绝对的,全部的,无限制的
wilt	*v.* 枯萎,凋,萎靡不振
juvenile	*n.* 青少年
rhetoric	*n.* 修辞
imprecate**	*v.* 诅咒,咒骂,辱骂
penury**	*n.* 贫困,贫穷
zeal	*n.* 热情
havoc	*n.* 浩劫,大混乱
morphology	*n.* 构词法;形态学
nostalgia	*n.* 思乡病;恋旧,怀旧
subsume**	*v.* 包括,归入
castigate**	*v.* 谴责,严厉惩罚

stipulate *	*v.* 作为合约的条件规定;合同要求
assiduous	*adj.* 勤勉的,专心的
propensity **	*n.* 习性,倾向
intricate	*adj.* 错综复杂的
delate	*v.* 控告,告发,弹劾
interlock	*v.* (使)连锁;(使)相互扣住
attenuate	*v.* 使变小,削弱
predilection	*n.* 偏好
perilous **	*adj.* 险恶的
introspective	*adj.* 内省的,反省的
obviate **	*v.* 除去,排除
superimpose	*v.* 置于其他东西之上
xenophobic	*adj.* 排外的;有恐外症的
magnanimous **	*adj.* 宽宏大量的
aggrandize	*v.* 吹捧,夸大
deject **	*v.* 使……沮丧,使……灰心
hamstring	*v.* 使……残废;使……无效
permeate *	*v.* 弥漫
bemuse	*v.* 使困惑,使茫然
intact	*adj.* 完整的,未受损伤的
quarantine	*n.* 隔离检疫期;隔离
trenchant **	*adj.* 一针见血的,尖锐的
apprehensive	*adj.* 担心的
smelt	*v.* 熔炼　*n.* 胡瓜鱼
bloviate	*v.* 冗长演说,高谈阔论
collision *	*n.* 碰撞,冲突
redemption	*n.* 救赎,补偿
jeopardize	*v.* 损害;危及
vehement	*adj.* (情感)强烈的,热情洋溢的
proclivity	*n.* 宣布
fiery	*adj.* 熊熊燃烧的

mordant	*adj.* 讥讽的,尖酸的
salvage	*v.* 抢救
bewilder	*v.* 使迷惑,使不知所措
quandary	*n.* 困惑,窘境
redundant	*adj.* 多余的
dichotomy**	*n.* 分裂
custody	*n.* 监护,保管
rehabilitate**	*v.* 使……康复;使……复职;使……恢复名誉
enumerate	*v.* 列举,枚举;计算
sensuous	*adj.* 给人快感的
gustation	*n.* 品味;味觉
stolid**	*adj.* 无动于衷的,感情麻木的
petty	*adj.* 琐碎的;小气的;小规模的
sanctimonious	*adj.* 假装虔诚的
fusty	*adj.* 有发霉味道的;守旧的
corroborate**	*v.* 证实
falter**	*v.* 蹒跚;动摇,不确定;支吾说话　　*n.* 支吾说话
envoy	*n.* 公使;代表
ballad	*n.* 民歌,抒情民谣
disquisition	*n.* 探讨,研究,专题论文
sift	*v.* 筛;细查
disgorge	*v.* 吐出,呕出
crotchety	*adj.* 坏脾气的,易怒的
taciturn	*adj.* 沉默寡言的
hallmark**	*n.* 特征,标志
tenacity	*n.* 韧性,固执,不屈不挠
alternate	*adj.* 交替的
focal	*adj.* 焦点的;非常重要的
inundate**	*v.* 淹没
synthesize*	*v.* 合成
obdurate**	*adj.* 固执的;冷酷的

kidney	*n.* 肾脏,腰子
estrange	*v.* 使……疏远;使……隔离
avow	*v.* 声明,宣布
annotate	*v.* 注释,评注
vicious	*adj.* 恶毒的
contingent *	*adj.* 可能发生的;依条件而定的
jejune	*adj.* 空洞的;不成熟的
harness	*n.* 马具　*v.* 利用
gouge **	*v.* 挖;诈骗钱财
foment **	*v.* 引发,煽动
deplete	*v.* 耗尽,使……衰竭
drudgery	*n.* 苦差,苦工
equilibrium *	*n.* 均衡,平衡
proportional	*adj.* 成比例的
fructify	*v.* 结果实
imbibe	*v.* 饮入;吸收
lipid	*n.* 脂质;油脂
droll	*adj.* 古怪的,滑稽好笑的　*n.* 搞笑的人
avail	*v.* 有助于　*n.* 效用;利益
resign	*v.* 辞职;服从,接受
chide	*v.* (温和地)责备
taxing **	*adj.* 繁重的,费力的
legion	*n.* 兵团;众多,大量
tempest	*n.* 暴风雨;风波,暴动
tentative *	*adj.* 试验性的
poise *	*n.* 镇定,镇静　*v.* (使)平衡;(使)悬着
fecund **	*adj.* 肥沃的,多产的
predicament	*n.* 困境
insular **	*adj.* 孤岛的;孤立的,狭隘的
faddish	*adj.* 一时流行的,赶时髦的
quagmire	*n.* 指困难、复杂或讨厌的困境且不易从中脱身;沼泽地,泥潭

impiety	*n.* 无信仰,不虔诚
eclectic**	*adj.* 折中的,兼收并蓄的
proximate	*adj.* (空间或时间)最接近的
vulnerable	*adj.* 易受攻击的,易受责难的
fervor	*n.* 热情
mercenary**	*adj.* 唯利是图的　*n.* 雇佣兵
parasite	*n.* 寄生虫;食客
pellucid	*adj.* 清晰的,易懂的
scrupulous	*adj.* 严谨的,谨慎的
dissident	*adj.* 有异议的
serum	*n.* 血清
evocative**	*adj.* 唤起回忆的,引起共鸣的
importune	*v.* 向……再三要求
gregarious**	*adj.* 合群的,爱社交的
memento	*n.* 纪念物,纪念品
conifer	*n.* 针叶树
tyranny*	*n.* 专制
hysteria	*n.* 歇斯底里
appraise	*v.* 评价;估价
revelry	*n.* 狂欢,喧闹的聚会
forestall**	*v.* 预先阻止
condescending	*adj.* 屈尊的
decry	*v.* (强烈)批评,谴责
culminate	*v.* 达到顶点;使……结束
connoisseur	*n.* 鉴赏家
gradient	*n.* 斜坡;倾斜度
detrimental*	*adj.* 有害的
frugal**	*adj.* 节约的
extant**	*adj.* 现存的
pretense	*n.* 伪装
proliferate	*v.* 增生,繁殖

dissipate*	*v.* 驱散;浪费;放纵
stave	*n.*(尤指用作武器的)棍;棒;五线谱
prudent	*adj.* 审慎的;精明的;节俭的
lackluster	*adj.* 暗淡的,无生气的
hypothesis*	*n.* 假设
supercilious	*adj.* 目中无人的,傲慢的
crate	*n.* 板条箱,大货箱
aesthetic*	*adj.* 美学的,审美的
antithetical**	*adj.* 对立的(书面),相反的;不相容的
emancipate	*v.* 解放
resurrect	*v.* 使……复活;使……复兴
ameliorate**	*v.* 改善,改良,使……变好
fawn	*n.* 未满周岁的小鹿　*v.* 阿谀奉承
confine*	*v.* 限制,限定
redeem*	*v.* 赎回;履行,实践;补偿
coveted**	*adj.* 令人垂涎的
aggregate	*v.* 使……聚集,总计　*n.* 总量,总数
transpose	*v.* 转换
benevolent	*adj.* 仁慈的
sham	*v.* 佯装　*n.* 赝品　*adj.* 虚假的
abhorrent	*adj.* 可恶的,令人厌恶的,格格不入的
tantalize	*v.* 挑逗
transpiration	*n.* 蒸发,散发
kudos	*n.* 荣誉,认可
opulent	*adj.* 丰富的,富裕的
preach	*v.* 传道;鼓吹,说教
broach	*v.* 开启
lampoon	*n.* 讽刺文章　*v.* 讽刺
presumptuous**	*adj.* 冒失的,冒昧的
exogenous	*adj.* 外因的
anchorite	*n.* 隐士

relegate**	v. 分类;委托;放逐
primeval	adj. 原始的,初期
venial	adj. 可宽恕的
subvert*	v. 颠覆,毁灭
eject	v. 逐出
canon**	n. 准则;圣典
stronghold	n. 要塞,大本营,中心地
dynamite	n. 炸药
preternatural	adj. 超自然的,超乎寻常的
surfeit	n. 过量;暴饮暴食
vexatious	adj. 烦恼的,令人烦恼的
stultify	v. 使……无效,抑制;使……显得愚蠢
penultimate	adj. 倒数第二的
detract	v. 减损
chantey	n. 棚屋,简陋小屋;水手号子,船夫曲
colloquial	adj. 白话的,通俗的,口语的
cede	v. 放弃,割让
bane	n. 祸根
cylindrical	adj. 圆柱形的
annihilate*	v. 消灭,毁灭
nimbus	n. 雨云
transmute	v. 转化,使……转化
waggish	adj. 诙谐的,滑稽的
futile*	adj. 白费力气的,没用的
sanitation	n. 卫生,保持卫生
countenance**	v. 赞成,支持 n. 面容,表情
excoriate	v. 严厉批评
parody	n. 拙劣的模仿 v. 拙劣地模仿
banish*	v. 驱逐
unfettered**	adj. 无拘无束的,被除去脚镣的
brazen	adj. 厚颜无耻的

propriety**	*n.* 适当,合理
awry	*adj.* 扭曲的,走样的
somnolence	*n.* 瞌睡
ambivalent	*adj.* (对人、事物)有矛盾心理的,摇摆不定的
tendentious**	*adj.* 有偏见的,有倾向的
traduce	*v.* 诽谤
savory*	*adj.* 美味的,可口的
verbose**	*adj.* 冗长的,啰唆的
homily	*n.* 说教,训诫
puerile	*adj.* 幼稚的
cavalier**	*n.* 骑士,武士　*adj.* 目空一切的,漫不经心的
enthralling*	*adj.* 迷人的,吸引人的
dogma	*n.* 教条
paucity**	*n.* 少量,缺乏
tyro	*n.* 新手
subject	*v.* 受制　*n.* 受支配的对象
invective	*n.* 谩骂　*adj.* 谩骂的
juxtapose**	*v.* 并列,并置
plethora**	*n.* 过量,过剩
monogamy	*n.* 一夫一妻制
plea	*n.* 恳求;(法庭上表明是否认罪的) 抗辩
contentious**	*adj.* 好辩的,喜争吵的
sabotage	*v.* 妨害,破坏
goad	*v.* 驱使,唆使
interminable	*adj.* 无尽头的
dearth*	*n.* 缺乏;粮食不足
intrusion	*n.* 侵入,闯入
avuncular**	*adj.* 慈爱的
dissemble**	*v.* 用假象隐藏真相,掩饰,假装
chagrin	*n.* 懊恼
wry	*adj.* 讽刺的

construe	v. 诠释,分析
culpable	adj. 该受谴责的,有罪的
insolent	adj. 粗野的,无礼的
defendant	n. 被告人
counterfeit*	n. 赝品,伪造品
parable	n. 寓言
ritual	n. 宗教仪式,典礼;习俗
anodyne	n. 止痛剂
promulgate	v. 正式宣布
churlish**	adj. 粗鲁的
cardinal*	adj. 主要的
nuance	n. 细微的差异
apathy*	n. 漠然,冷淡
compunction	n. 后悔
innocuous**	adj. (行为,言论等)无害的
quark	n. 夸克;物质的基本单位之一
reverie	n. 白日梦,幻想
levelheaded	adj. 明智的,有判断力的
amalgamate	v. 合并,混合
repudiate**	v. 拒绝承认,拒绝接受;拒付
punctilious	adj. 注意细节的,一丝不苟的
condone**	v. 宽恕
arcane**	adj. 神秘的,晦涩难解的
dextral	adj. 右侧的;右旋的
paragon	n. 完人;典范
execrable**	v. 憎恶,咒骂
torment*	n. (常指精神上的)极度痛苦;烦恼事 v. (精神上)折磨
cellar	n. 地下室,地窖
adjunct	n. 附属物,附件,辅助内容
calumniate	v. 诽谤,中伤

germinate**	v. 使……发芽;使……发展
schematize	v. 用计划表达,按计划安排
relish	n. 喜爱;调味品
candid**	adj. 公正的;坦白的,率直的
flounder**	n. 比目鱼　v. 挣扎;困难地前行
canard	n. 谣传,误传
perquisite	n. 额外补贴,临时津贴
exculpate**	v. 声明无罪,开脱
disarray*	n. 杂乱,混乱　v. 使……混乱
speculate	v. 猜测　n. 投机
abstruse	adj. 深奥的
valediction**	n. 告别演说
exert	v. 运用;耗费(精力)
sterling	adj. 优秀的　n. 英镑(英国货币)
intoxicant	n. 使……醉的东西
concerted	adj. 协定的;共同完成的
confound**	v. 使……混淆,使……困惑
suppress	v. 抑制,压制
whimsical**	adj. 反复无常的,异想天开的
evade*	v. 躲避,逃避
lackadaisical	adj. 怠惰的,不热衷的
covert	adj. 隐蔽的
veracity	n. 真实;诚实
lithium	n. 锂
gainsay*	v. 否认
salient**	adj. 显著的,突出的
exalt	v. 提升;赞扬
cryptic	adj. 含义隐晦的
sagacious**	adj. 睿智的
generic*	adj. 属的(生物分类里"界门纲目科属种"的一级);一般的,通用的

instigate	v. 怂恿,煽动
impugn	v. 指责,对……表示怀疑
ordinal	adj. 序数的
stoicism	n. 坚忍克己;坦然淡定
proponent	n. 建议者,支持者
starch	n. 淀粉;(用于使布料挺直的)浆粉
whet	v. 使……兴奋,刺激
abstemious	adj. 有节制的
innate	adj. 天生的,固有的
perfidy**	n. 不诚实
succor	v. 救援 n. 援助
brim	v. 充盈,充满 n. 边缘
contempt**	n. 蔑视
scrutinize*	v. 仔细检查
tenet	n.(理论、信仰的)基本原则
buoyant*	adj. 快乐的
cajole	v. 哄骗
heterodox**	adj. 非正统的,异端的
judicial	adj. 司法的,审判的
rift	n. 不和
bilious	adj. 胆汁质的;坏脾气的
adventitious	adj. 偶然的
equanimity	n. 镇定
eddy	n. 漩涡 v. 漩涡
salubrious**	adj. 有益健康的
rectitude	n. 正直
ethereal**	adj. 缥缈虚幻的;极美的;太空的
tertiary	adj. 第三的
ethnic	adj. 民族的,种族的;少数民族的
atone	v. 赎罪,补偿,弥补
indecorous	adj. 不得体的

staggered	*v.*（因生病、醉酒等）摇晃地走;蹒跚;使震惊
furtive	*adj.* 偷偷摸摸的,秘密的
interdict	*v.* 阻断,禁止
adversary	*n.* 对手
glib	*adj.* 流利的
rend	*v.* 撕裂,猛拉
synopsis	*n.* 提要
genus	*n.*（尤指动植物的）属
unremitting **	*adj.* 不停的,不减的
trailblazer	*n.* 先驱
abreast	*adv.* 并排地,齐头并进地,比肩地
impromptu	*adj.* 即兴的
reverence **	*n.* 尊崇
adroit	*adj.* 老练的,精明的
supplant **	*v.* 排挤,取代
balk	*v.* 阻止;不肯前行,退缩
giddy	*adj.* 轻率的
edify	*v.* 启发,教导,照亮
accede	*v.* 同意;加入(条约)
reprobate **	*v.* 谴责 *n.* 道德败坏的人
counterpoint	*n.* 对应物;复调;对位法
rampart	*n.* 壁垒,城墙
respire **	*v.* 吸入和呼出(空气),呼吸
mania	*n.* 狂躁,狂热
stub	*n.*（香烟或铅笔的）残端;存根 *v.* 不小心踢到
solvent	*adj.* 有偿付能力的 *n.* 溶剂
connotation	*n.* 内涵意义
infest	*v.* 大批出没;寄生于
blemish	*v.* 损害 *n.* 缺点
paramount	*adj.* 最重要的,最高权力的
cogent *	*adj.* 使人信服的

ruthless *	*adj.* 残酷的
disdain *	*v.* 轻视,鄙视
uphold	*v.* 支持,赞成
truism	*n.* 老生常谈
epic	*n.* 史诗
hone **	*v.* 用磨刀石磨 *n.* 磨刀石
asymmetry	*n.* 不对称
flighty	*adj.* 轻浮的;心情浮动的
magnate	*n.* 巨头,大亨
lucid *	*adj.* 明晰易懂的
insouciant	*adj.* 无忧无虑的
vigor	*n.* 讽刺
pecuniary	*adj.* 金钱方面的
antipathy	*n.* 厌恶,反感
exasperation **	*v.* 激怒;使……加剧 *adj.* 激怒的
levy *	*n.* 税款 *v.* 征收
burnish	*v.* 磨光,使……光亮
didactic **	*adj.* 教诲的,说教的
obsequious **	*adj.* 谄媚的,奉承的
effrontery **	*n.* 厚颜无耻
acerbic **	*adj.* 尖酸的
caucus	*n.*（机构中的）核心组织
guffaw	*n.* 大笑 *v.* 大笑
dilute	*v.* 稀释
heretical **	*adj.* 异教的,异端的
superfluous *	*adj.* 多余的,过剩的
phylum	*n.* 门(分类);语系
dismiss *	*v.* 准予离去;解雇;不予理会,不受理
inoculate	*v.* 给……预防接种
vindicate **	*v.* 为……平反,为……辩护
beset *	*v.* 困扰;围绕

glean**	*v.* 慢慢地收集
miscellany	*n.* 混合物,大杂烩
thaw*	*v.* 使……变暖;融化
impairment	*n.* 损伤
vitiate**	*v.* 削弱,损害
downbeat	*n.* (乐谱中一个小节的)强拍;消沉的,悲观的
lax	*adj.* 松懈的;不严格的
mar	*v.* 损坏,破坏
rapport	*n.* 和睦,意见一致
bromide	*n.* 陈腐的意见
hamper*	*v.* 阻碍　*n.* 有盖的大篮子
conflate	*v.* 合并
asperity	*n.* 粗暴
blast	*n.* 一阵猛烈的风
palpable	*adj.* 可触摸的;明显的,易觉察的
vigilant	*adj.* 警醒的,警惕的
perception	*n.* 感知;洞察力
slander*	*n.* 诽谤　*v.* 诋毁
cagey	*adj.* 小心谨慎的,精明的,有戒心的
seething	*adj.* 沸腾的
paradigm**	*n.* 典范,范例
pend	*v.* 等候判定或决定　*n.* 拱道,廊
pique	*v.* 使……生气
prevalent	*adj.* 流行的,普遍的
yoke	*v.* 结合,联系
glucose	*n.* 葡萄糖
sonority**	*n.* 响亮度
sage**	*n.* 鼠尾草;智者　*adj.* 睿智的,精明的
secular*	*adj.* 世间的;世俗的,非宗教的
folly	*n.* 愚蠢,荒唐事
revere	*v.* 尊敬

fragment	*n.* 碎片, 片段; 碎裂
prerequisite	*n.* 先决条件
reactionary	*adj.* 保守主义的, 反对变革的
siege	*n.* 包围
nonchalant	*adj.* 冷漠的, 冷淡的
gospel	*n.* (尤指在美国南部黑人基督徒中间流行的) 福音音乐
syntax	*n.* 句法规则; 句法
procurement	*n.* 获得 (军需品等的) 行为
pugnacious	*adj.* 好斗的; 好战的
impose	*v.* 强制实行; 强加
convection	*n.* 对流
convergent**	*adj.* 收敛的, 聚合的
fatuous**	*adj.* 愚昧的, 痴呆的
tendon	*n.* 腱
fortuitous	*adj.* 偶然的, 幸运的
impermeable**	*adj.* 无法渗透的
incise	*v.* 雕刻
perennial*	*n.* 多年生植物 *adj.* 不断出现的; 长期存在的 (问题、困难)
captivate	*v.* 着迷
apprise	*v.* 通知, 告知
insatiable**	*adj.* 无法满足的, 贪得无厌的
rudimentary	*adj.* 基础的, 原始的; 未发展的, 早期的
consummate**	*adj.* 完美的
unwieldy	*adj.* 笨重的, 庞大而难以控制的 (体制)
dissolute	*adj.* 放荡的
optimum	*adj.* 最适宜的, 最佳的 *n.* 最佳效果, 最适宜条件
hyperbole	*n.* 夸张法
discriminate	*v.* 区别, 有差别地对待
shed	*n.* 棚式建筑 *v.* 落 (叶); 脱 (发); 蜕 (皮); 摆脱

intrigue	*v.* 激起……的兴趣;用诡计取得
megalomaniac	*n.* 妄自尊大
delude *	*v.* 哄骗
vagary	*adj.* 变幻莫测,反复无常
abominate **	*v.* 憎恶,厌恶
plutocracy	*n.* 富豪统治
hieroglyph	*n.* 象形文字,图画文字
auspice	*n.* 预兆,吉兆;赞助,支持
restitute **	*v.* 复原,归还
verisimilar **	*adj.* 貌似真实的
elaborate	*v.* 详述 *adj.* 精心的;详尽的
poignant	*adj.* 切中要害的;令人感伤的,心酸的
hearten	*v.* 鼓起勇气,激励
pragmatic **	*adj.* 务实的
momentous *	*adj.* 极重要的
deposit	*v.* 沉淀 *n.* 沉淀;押金
complacent	*adj.* 自满的,盲目乐观的
reverberate	*v.* 返回,反射
lode	*n.* 矿脉
predate *	*v.* 在日期上早于(先于)
prescience	*n.* 预知
grip	*v.* 抱怨,诉苦
repertoire **	*n.* 预备上映的剧目列表
disservice	*n.* 伤害;帮倒忙
breach **	*v.* 使……破裂 *n.* 破坏
intermittent	*adj.* 断断续续的,间歇的
egoism	*n.* 利己主义
murky	*adj.* 模糊不清的,昏暗模糊的
oscillate	*v.* 使……振动;使……动摇;犹豫
scruple	*v.* (由于道德原因而感到)迟疑,踌躇
discredit	*v.* 羞辱;怀疑

qualm	*n.* 烦躁;忧虑;内疚
palliate	*v.* 减轻(痛苦)
administrative	*adj.* 行政的,管理的
supersede*	*v.* 替代,取代
chivalry**	*n.* 骑士精神,骑士制度
empirical*	*adj.* 实证的
impudent	*adj.* 轻率的,鲁莽的
anathema	*n.* 令人厌恶的人或物
outrage*	*n.* 愤怒,愤慨;暴行 *v.* 震怒
philanthropy	*n.* 慈善,博爱
vacuous	*adj.* 愚蠢的,空洞的
sloth	*n.* 懒惰
abstain	*v.* 弃权;戒除
itinerate	*n.* 巡回;巡回传教
jarring	*adj.* 刺耳的
garrulous**	*adj.* 唠叨的,啰唆的
fraught	*adj.* 充满……的
protract*	*v.* 延长,拖延
misgive	*v.* 使害怕,使怀疑
predisposition**	*n.* 倾向
renunciate	*n.* 托钵婆罗门僧人
exuberant	*adj.* 繁茂的,丰富的;非常高兴的
innuendo	*n.* 影射;暗讽
lassitude	*n.* 乏力,没精打采
ferocity	*n.* 凶猛,猛烈
truculent**	*adj.* 残酷的,野蛮的
phlegmatic**	*adj.* 冷淡的,无活力的
subdue	*v.* 征服;压制;减轻
agrarian	*adj.* 土地的,农业的
recondite**	*adj.* 深奥的,难解的
inordinate	*adj.* 过度的,无节制的

silicate	*n.* 硅酸盐
protest	*n.* 反抗　*v.* 抗议；断言
supplement	*n.* 增补，补充
wistful	*adj.* 幽怨却期待着的
plaintiff	*n.* 原告
engender**	*v.* 产生，导致
pensive	*adj.* 沉思的，忧郁的
daunt	*v.* 使……胆怯，使……畏缩
amalgam	*n.* 混合物
prodigy**	*n.* 惊人的事物
pedestrian	*adj.* 缺乏想象力的，呆板的
vicarious	*adj.* 替代的
persist	*v.* 继续存在；坚持，执意
inexplicable**	*adj.* 无法解释的
ovule	*n.* [植]胚珠；卵细胞
platitude	*n.* 陈词滥调
boast*	*n.* 自夸　*v.* 自夸
hermetic	*adj.* 神秘的，深奥的
dissension	*n.* 意见不合，争执
placate**	*v.* 安抚，和解
apoplectic	*adj.* 狂怒的
panacea	*n.* 治百病的灵药
forebode	*v.* 预示，预警
feckless**	*adj.* 无效的；无力气的；粗心不负责任的
erroneous	*adj.* 错误的
overthrow	*v.* 颠覆；推翻
intransigent	*adj.* 不妥协的，固执的
tenuous**	*adj.* 纤弱的；内容贫乏的
viable*	*adj.* 能独立存在和发展的
jettison**	*v.* 丢弃
forbear	*n.* 祖先

clumsy*	*adj.* 笨拙的
homeostasis	*n.* （动物间的）动态平衡
fluffy	*adj.* 柔软的
analogy**	*n.* 类似，相似；类比
affinity	*n.* 情投意合，类似
fervid	*adj.* 热情的
taunt	*v.* 嘲笑，讥笑
portentous	*adj.* 前兆的；不寻常的
comrade*	*n.* （共患难的）同伴
sentient**	*adj.* 有感知能力的
unfounded	*adj.* 无根据的
foreground	*n.* （图画、场景等的）前景
stringent	*adj.* 严厉的；缺钱的
satire	*n.* 讽刺文学；讽刺
integral	*adj.* 完整的，构成整体所必需的
doctrine	*n.* 学说，教义，信条
contrive	*v.* 发明，设计；设法做到
dispense	*v.* 分发；豁免，免除
modicum	*n.* 少量
premeditate	*v.* 预先考虑
tonic	*adj.* 激励的 *n.* 增进健康之物，补品
debut	*n.* 初次登场亮相
propitiate**	*v.* 安抚，劝解
bereave**	*v.* 夺去，使……丧失
subtle*	*adj.* 不露声色的；精妙的
abnegation	*n.* 否认，自我否定
adduce	*v.* 举出（理由、例子等）
partisan**	*n.* 党徒，盲目的支持者 *adj.* 偏袒的
turbulent*	*adj.* 造成骚动的
excrete	*v.* 分泌，排泄
reductive	*adj.* 还原的；减少的

sarcasm＊	*n.* 讽刺，挖苦
preconception	*n.* 先入之见，成见
contend	*v.* 解决；辩称；争夺（权利等）
jargon	*n.* 行话
laconic＊＊	*adj.*（用字）简洁的
contumacious	*adj.* 不服从的
variable	*n.* 可变因素　*adj.* 多变的
solicitous＊＊	*adj.* 热切的，挂念的
deter	*v.* 阻止，威慑
vanish	*v.* 突然消失，神秘失踪；消失
postulate＊＊	*v.* 假设
corrosive	*adj.* 腐蚀的，侵蚀的
stigma＊＊	*n.* 耻辱，污名
downplay＊＊	*v.* 低估；轻描淡写；贬低
ecclesiastical	*adj.* 基督教教会的
scale	*n.* 天平，秤盘；音阶；比例尺
hunch	*n.* 直觉，预感
envisage	*v.* 设想
backhanded	*adj.* 间接的，含沙射影的
deviate＊	*v.* 离题；偏离，越轨
grudging	*adj.* 勉强的
discern＊＊	*v.* 辨别
ploy	*n.* 计策，手段
naivete	*n.* 天真，质朴
compassionate	*adj.* 有同情心的
reciprocate	*v.* 往复运动；互换；酬答
volatile	*adj.* 变化无常的；易挥发的
histrionic	*adj.* 戏剧的
moralistic＊＊	*adj.* 说教的，道学的
commensurate＊＊	*adj.* 等量的，相当的
contagious	*adj.* 传染性的，会传播的

sumptuous**	*adj.* 豪华的,奢侈的
malodor	*n.* 恶臭
pedagogy	*n.* 教育学,教学法
align	*v.* 排成一行;结盟;对准
bruise*	*n.* 瘀青,挫伤
cacophony**	*n.* 刺耳的声音
pedant	*n.* 迂腐之人;学究式人物
debunk	*v.* 揭穿真面目,暴露
shirk	*v.* 逃避
meticulous*	*adj.* 非常仔细的,细心的
degenerate	*adj.* 退化的 *v.* 退化
syllogism	*n.* 三段论法,演绎;诡辩
misnomer**	*n.* 误称,用词不当
boisterous	*adj.* 吵闹的
wrought	*adj.* 精心制作的
plaintive	*adj.* 伤心的,痛苦的
irate	*adj.* 发怒的,生气的
transgress	*v.* 行为失范
unfathomable**	*adj.* 深不可测的,难以理解的
rustic	*adj.* 乡村的;纯朴的
enormity	*n.* 艰巨性,严重性;巨大
tweak	*v.* 扭;用力拉
divulge*	*v.* 泄露秘密
deprave	*v.* 使堕落
perturb	*v.* 使……不安
amenable	*adj.* 愿服从的;经得起检验的
trajectory	*n.* 抛物线;轨迹
compatriot	*n.* 同胞
adjourn	*v.* 延期,休会
menial	*adj.* 卑微的 *n.* 仆人,佣工
unwitting	*adj.* 未觉察的

snobbery	*adj.* 势利的
crescendo	*n.* （声音）渐强
sluggish **	*adj.* 无精打采的；缓慢的
agog	*adj.* 热切渴望的,极度兴奋的
rupture	*v.* 打破,打碎
prospect	*v.* 考察　*n.* 景色
invigorate	*v.* 使……有活力,激励
vertebrate	*n.* 脊椎动物
ordain	*v.* 命令；任命……为牧师
forgo	*v.* 放弃
monsoon	*n.* （南亚地区的）雨季
astounding	*adj.* 令人惊骇的
cognizant	*adj.* 已知的；记住的
sordid	*adj.* 低贱的,卑鄙的；肮脏的
mawkish	*adj.* 令人作呕的；幼稚可笑的,多愁善感的
constituent	*n.* 选民；成分,构成
filch	*v.* 偷窃(没有什么价值的东西)
salvo	*n.* 齐鸣
vibrate	*v.* 使颤动,颤动
landlocked	*adj.* 陆围的；陆地环绕的
vilify **	*v.* 诽谤,辱骂
predecessor	*n.* 前任,先辈
singularity	*n.* 独特
braggart	*adj.* 吹牛者
foster	*v.* 照料,培养；鼓励
ramification **	*n.* 分叉；衍生物
invidious	*adj.* 容易引起不满的,招人嫉妒的
erupt	*v.* 爆发,喷出
magnitude **	*n.* 大小,量级；重要性
indignant	*adj.* 愤怒的,愤慨的
vitriol	*n.* 活力

ephemeral	*adj.* 朝生暮死的;极短暂的
tenable	*adj.* 站得住脚的
advection	*n.* (热的)对流
gauche	*adj.* 缺乏社交经验的;粗鲁的
pungent	*adj.* 辛辣的,刺激性的;尖锐的
labile	*adj.* 易变的,不稳定的
treacherous	*adj.* 背信弃义的;不靠谱的
precipitate**	*v.* 加速,使……突然陷入;冷凝为雨或者雪 *adj.* 鲁莽的,匆忙的